Die Bonus-Seite

Ihr Vorteil als Käufer dieses Buches

Auf der Bonus-Webseite zu diesem Buch finden Sie zusätzliche Informationen und Services. Dazu gehört auch ein kostenloser **Testzugang** zur Online-Fassung Ihres Buches. Und der besondere Vorteil: Wenn Sie Ihr **Online-Buch** auch weiterhin nutzen wollen, erhalten Sie den vollen Zugang zum **Vorzugspreis**.

So nutzen Sie Ihren Vorteil

Halten Sie den unten abgedruckten Zugangscode bereit und gehen Sie auf **www.galileocomputing.de**. Dort finden Sie den Kasten **Die Bonus-Seite für Buchkäufer**. Klicken Sie auf **Zur Bonus-Seite/Buch registrieren**, und geben Sie Ihren **Zugangs-code** ein. Schon stehen Ihnen die Bonus-Angebote zur Verfügung.

Ihr persönlicher
Zugangscode

aswq-4zbe-v95c-63rn

Thomas Theis

Einstieg in Python

Galileo Press

Liebe Leserin, lieber Leser,

mit Python, der im Januar 2011 gekürten Programmiersprache des Jahres 2010, haben Sie eine gute Wahl getroffen: Sie ist vielseitig, leicht zu lernen und bietet Ihnen später auch das Potenzial für anspruchsvollere Projekte.

Dieses Buch wird Sie bei Ihrem Einstieg in Python von Anfang an begleiten. Schritt für Schritt und jederzeit verständlich erlernen Sie zunächst anhand vieler kleiner Beispiele die Grundlagen der Programmierung. Im Handumdrehen werden Sie Ihre ersten eigenen Python-Programme schreiben, selbst wenn Sie vorher noch nie programmiert haben sollten. Im weiteren Verlauf des Buchs macht Sie unser Autor Thomas Theis dann nach und nach natürlich auch mit den fortgeschritteneren Themen der Programmierung vertraut – selbstverständlich alles zu den beiden aktuellen Python-Versionen 3.3 und 2.7.

Im Vordergrund steht dabei stets die Praxis, denn auch mit dem besten Buch lernen Sie Python nur, indem Sie selbst damit programmieren. Aus diesem Grund bietet Ihnen das Buch nicht nur eine Vielzahl spielerischer Beispiele, sondern auch zahlreiche Übungen, an denen Sie Ihr neu gewonnenes Wissen direkt austesten können. Alles, was Sie dafür benötigen, finden Sie auf der beiliegenden CD, damit Sie sofort loslegen können.

Dieses Buch wurde mit großer Sorgfalt geschrieben, geprüft und produziert. Sollte dennoch einmal etwas nicht so funktionieren, wie Sie es erwarten, freue ich mich, wenn Sie sich mit mir in Verbindung setzen. Ihre Kritik und konstruktiven Anregungen, aber natürlich auch Ihr Lob sind uns jederzeit herzlich willkommen!

Viel Spaß mit Python wünscht Ihnen nun

Ihre Christine Siedle
Lektorat Galileo Computing

christine.siedle@galileo-press.de
www.galileocomputing.de
Galileo Press · Rheinwerkallee 4 · 53227 Bonn

Auf einen Blick

Der Name Galileo Press geht auf den italienischen Mathematiker und Philosophen Galileo Galilei (1564–1642) zurück. Er gilt als Gründungsfigur der neuzeitlichen Wissenschaft und wurde berühmt als Verfechter des modernen, heliozentrischen Weltbilds. Legendär ist sein Ausspruch *Eppur si muove* (Und sie bewegt sich doch). Das Emblem von Galileo Press ist der Jupiter, umkreist von den vier Galileischen Monden. Galilei entdeckte die nach ihm benannten Monde 1610.

Gerne stehen wir Ihnen mit Rat und Tat zur Seite:
anne.scheibe@galileo-press.de bei Fragen und Anmerkungen zum Inhalt des Buches
service@galileo-press.de für versandkostenfreie Bestellungen und Reklamationen
britta.behrens@galileo-press.de für Rezensions- und Schulungsexemplare

Lektorat Christine Siedle
Korrektorat Petra Biedermann, Reken
Cover Barbara Thoben, Köln
Typografie und Layout Vera Brauner
Herstellung Norbert Englert
Satz Typographie & Computer, Krefeld
Druck und Bindung Beltz, Bad Langensalza

Dieses Buch wurde gesetzt aus der Linotype Syntax Serif (9,25/13,25 pt) in FrameMaker.

Bibliografische Information der Deutschen Nationalbibliothek
Die Deutsche Nationalbibliothek verzeichnet diese Publikation in der Deutschen National-bibliografie; detaillierte bibliografische Daten sind im Internet über *http://dnb.d-nb.de* abrufbar.

ISBN   978-3-8362-1738-5

© Galileo Press, Bonn 2011
3., aktualisierte Auflage 2011, 2., korrigierter Nachdruck 2014

Inhalt

1 Einführung

In diesem Kapitel stelle ich Ihnen Python kurz vor. Sie lernen die Vorteile von Python kennen und erfahren, wie Sie Python unter Windows und unter Linux installieren.

1.1 Vorteile von Python

Python ist eine sehr einfach zu erlernende Programmiersprache und für den Einstieg in die Welt der Programmierung ideal geeignet. Trotz ihrer Einfachheit bietet diese Sprache auch die Möglichkeit, komplexe Programme für vielfältige Anwendungsgebiete zu schreiben.

Leicht zu lernen

Python eignet sich besonders zur schnellen Entwicklung umfangreicher Anwendungen. Diese Technik ist unter dem Stichwort RAD (= *Rapid Application Development*) bekannt geworden. Python vereint zu diesem Zweck folgende Vorteile:

- Eine einfache, eindeutige Syntax: Python ist eine ideale Programmiersprache für Einsteiger. Sie beschränkt sich auf einfache, klare Anweisungen. In anderen Programmiersprachen werden vielfältige Lösungswege für das gleiche Problem angeboten, so dass der Entwickler weniger geleitet als verunsichert wird. Python beschränkt sich dagegen häufig auf einen einzigen möglichen Lösungsweg. Dieser prägt sich schnell ein und wird dem Entwickler vertraut.

  Einfach

- Klare Strukturen: Python zwingt den Entwickler, in einer gut lesbaren Struktur zu schreiben. Die Anordnung der Programmzeilen ergibt gleichzeitig die logische Struktur des Programms.

  Klar

- Wiederverwendung von Code: Die Modularisierung, also die Zerlegung eines Problems in Teilprobleme und die anschließende Zusammenführung der Teillösungen zu einer Gesamtlösung, wird in Python sehr leicht gemacht. Die vorhandenen Teillösungen können unkompliziert für weitere Aufgabenstellungen genutzt werden, so dass Sie als Entwickler bald über einen umfangreichen Pool an Modulen verfügen.

  Wiederverwendbar

- Objektbearbeitung: In Python werden alle Daten als Objekte gespeichert. Dies führt zu einer einheitlichen Datenbehandlung für Objekte

  Einheitliche Objekte

unterschiedlichen Typs. Andererseits erfolgt die physikalische Speicherung der Objekte von Python automatisch, also ohne Eingriff des Entwicklers. Der Entwickler muss sich nicht um die Reservierung und Freigabe geeigneter Speicherbereiche kümmern.

Interpretiert ▶ Interpreter/Compiler: Python-Programme werden unmittelbar interpretiert. Sie müssen nicht, wie bei vielen anderen Programmiersprachen, erst kompiliert und gebunden werden. Dies ermöglicht einen häufigen, schnellen Wechsel zwischen Codierungs- und Testphase.

Unabhängig ▶ Unabhängigkeit vom Betriebssystem: Sowohl Programme, die von der Kommandozeile aus bedient werden, als auch Programme mit grafischen Benutzeroberflächen können auf unterschiedlichen Betriebssystemen (Windows, Unix/Linux, Mac OS) ohne Neuentwicklung und Anpassung eingesetzt werden.

1.2 Verbreitung von Python

Aufgrund seiner vielen Vorzüge gehört Python zu den beliebtesten Programmiersprachen überhaupt. So wird es z. B. innerhalb des Projekts *100-Dollar-Laptop*, das der Schulausbildung von Kindern in aller Welt dient, für die Benutzeroberfläche verwendet. Aber auch in zahlreichen großen Unternehmen wird Python eingesetzt, hier ein paar Beispiele:

▶ Google: Python ist eine der drei offiziellen Programmiersprachen. (Guido van Rossum, der Entwickler von Python, arbeitet für Google.)

▶ YouTube: Wurde zum großen Teil mit Hilfe von Python entwickelt.

▶ NASA: Nutzt Python zur Softwareentwicklung im Zusammenhang mit den Space-Shuttle-Missionen.

▶ Industrial Light & Magic: Auch Hollywood setzt auf Python – die Produktionsfirma ILM (Star Wars, Indiana Jones, Fluch der Karibik) nutzt es z. B. bei der Entwicklung von Spezialeffekten.

▶ Honeywell: Python wird weltweit in vielen Firmen zur allgemeinen Hardware- und Softwareentwicklung eingesetzt.

1.3 Aufbau des Buchs

Aktiv lernen Das vorliegende Buch soll Sie in die Programmiersprache Python einführen. Es wird besonderer Wert darauf gelegt, dass Sie selbst praktisch mit

Python arbeiten. Daher möchte ich Sie von Anfang an dazu auffordern, dem logischen Faden von Erklärungen und Beispielen zu folgen.

Python 3 ist die aktuelle Version der Programmiersprache und an vielen Stellen nicht abwärtskompatibel mit der alten Version Python 2. Allerdings ist Python 2 weiterhin sehr verbreitet und wird noch auf Jahre hinaus von den Python-Entwicklern unterstützt werden. Alle Erläuterungen und Programme dieses Buchs liegen für beide Versionen vor, damit stehen Ihnen beide Möglichkeiten offen. Auf die Unterschiede der beiden Versionen gehe ich besonders ein, so dass ein späterer Umstieg von der einen zur anderen Version leichtfällt.

Python-Versionen

Erste Zusammenhänge werden in Kapitel 2, »Erste Schritte«, anhand von einfachen Berechnungen vermittelt. Außerdem lernen Sie, ein Programm einzugeben, zu speichern und es unter den verschiedenen Umgebungen auszuführen.

Sie sollen die Sprache spielerisch kennenlernen. Daher wird Sie ein selbst programmiertes Spiel durch das Buch begleiten. Dieses Spiel wird mit dem »Programmierkurs« in Kapitel 3 eingeführt und im weiteren Verlauf des Buchs kontinuierlich erweitert und verbessert.

Spielerisch lernen

Nach der Vorstellung der verschiedenen Datentypen mit ihren jeweiligen Eigenschaften und Vorteilen in Kapitel 4, »Datentypen«, werden die Programmierkenntnisse in Kapitel 5, »Weiterführende Programmierung«, vertieft.

Kapitel 6, »Objektorientierte Programmierung«, widmet sich der objektorientierten Programmierung mit Python.

Objektorientiert

Einige nützliche Module zur Ergänzung der Programme werden in Kapitel 7, »Verschiedene Module«, vorgestellt.

In den Kapiteln 8, »Dateien«, und 10, »Datenbanken«, lernen Sie, Daten dauerhaft in Dateien oder Datenbanken zu speichern. Python wird zudem in der Internetprogrammierung eingesetzt. Die Zusammenhänge zwischen Python und dem Internet vermittelt Kapitel 9, »Internet«.

Sowohl Windows als auch Linux bieten komfortable grafische Benutzeroberflächen. Kapitel 11, »Benutzeroberflächen«, beschäftigt sich daher mit der Erzeugung von Benutzeroberflächen mit Hilfe des Moduls `tkinter`. Dieses stellt eine Schnittstelle zwischen dem grafischen Toolkit *Tk* und Python dar.

Grafische Oberflächen

Python-Versionen Python gibt es in den Versionen 2 und 3, die parallel nebeneinander bestehen. Sofern es keine Gründe gibt, die dagegensprechen, starten Sie am besten mit Python 3, das auch den Beispielen zugrunde liegt. Auf etwaige Abweichungen der Version 2 weise ich Sie in den Erläuterungen und Programmen in diesem Buch aber natürlich jederzeit hin. Kapitel 12 fasst die wesentlichen Unterschiede zwischen Python 2 und 3, die besonders für Einsteiger interessant sind, dann noch einmal übersichtlich zusammen.

Für die Hilfe bei der Erstellung dieses Buchs bedanke ich mich bei Petra Biedermann und dem ganzen Team von Galileo Press, ganz besonders bei Christine Siedle.

1.4 Übungen

In einigen Kapiteln finden Sie Übungsaufgaben, die Sie unmittelbar lösen sollten. Auf diese Weise können Sie Ihre Kenntnisse prüfen, bevor Sie zum nächsten Thema übergehen. Die Lösungen der Übungsaufgaben finden Sie in Kapitel 13 am Ende des Buchs. Dabei ist Folgendes zu beachten:

Viele Lösungen ▶ Es gibt für jedes Problem viele richtige Lösungen. Sie sollten sich also nicht davon beunruhigen lassen, dass Ihre Lösung eventuell nicht genauso aussieht wie die angegebene. Betrachten Sie die angegebene Lösung vielmehr als Anregung, was Sie anders und gegebenenfalls besser machen können.

▶ Bei der eigenen Lösung der Aufgaben wird sicherlich der eine oder andere Fehler auftreten – lassen Sie sich dadurch nicht entmutigen ...

Aus Fehlern lernen ▶ ... denn nur aus Fehlern kann man lernen. Auf die vorgeschlagene Art und Weise werden Sie Python wirklich erlernen – nicht allein durch das Lesen von Programmierregeln.

1.5 Installation von Python unter Windows

Software auf CD Python ist eine frei verfügbare Programmiersprache, die auf verschiedenen Betriebssystemplattformen eingesetzt werden kann. Auf der CD zu diesem Buch finden sich die Versionen 2.7 und 3.3 für Windows. Die jeweils neueste Version für Python 3 können Sie von der offiziellen Python-Website *http://www.python.org* aus dem Internet laden. Die Version 2.7 wird die letzte Version für Python 2 bleiben und von den Python-Entwicklern noch auf Jahre hinaus unterstützt werden.

Rufen Sie zur Installation unter Windows die ausführbare Datei *python-3.3.0.msi* (bzw. *python-2.7.3.msi*) auf. Die Voreinstellungen des Installationsvorganges können Sie unverändert übernehmen. Dabei wird Python im Verzeichnis *C:\Python33* (bzw. *C:\Python27*) installiert. Anschließend verfügen Sie im Startmenü über einen Eintrag PYTHON 3.3 (bzw. PYTHON 2.7), siehe Abbildung 1.1.

Installation

Falls Sie sich mit beiden Versionen beschäftigen möchten: kein Problem. Sie können parallel installiert und benutzt werden.

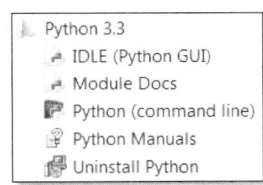

Abbildung 1.1   Startmenü Python

Der Eintrag *IDLE*, den Sie nach der Installation im Startmenü sehen, ist eine Entwicklungsumgebung, die selbst in Python geschrieben wurde und mit der Sie im Folgenden Ihre Programme schreiben werden.

IDLE

1.6   Installation von Python unter Linux

Stellvertretend für andere Linux-Distributionen wird in diesem Buch Ubuntu Linux 12.10 genutzt. Python 2 ist unter Ubuntu bereits installiert, weil Ubuntu selbst es für viele Funktionen benötigt. Es sollte auch nicht deinstalliert werden.

Ubuntu

Python 3 lässt sich leicht zusätzlich installieren. Sie finden es im UBUNTU SOFTWARE CENTER unter SOFTWARE INSTALLIEREN • ENTWICKLUNGSWERKZEUGE • PYTHON.

Dort finden Sie auch IDLE, sowohl für Python 2.7 als auch für Python 3.2. Bei der Installation von IDLE wird die zugehörige Python-Version (2.7 bzw. 3.2.3) direkt mit installiert.

IDLE

Es ist kein Problem, beide Versionen von Python parallel zu installieren und zu benutzen. Das Gleiche gilt für die beiden Versionen von IDLE.

2   Erste Schritte

In diesem Kapitel werden Sie Python zum ersten Mal einsetzen – zunächst als Taschenrechner. Außerdem lernen Sie, ein Programm einzugeben, zu speichern und auszuführen. Alle Erläuterungen beziehen sich zunächst auf Python 3 unter Windows. Falls es Unterschiede zu Python 2 oder zu Linux gibt, so werden sie jeweils im gleichen Abschnitt direkt anschließend erwähnt.

2.1   Python als Taschenrechner

Sie können Python zunächst wie einen einfachen Taschenrechner benutzen. Dies erleichtert Ihnen den Einstieg in Python.

2.1.1   Eingabe von Berechnungen

Rufen Sie IDLE für Python auf: Python Shell

▶ Unter Windows erreichen Sie IDLE über START • ALLE PROGRAMME • PYTHON 3.3 (bzw. PYTHON 2.7) • IDLE (PYTHON GUI).

▶ Unter·Ubuntu Linux starten Sie IDLE über ANWENDUNGEN • SOFTWARE-ENTWICKLUNG • IDLE (USING PYTHON 3.2) bzw. IDLE (USING PYTHON 2.7).

Die Entwicklungsumgebung IDLE wird auch *Python Shell* genannt und kann sowohl als Editor zur Eingabe der Programme als auch als einfacher Taschenrechner genutzt werden. Eine Darstellung von IDLE unter Windows sehen Sie in Abbildung 2.1.

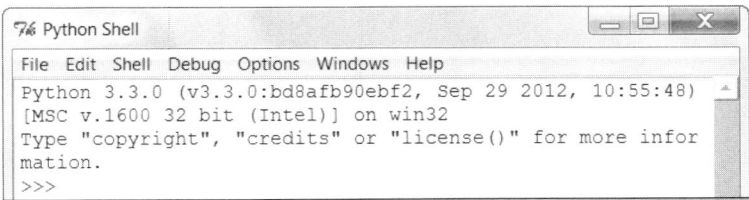

Abbildung 2.1   Python-Entwicklungsumgebung IDLE

Die Abbildungen in diesem Buch sind normalerweise für Python unter Windows festgehalten worden. Sie gelten natürlich auch sinngemäß für Python unter Linux.

Kleinere Berechnungen Zur Durchführung kleinerer Berechnungen müssen Sie keine vollständigen Programme schreiben und starten. Sie können die gewünschten Rechenoperationen direkt an der Eingabestelle, erkennbar an den Zeichen >>>, eingeben. Eine abschließende Betätigung der Taste ⏎ führt zur unmittelbaren Berechnung und Ausgabe des Ergebnisses.

Die dabei angewendeten Rechenregeln finden auch bei der Erstellung von Python-Programmen Verwendung. Es lohnt sich also eine genauere Betrachtung.

2.1.2 Addition, Subtraktion und Multiplikation

Im Folgenden werden Eingabe, Verarbeitung und Ausgabe einiger einfacher Berechnungen dargestellt:

```
>>> 41 + 7.5
48.5
>>> 12 - 18
-6
>>> 7 * 3
21
```

Zur Erläuterung:

Operatoren +, -, * ▶ Der Reihe nach werden die Operatoren + (Addition), – (Subtraktion) und * (Multiplikation) eingesetzt. Wenn Sie die Taste ⏎ betätigen, erscheint das Ergebnis jeweils in der Zeile darunter.

▶ Als Dezimalzeichen gilt der Punkt, wie bei der ersten Berechnung (41 + 7.5 = 48.5) erkennbar.

2.1.3 Division, Ganzzahldivision und Modulo

Es folgen zwei Divisionsaufgaben:

```
>>> 22 / 8
2.75
>>> 22 / -8
-2.75
```

Zur Erläuterung:

Operator / ▶ Der Operator / dient zur normalen Division.

Seltener genutzt werden die beiden Operatoren für die Ganzzahldivision und die Modulo-Berechnung.

Zunächst zwei Beispiele zur Ganzzahldivision:

```
>>> 22 // 8
2
>>> 22 // -8
-3
```

Zur Erläuterung:

▶ Bei einer Ganzzahldivision wird das Ergebnis berechnet, indem

    ▶ zunächst das exakte Ergebnis inklusive etwaiger Nachkommastellen ermittelt und

    ▶ anschließend die nächstkleinere ganze Zahl ermittelt wird.

Operator //

Ein Beispiel zum Operator % (Modulo):

Operator %

```
22 % 8
6
```

Zur Erläuterung:

▶ Mit dem Operator % wird der Rest einer Ganzzahldivision berechnet.

▶ Die Ganzzahldivision »22 durch 8« ergibt »2 Rest 6«. Der Modulo-Operator liefert also den Rest 6.

Unterschiede in Python 2

Der Operator / ergibt in Python 2 bereits eine Ganzzahldivision. Zur Vermeidung des Verlusts der Nachkommastellen können Sie eine der folgenden Änderungen durchführen:

▶ Hängen Sie ein .0 an die ganze Zahl im Zähler oder Nenner an, also z.B. 22.0 / 8 oder 22 / 8.0 statt 22 / 8.

▶ Falls der Zähler oder Nenner aus mehreren ganzen Zahlen besteht, so reicht es aus, .0 an eine Zahl des Zählers oder des Nenners anzuhängen, also z.B. (4.0 + 9) / (8 - 5) oder (4 + 9) / (8.0 - 5) statt (4 + 9) / (8 - 5).

▶ Falls die Division ohne Zahlen, nur mit Variablen durchgeführt wird, hilft eine Multiplikation des Zählers oder des Nenners oder eines Teils davon mit 1.0 weiter, also z.B. 1.0 * x / (y + z) oder x / (1.0 * y + z) statt x / (y + z).

.0 anhängen

Die genannten Änderungen verfälschen nicht das Rechenergebnis für Python 3, sind also »aufwärtskompatibel«. Der Operator // aus Python 3 für die Ganzzahldivision ist unter Python 2.7 bekannt und hat auch die gleiche Wirkung.

2.1.4 Rangfolge und Klammern

Rangfolge

Es gilt, wie in der Mathematik, Punkt- vor Strichrechnung. Multiplikation und Division haben also Vorrang vor Addition und Subtraktion. Das Setzen von Klammern führt dazu, dass die Ausdrücke innerhalb der Klammern zuerst berechnet werden. Die folgenden Beispiele verdeutlichen die Rangfolge der Operatoren:

```
>>> 7 + 2 * 3
13
>>> (7 + 2) * 3
27
```

Listing 2.1 Rangfolge der Operatoren

Zur Erläuterung: Bei der ersten Rechnung werden zunächst 2 und 3 multipliziert, anschließend wird 7 addiert. Bei der zweiten Rechnung werden zunächst 7 und 2 addiert, anschließend wird mit 3 multipliziert.

Übung u_grundrechenarten

Es wird vorausgesetzt, dass Python wie angegeben installiert wurde. Rufen Sie die Entwicklungsumgebung IDLE auf. Ermitteln Sie die Ergebnisse der folgenden vier Aufgaben:

▸ $13 - 5 \times 2 + \dfrac{12}{6}$

▸ $\dfrac{7}{2} - \dfrac{5}{4}$

▸ $\dfrac{12 - 5 \times 2}{4}$

▸ $\left(\dfrac{1}{2} - \dfrac{1}{4} + \dfrac{4+3}{8} \right) \times 2$

Die Lösungen aller Übungsaufgaben finden Sie in Kapitel 13 dieses Buchs.

2.1.5 Variablen und Zuweisung

Variablen zuweisen

Bisher haben wir nur mit Zahlen gerechnet. Python kann, wie jede andere Programmiersprache auch, Zahlen in Variablen speichern, falls sie im Verlauf einer Berechnung mehrmals benötigt werden.

Dies soll bei der Umrechnung einer Entfernungsangabe von englischen Meilen in Kilometer gezeigt werden. Für die Umrechnung gilt: 1 Meile = 1609,344 Meter = 1,609344 Kilometer. Beachten Sie, dass Nachkommastellen mit einem Dezimalpunkt abgetrennt werden.

Dezimalpunkt

```
>>> mi = 1.609344
>>> 2 * mi
3.218688
>>> 5 * mi
8.04672
>>> 22.5 * mi
36.21024
>>> 2.35 * mi
3.7819584000000006
```

Zur Erläuterung:

► Der Umrechnungsfaktor wird zunächst in der Variablen mi gespeichert. Auf diese Weise können mehrere Umrechnungen einfacher nacheinander durchgeführt werden. Anschließend werden die entsprechenden Kilometerwerte für 2 Meilen, 5 Meilen, 22,5 Meilen und für 2,35 Meilen berechnet und ausgegeben.

Variable

► Die Speicherung des Umrechnungsfaktors geschieht mit einer Zuweisung (mi = 1.609344). Folglich erhält die Variable mi den Wert, der rechts vom Gleichheitszeichen steht (1.609344).

Zuweisung

Einige Hinweise

Runden

► In Python-Variablen können Sie ganze Zahlen, Zahlen mit Nachkommastellen, Zeichenketten (also Texte) und andere Objekte eines Programms mit Hilfe von Zuweisungen speichern.

► Das Ergebnis der letzten Berechnung ist streng genommen mathematisch falsch. 2,35 Meilen entsprechen 3,7819584 Kilometer, ohne eine weitere 6 an der 16. Nachkommastelle. Der Grund für diesen Fehler: Zahlen mit Nachkommastellen können nicht mathematisch exakt gespeichert werden, im Gegensatz zu ganzen Zahlen. Es gibt einige Stellen im Buch, an denen dies auffallen wird. Bei den meisten Berechnungen ist allerdings die Abweichung so gering, dass die Auswirkungen in der Praxis zu vernachlässigen sind.

► Es ist üblich, den Wert in Kilometer so auszugeben, dass auf drei Stellen hinter dem Komma gerundet wird, also auf den Meter genau. Auf eine solche formatierte Ausgabe gehe ich später in Abschnitt 5.2.2 noch ein.

Den Namen einer Variablen können Sie unter Befolgung der folgenden Regeln weitgehend frei wählen:

Variablennamen

▸ Er kann aus den Buchstaben a bis z, A bis Z, Ziffern oder dem Zeichen _ (Unterstrich) bestehen.

▸ Er darf nicht mit einer Ziffer beginnen.

▸ Er darf keinem reservierten Wort der Programmiersprache Python entsprechen. Eine Liste der reservierten Wörter finden Sie auf der vorderen Außenklappe.

Case sensitive ▸ Die Groß- und Kleinschreibung ist zu beachten: Namen und Anweisungen müssen stets exakt wie vorgegeben geschrieben werden. Die Namen mi und Mi bezeichnen also verschiedene Variablen.

Übung u_inch

Für das englische Längenmaß Inch gilt folgende Umrechnung: 1 Inch entspricht 2,54 Zentimetern. Berechnen Sie für die folgenden Angaben den Wert in Zentimeter: 5 Inch, 20 Inch und 92,7 Inch. Vereinfachen Sie Ihre Berechnungen, indem Sie den Umrechnungsfaktor zunächst in einer Variablen speichern.

2.2 Erstes Programm

Eingabe, Verarbeitung, Ausgabe
Es soll ein erstes Python-Programm eingegeben, abgespeichert und aufgerufen werden. Dieser Vorgang wird im Folgenden ausführlich erklärt. Die einzelnen Schritte sind später analog bei jedem Python-Programm auszuführen.

Python-Versionen
Alle Programme beziehen sich zunächst auf Python 3 unter Windows. Falls es Unterschiede zu Python 2 oder zu Linux gibt, so werden sie im jeweils gleichen Abschnitt direkt anschließend erwähnt. Jedes Programm finden Sie in zwei Versionen auf dem Datenträger zum Buch, in den Verzeichnissen *Python33* und *Python27*.

2.2.1 Hallo Welt

Die Ausgabe Ihres ersten Python-Programms soll lauten:

```
Hallo Welt
```

Hallo Welt
Das Programm soll also den Text »Hallo Welt« auf dem Bildschirm anzeigen. Dies ist häufig das erste Programm, das man in einer beliebigen Programmiersprache schreibt.

2.2.2   Eingabe eines Programms

Zur Eingabe des Programms rufen Sie in der Entwicklungsumgebung IDLE im Menü FILE zunächst den Menübefehl NEW WINDOW auf. Es öffnet sich ein neues Fenster mit dem Titel UNTITLED. Das Hauptfenster mit dem Titel PYTHON SHELL rückt in den Hintergrund. In dem neuen Fenster geben Sie das Programm wie in Abbildung 2.2 dargestellt ein.

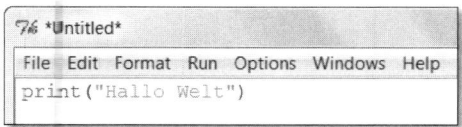

Abbildung 2.2 Eingabe des Programms in neuem Fenster

Zur Erläuterung:

▶ Die eingebaute Funktion print() gibt Text oder Werte von Variablen auf dem Bildschirm aus.

Unterschiede in Python 2

Die Programmzeile wird ohne Klammern eingegeben, also print "Hallo Welt". Auch in Python 2 dient print zur Ausgabe von Texten oder Variablenwerten, allerdings ist print eine Anweisung und keine Funktion.

2.3   Speichern und Ausführen

Damit Sie das Ergebnis des Programms sehen können, müssen Sie es zunächst in einer Datei speichern und anschließend ausführen.

2.3.1   Speichern

Zur Speicherung des Programms im Python-Verzeichnis (*Python33* bzw. *Python27*) rufen Sie im aktuellen Fenster im Menü FILE den Menübefehl SAVE auf. Das Programm wird in der Datei mit dem Namen *hallo.py* gespeichert (siehe Abbildung 2.3).

Nach der Betätigung des Buttons SPEICHERN ist die Speicherung vollzogen. Den Namen der Datei (hier *hallo*) können Sie frei wählen. Die Dateiendung *.py* ist für Python-Programme allerdings zwingend vorgeschrieben.

Neues Programmfenster

Speichern

Dateiendung .py

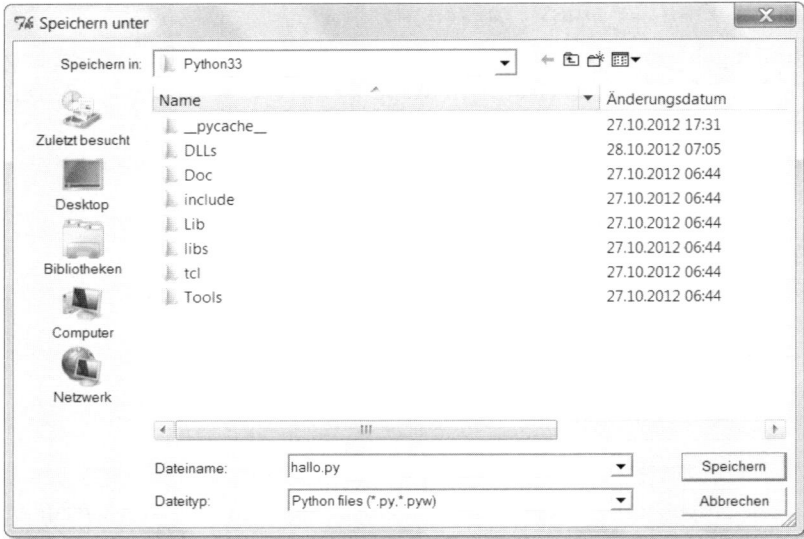

Abbildung 2.3 Speichern des Python-Programms

Das Fenster mit dem Programm sieht nun aus wie in Abbildung 2.4 dargestellt. In der Titelzeile erkennen Sie den Dateinamen beziehungsweise den vollständigen Pfadnamen.

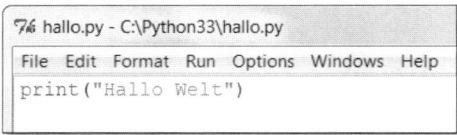

Abbildung 2.4 Dateiname und Pfad in Titelzeile

Encoding/ Decoding

Falls eine Python-Datei Umlaute oder Eszetts enthält, werden Sie (abhängig von der Version) beim Öffnen mit IDLE nach dem Encoding der Datei gefragt. Um diese Nachfrage zu vermeiden, geben Sie als oberste Zeile in der Datei ein:

```
# -*- coding: cp1252 -*-
```

Dadurch wird eine Codepage eingestellt, die die richtige Darstellung und Nutzung der Umlaute und Eszetts ermöglicht.

Bei CGI-Dateien (siehe Abschnitt 9.2, »Webserver-Programmierung«) geben Sie die oben genannte Codierung in der zweiten Zeile ein, da in der ersten Zeile der Hinweis auf den Python-Interpreter für den Webserver steht.

2.3.2   Ausführen unter Windows

Sie können das Programm unter Windows auf zwei verschiedene Arten aufrufen:

Aufrufen

► innerhalb der Entwicklungsumgebung IDLE (diese Methode nutzen wir bei den meisten Programmen dieses Buchs)

► von der Kommandozeile aus

Innerhalb der Entwicklungsumgebung IDLE

Betrachten wir im Folgenden zunächst den Aufruf innerhalb der Entwicklungsumgebung IDLE. Dazu führen Sie im Menü RUN den Menübefehl RUN MODULE aus (Taste [F5]). Das Hauptfenster der Entwicklungsumgebung (die Python Shell) rückt in den Vordergrund, und der Ausgabetext erscheint, siehe Abbildung 2.5.

Aufruf in IDLE

Abbildung 2.5   Aufruf in IDLE

Über die Taskleiste können Sie anschließend das Programmfenster wieder in den Vordergrund rücken.

Von der Kommandozeile aus

Kommandozeile

Das Programm in der Datei *hallo.py* ist ein Kommandozeilenprogramm. Es generiert also eine einfache Ausgabe auf dem Bildschirm, ohne eine eigene Benutzeroberfläche zu erzeugen. In Kapitel 11, »Benutzeroberfläche«, lernen Sie, wie Sie mit Hilfe von Python Programme mit grafischen Benutzeroberflächen erzeugen.

Für einen Aufruf des Programms aus der Kommandozeile müssen Sie unter Windows zunächst auf die Kommandozeilenebene wechseln. Dazu gehen Sie wie folgt vor:

▶ Rufen Sie den Menüpunkt START • (ZUBEHÖR) • AUSFÜHREN auf.

▶ Geben Sie im nun erscheinenden Eingabefenster die Anweisung »cmd« ein, und drücken Sie den Button OK (siehe Abbildung 2.6).

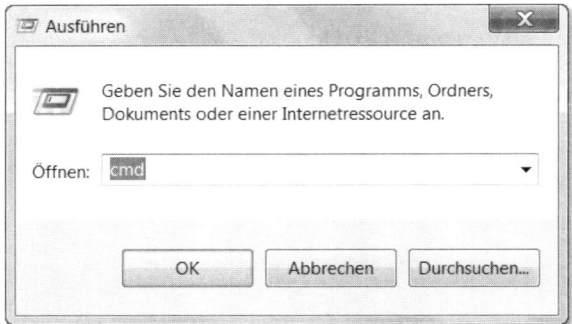

Abbildung 2.6 Aufruf des Kommandozeilenfensters

Es erscheint ein Kommandozeilenfenster wie in Abbildung 2.7.

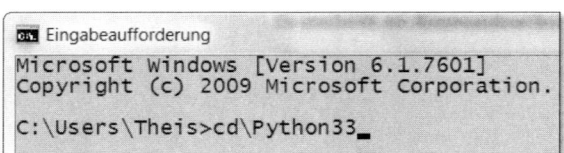

Abbildung 2.7 Kommandozeilenfenster, nächste Eingabe

Mit Eingabe des Befehls `cd\Python33` (bzw. `cd\Python27`) wechseln Sie in das Verzeichnis *C:\Python33* (bzw. *C:\Python27*), in dem das Programm *hallo.py* abgelegt wurde. Anschließend veranlassen Sie die Ausführung des Programms durch Aufruf des Python-Interpreters sowohl für Python 3 als auch für Python 2 mit der Anweisung `python hallo.py`. Es erscheint die in Abbildung 2.8 gezeigte Ausgabe.

Durch die Eingabe von `python -V` können Sie an dieser Stelle auch die genaue Versionsnummer des benutzten Python feststellen.

Dieses Kommandozeilenfenster können Sie für spätere Aufrufe von Python-Programmen geöffnet lassen oder mit Eingabe des Befehls `exit` wieder schließen.

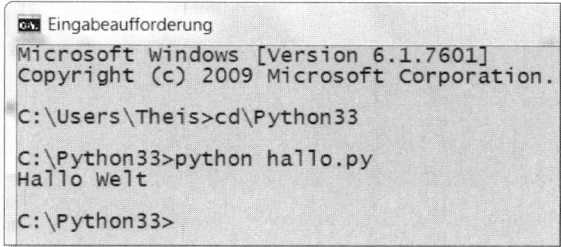

Abbildung 2.8 Aufruf im Kommandozeilenfenster

Unter einigen Windows-Versionen erreichen Sie dieses Fenster auch über START • ZUBEHÖR • EINGABEAUFFORDERUNG.

Nur in dem genannten Verzeichnis (*Python33* bzw. *Python27*) steht der Python-Interpreter direkt, ohne weitere Pfadangabe zur Verfügung.

Python-Interpreter

2.3.3   Ausführen unter Linux

Sie können das Programm unter Linux ebenfalls auf mehrere Arten aufrufen:

Neue erste Zeile

▶ innerhalb der Entwicklungsumgebung IDLE, siehe entsprechender Abschnitt in 2.3.2 »Ausführen unter Windows«

▶ von der Kommandozeile aus, mit dem Python-Interpreter

▶ von der Kommandozeile aus, als ausführbare Datei

Mit dem Python-Interpreter

Öffnen Sie ein Terminal, und wechseln Sie in das Verzeichnis, in dem Sie die Datei *hallo.py* gespeichert haben. Veranlassen Sie die Ausführung des Programms für Python 3 mit der Anweisung `python3 hallo.py` und für Python 2 mit der Anweisung `python hallo.py`, siehe Abbildungen 2.9 und 2.10.

Terminal

Abbildung 2.9 Aufruf für Python 3

Abbildung 2.10   Aufruf für Python 2

Versionsnummer   Durch die Eingabe von `python -V` können Sie an dieser Stelle auch die genaue Versionsnummer des benutzten Python feststellen. Bei Ubuntu 12.10 ist es Python 2.7.3.

Als ausführbare Datei

Fügen Sie die folgende Zeile als erste Zeile in das Python-Programm ein:

`#!/usr/bin/python3` für Python 3 bzw.

`#!/usr/bin/python` für Python 2.

Mit diesem Kommentar wird Linux dazu veranlasst, die Datei mit Hilfe von Python auszuführen.

Modus ändern   Ändern Sie den Modus der Datei, so dass sie ausführbar wird, z. B. mit:

`chmod u+x hallo.py`

Rufen Sie die Datei auf mit:

`./hallo.py`

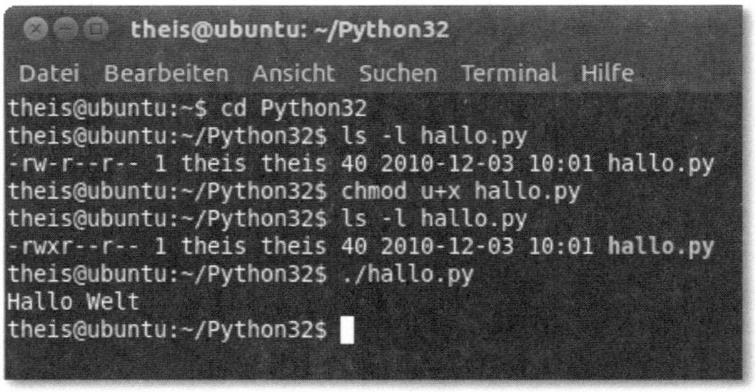

Abbildung 2.11   Aufruf als ausführbare Datei

2.3.4 Kommentare

Bei umfangreicheren Programmen erweist es sich als sehr nützlich, Kommentare zur Erläuterung in den Programmtext einzufügen. Kommentare werden durch das Raute-Zeichen # eingeleitet und reichen bis zum Zeilenende. Sie werden vom System nicht als Programmschritte betrachtet und folglich nicht ausgeführt.

Kommentar mit #

Im folgenden Listing wurde das erste Programm durch einen Kommentar ergänzt:

```
# Mein erstes Programm
print("Hallo Welt")
```

Listing 2.2 Datei hallo.py

2.3.5 Verkettung von Ausgaben

Mit Hilfe der Funktion print() können auch mehrere Ausgaben in einer Zeile ausgegeben werden. Entsprechend wurde das Programm weiter verändert:

```
# Mein erstes Programm
print("Hallo", "Welt")
```

Listing 2.3 Datei hallo.py

Zur Erläuterung:

▶ Die einzelnen Teile der Ausgabe werden durch Kommata voneinander getrennt.

Kommata

▶ Nach jedem Teil der Ausgabe wird automatisch ein Leerzeichen eingesetzt. Dieses Verhalten können Sie als Programmierer beeinflussen; mehr dazu in Abschnitt 5.2.1.

Unterschiede in Python 2

Die Klammern bei der Anweisung print entfallen.

2.3.6 Lange Ausgaben

Zeichenketten, die mit Hilfe der Funktion print() ausgegeben werden, können sehr lang werden, eventuell sogar über den rechten Rand innerhalb des Editors hinausgehen.. Damit wird der Programmcode allerdings etwas unübersichtlich. Sie können solche Zeichenketten aber auch auf mehrere Zeilen verteilen – dieses Vorgehen wird auch im vorliegenden Buch aufgrund der begrenzten Druckbreite häufig angewendet.

Übersichtlicher Wenngleich es für dieses kurze Programm eigentlich nicht notwendig ist, verteilen wir hier zur Verdeutlichung den Code auf mehrere Zeilen:

```
# Mein erstes Programm
print("Hallo",
      "Welt")
print("Hallo "
      "Welt")
```

Listing 2.4 Datei hallo.py

Zur Erläuterung:

▶ Es bietet sich an, den Zeilenumbruch nach einem Komma durchzuführen, wie bei der ersten Ausgabe von »Hallo Welt«. Dabei wird, wie bereits ausgeführt, automatisch ein Leerzeichen gesetzt.

Teiltexte ▶ Einzelne lange Texte können in Teiltexte zerlegt werden, wie bei der zweiten Ausgabe von »Hallo Welt«. Teiltexte müssen nicht durch Kommata voneinander getrennt werden. Sie sind allerdings jeweils mit Anführungsstrichen zu begrenzen. Das trennende Leerzeichen zwischen »Hallo« und »Welt« müssen Sie nun von Hand setzen.

Unterschiede in Python 2

Zeichen \ Die Klammern bei der Anweisung print entfallen. Außerdem müssen Sie das Zeichen \ einsetzen. Damit wird gekennzeichnet, dass die Programmzeile über mehr als eine Bildschirmzeile geht. Der Code sieht dann wie folgt aus:

```
print "Hallo", \
      "Welt"
print "Hallo " \
      "Welt"
```

Hinweis

In Abschnitt 5.1.2, »Programmzeile in mehreren Zeilen«, erläutere ich, wie Sie allgemein lange Programmzeilen aufteilen können.

---

3   Programmierkurs

Der folgende Programmierkurs mit ausführlichen Erläuterungen führt
Sie schrittweise in die Programmierung mit Python ein. Begleitet wird
der Kurs von einem Programmierprojekt, das die vielen Teilaspekte zu
einem Ganzen verknüpft.

3.1   Ein Spiel programmieren

Damit Sie die Programmiersprache Python auf unterhaltsame Weise kennenlernen, sollen Sie im Folgenden selbst ein Spiel programmieren. Im
weiteren Verlauf des Buchs wird dieses Spiel dann kontinuierlich erweitert und verbessert.

3.1.1   Das fertige Spiel

Das Spiel läuft wie folgt ab: Dem Anwender wird nach Aufruf des Pro-   **Kopfrechnen**
gramms eine Kopfrechenaufgabe gestellt. Er gibt das von ihm ermittelte
Ergebnis ein, und das Programm bewertet seine Eingabe.

```
Die Aufgabe: 9 + 26
Bitte eine Zahl eingeben:
34
34 ist falsch
Bitte eine Zahl eingeben:
35
35 ist richtig
Ergebnis:  35
Anzahl Versuche: 2
```

3.1.2   Der Weg zum fertigen Spiel

Das Spiel wird in mehreren Einzelschritten erstellt. Zunächst entsteht   **Das Spiel wächst.**
eine ganz einfache Version. Mit wachsender Programmierkenntnis ent-
wickeln Sie dann immer komplexere Versionen. Die im jeweiligen
Abschnitt erlernten Programmierfähigkeiten setzen Sie unmittelbar zur
Verbesserung des Spielablaufs ein.

3.1.3 Mögliche Erweiterungen

Versionen In späteren Abschnitten entstehen weitere Versionen des Spiels. Das Spiel begleitet Sie so durch das gesamte Buch. Es wird unter anderem um folgende Möglichkeiten erweitert:

▶ mehrere Aufgaben nacheinander oder gleichzeitig stellen

▶ Messung der benötigten Zeit

▶ Speicherung der Spieldaten in einer Datei

▶ Aktualisierung und Darstellung einer Highscore-Liste

▶ Spielen im Internet

3.2 Variablen und Operatoren

Zur Speicherung von Werten werden Variablen benötigt. Operatoren dienen zur Ausführung von Berechnungen.

3.2.1 Berechnung und Zuweisung

Im folgenden Programm wird eine einfache Berechnung mit Hilfe eines Operators durchgeführt. Das Ergebnis der Berechnung wird mit dem Gleichheitszeichen einer Variablen zugewiesen. Es erfolgt eine Ausgabe. Diese Schritte kennen Sie bereits aus Abschnitt 2.1.5, »Variablen und Zuweisung«.

```
# Werte
a = 5
b = 3

# Berechnung
c = a + b

# Ausgabe
print("Die Aufgabe:", a, "+", b)
print("Das Ergebnis:", c)
```

Listing 3.1 Datei zuweisung.py

Die Ausgabe des Programms lautet:

```
Die Aufgabe: 5 + 3
Das Ergebnis: 8
```

Zur Erläuterung:

▶ In den beiden Variablen a und b wird jeweils ein Wert gespeichert. Eingangsdaten

▶ Die Werte der beiden Variablen werden addiert, das Ergebnis wird Verarbeitung
der Variablen c zugewiesen.

▶ Die Aufgabenstellung wird ausgegeben. Anschließend wird das Ausgabe
Ergebnis ausgegeben.

▶ Noch hat der Benutzer des Programms keine Möglichkeit, in den
Ablauf einzugreifen.

Unterschiede in Python 2

Die Klammern bei der Anweisung print entfallen.

3.2.2 Eingabe einer Zeichenkette

In diesem Abschnitt wird die Funktion input() zur Eingabe einer Zei- input()
chenkette durch den Benutzer eingeführt. Ein kleines Beispiel:

```
# Eingabe einer Zeichenkette
print("Bitte einen Text eingeben")
x = input()
print("Ihre Eingabe:", x)
```

Listing 3.2 Datei eingabe_text.py

Die Ausgabe könnte wie folgt aussehen:

```
Bitte einen Text eingeben
Python ist toll
Ihre Eingabe: Python ist toll
```

Zur Erläuterung:

▶ Der Benutzer gibt einen kleinen Satz ein. Dieser Satz wird in der Variablen x gespeichert und anschließend ausgegeben.

Unterschiede in Python 2

Die Klammern bei der Anweisung print entfallen. Die Funktion zur Eingabe
heißt raw_input(). Somit lautet das Programm:

```
print "Bitte einen Text eingeben"
x = raw_input()
print "Ihre Eingabe:", x
```

3.2.3 Eingabe einer Zahl

Umwandlung Im weiteren Verlauf des Spiels ist es notwendig, die Eingabe des Benutzers als Zahl weiterzuverwenden. Dazu muss die Zeichenkette, die die Funktion input() liefert, in eine Zahl umgewandelt werden.

Zur Umwandlung gibt es unter anderem die folgenden Funktionen:

int() ▸ Die eingebaute Funktion int() wandelt eine Zeichenkette in eine ganze Zahl um; eventuell vorhandene Nachkommastellen werden abgeschnitten.

float() ▸ Die eingebaute Funktion float() wandelt eine Zeichenkette in eine Zahl mit Nachkommastellen um.

Abbruch ▸ Sollte die Zeichenkette für float() keine gültige Zahl enthalten, so kommt es zu einem Programmabbruch. Bei int() muss es sich sogar um eine gültige ganze Zahl handeln. In Abschnitt 3.5, »Fehler und Ausnahmen«, lernen Sie, wie Sie Programmabbrüche abfangen.

Ein Beispiel:

```
# Eingabe einer Zahl
print("Bitte eine ganze Zahl eingeben")
x = input()
print("Ihre Eingabe:", x)

# Umwandlung in ganze Zahl
xganz = int(x)
print("Als ganze Zahl:", xganz)

# Mit Berechnung
xdoppel = xganz * 2
print("Das Doppelte:", xdoppel)
```

Listing 3.3 Datei eingabe_zahl.py

Die Ausgabe könnte wie folgt aussehen:

```
Bitte eine ganze Zahl eingeben
6
Ihre Eingabe: 6
Als ganze Zahl: 6
Das Doppelte: 12
```

Zur Erläuterung:

▸ Der Benutzer gibt eine Zeichenkette ein.

▶ Diese Zeichenkette wird mit Hilfe der eingebauten Funktion `int()` in eine ganze Zahl umgewandelt.

▶ Die Zahl und das Doppelte der Zahl werden ausgegeben.

In diesem Programm wird auch das EVA-Prinzip der klassischen Programmierung verdeutlicht:

EVA

▶ E = Eingabe (der Anwender gibt Daten über die Tastatur ein)

▶ V = Verarbeitung (das Programm verarbeitet diese und andere Daten)

▶ A = Ausgabe (das Programm gibt das Ergebnis der Verarbeitung auf dem Bildschirm aus)

Unterschiede in Python 2

Die Klammern bei der Anweisung print entfallen. Die Funktion zur Eingabe heißt raw_input().

3.2.4 Spiel, Version mit Eingabe

Das Spielprogramm wird mit einer Eingabe versehen. Es wird wie folgt geändert:

```
# Werte und Berechnung
a = 5
b = 3
c = a + b

print("Die Aufgabe:", a, "+", b)

# Eingabe
print("Bitte eine Zahl eingeben:")
z = input()

# Eingabe in Zahl umwandeln
zahl = int(z)

# Ausgabe
print("Ihre Eingabe:", z)
print("Das Ergebnis:", c)
```

Listing 3.4 Datei spiel_eingabe.py

Eine mögliche Ausgabe des Programms:

```
Die Aufgabe: 5 + 3
Bitte eine Zahl eingeben:
```

```
9
Ihre Eingabe: 9
Das Ergebnis: 8
```

Zur Erläuterung:

▸ Das Programm gibt die Aufforderung `Bitte eine Zahl eingeben:` aus und hält an.

▸ Die Eingabe des Benutzers wird in der Variablen z gespeichert.

int() ▸ Die Zeichenkette z wird mit Hilfe der Funktion `int()` in eine ganze Zahl verwandelt.

Unterschiede in Python 2

Die Klammern bei der Anweisung `print` entfallen. Die Funktion zur Eingabe heißt `raw_input()`.

Inch in Zentimeter

Übung u_eingabe_inch

Schreiben Sie ein Programm zur Eingabe und Umrechnung von beliebigen Inch-Werten in Zentimeter. Speichern Sie das Programm in der Datei *u_eingabe_inch.py*. Rufen Sie das Programm auf, und testen Sie es. Die Ausgabe sollte zum Beispiel wie folgt aussehen:

```
Bitte geben Sie den Inch-Wert ein:
3.5
3.5 inch sind 8.89 cm
```

Steuer berechnen

Übung u_eingabe_gehalt

Schreiben Sie ein Programm zur Berechnung des monatlich zu zahlenden Steuerbetrags. Der Anwender soll zunächst dazu aufgefordert werden, sein monatliches Bruttogehalt einzugeben. Anschließend werden (hier sehr vereinfacht) 18 % dieses Betrags berechnet und ausgegeben. Speichern Sie das Programm in der Datei *u_eingabe_gehalt.py*. Die Ausgabe sollte zum Beispiel wie folgt aussehen:

```
Geben Sie Ihr Bruttogehalt in Euro ein:
2500
Es ergibt sich ein Steuerbetrag von 450.0 Euro
```

3.2.5 Zufallszahlen

Natürlich soll nicht immer die gleiche Kopfrechenaufgabe gestellt werden. In Python steht ein Zufallszahlengenerator zur Verfügung. Dieser generiert zufällige Zahlen, die wir zur Bildung der Aufgabenstellung nutzen wollen.

Die Funktionen des Zufallszahlengenerators befinden sich in einem zusätzlichen Modul, das zunächst importiert werden muss. Das Programm wird wie folgt verändert:

Modul importieren

```
# Modul random importieren
import random

# Zufallsgenerator initialisieren
random.seed()

# Zufallswerte und Berechnung
a = random.randint(1,10)
b = random.randint(1,10)
c = a + b

print("Die Aufgabe:", a, "+", b)
# Eingabe
print("Bitte eine Zahl eingeben:")
z = input()
zahl = int(z)

# Ausgabe
print("Ihre Eingabe:", z)
print("Das Ergebnis:", c)
```

Listing 3.5   Datei spiel_zufallszahl.py

Eine mögliche Ausgabe des Programms, abhängig von den gelieferten zufälligen Werten, sieht wie folgt aus:

```
Die Aufgabe: 8 + 3
Bitte eine Zahl eingeben:
7
Ihre Eingabe: 7
Das Ergebnis: 11
```

Zur Erläuterung:

▶ Zusätzliche Module können Sie mit Hilfe der Anweisung import in das Programm einbinden.

import

▶ Die Funktionen dieser Module können Sie anschließend in der Schreibweise Modulname.Funktionsname aufrufen.

▶ Der Aufruf der Funktion seed() des Moduls random führt dazu, dass der Zufallszahlengenerator mit der aktuellen Systemzeit initialisiert

seed()

wird. Anderenfalls könnte es passieren, dass anstelle einer zufälligen Auswahl immer wieder dieselben Zahlen geliefert würden.

randint() ► Die Funktion `randint()` des Moduls `random` liefert eine ganze Zufallszahl im angegebenen Bereich. Im vorliegenden Fall ist dies also eine zufällige Zahl von 1 bis 10.

Unterschiede in Python 2

Die Klammern bei der Anweisung `print` entfallen. Die Funktion zur Eingabe heißt `raw_input()`.

3.3 Verzweigungen

Programmablauf steuern

In den bisherigen Programmen wurden alle Anweisungen der Reihe nach ausgeführt. Zur Steuerung eines Programmablaufs werden allerdings häufig Verzweigungen benötigt. Innerhalb des Programms wird dann anhand einer Bedingung entschieden, welcher Zweig des Programms ausgeführt werden soll.

3.3.1 Vergleichsoperatoren

Kleiner, größer, gleich

Bedingungen werden mit Hilfe von Vergleichsoperatoren formuliert. Tabelle 3.1 listet die Vergleichsoperatoren mit ihrer Bedeutung auf.

Operator	Bedeutung
>	größer als
<	kleiner als
>=	größer als oder gleich
<=	kleiner als oder gleich
==	gleich
!=	ungleich (in Python 2 gab es dafür zusätzlich den Operator <>)

Tabelle 3.1 Vergleichsoperatoren

3.3.2 Einfache Verzweigung

if-else

Im folgenden Beispiel wird untersucht, ob eine Zahl positiv ist. Ist dies der Fall, so wird `Diese Zahl ist positiv` ausgegeben, anderenfalls lautet die Ausgabe `Diese Zahl ist 0 oder negativ`. Es wird also nur eine der beiden Anweisungen ausgeführt.

```
x = 12
print("x:", x)

if x > 0:
    print("Diese Zahl ist positiv")
else:
    print("Diese Zahl ist 0 oder negativ")
```

Listing 3.6 Datei verzweigung_einfach.py

Die Ausgabe des Programms lautet:

```
x: 12
Diese Zahl ist positiv
```

Zur Erläuterung:

▶ In der ersten Zeile bekommt die Variable x den Wert 12 zugewiesen.

▶ In der zweiten Zeile wird mit Hilfe der Anweisung if eine Verzwei-   **Doppelpunkt**
gung eingeleitet. Danach wird eine Bedingung formuliert (hier x > 0),
die entweder *wahr* oder *falsch* ergibt. Anschließend folgt der Doppelpunkt (:).

▶ Es folgen eine oder mehrere Anweisungen, die nur ausgeführt wer-   **Einrücken**
den, wenn die Bedingung *wahr* ergibt. Die Anweisungen müssen
innerhalb des sogenannten if-Zweigs mit Hilfe der ⎢⇥⎥-Taste eingerückt werden, damit Python die Zugehörigkeit zur Verzweigung
erkennen kann. Gleichzeitig macht die Einrückung das Programm
übersichtlicher.

▶ In der vierten Zeile wird mit Hilfe der Anweisung else der alternative   **else**
Teil der Verzweigung eingeleitet. Es folgt wiederum ein Doppelpunkt.

▶ Es folgen eine oder mehrere Anweisungen, die nur ausgeführt werden, falls die Bedingung *falsch* ergibt. Auch diese Anweisungen müssen eingerückt werden.

Unterschiede in Python 2

Die Klammern bei der Anweisung print entfallen.

3.3.3   Spiel, Version mit Bewertung der Eingabe

Nun soll die Eingabe des Benutzers bewertet werden. Mit Hilfe einer ein-   **Eingabe prüfen**
fachen Verzweigung wird untersucht, ob die Eingabe richtig oder falsch
war. Das Programm wird wie folgt verändert:

```
# Zufallsgenerator
import random
random.seed()

# Werte und Berechnung
a = random.randint(1,10)
b = random.randint(1,10)
c = a + b

print("Die Aufgabe:", a, "+", b)

# Eingabe
print("Bitte eine Zahl eingeben:")
z = input()
zahl = int(z)

# Verzweigung
if zahl == c:
    print(zahl, "ist richtig")
else:
    print(zahl, "ist falsch")
    print("Ergebnis: ", c)
```

Listing 3.7 Datei spiel_verzweigung.py

Eine mögliche Ausgabe des Programms wäre:

```
Die Aufgabe: 2 + 8
Bitte eine Zahl eingeben:
11
11 ist falsch
Ergebnis:  10
```

Zur Erläuterung:

▶ Die Eingabe wird in eine Zahl umgewandelt.

Richtig ▶ Entspricht diese Zahl dem Ergebnis der Rechnung, so wird ist richtig ausgegeben.

Falsch ▶ Entspricht die Zahl nicht dem Ergebnis, so wird ist falsch ausgegeben, und das korrekte Ergebnis wird genannt.

Unterschiede in Python 2

Die Klammern bei der Anweisung print entfallen. Die Funktion zur Eingabe heißt raw_input().

Übung u_verzweigung_einfach

Das Programm zur Berechnung des monatlich zu zahlenden Steuerbetrags soll verändert werden. Der Anwender soll zunächst dazu aufgefordert werden, sein monatliches Bruttogehalt einzugeben. Liegt das Gehalt über 2.500 Euro, so sind 22 % Steuer zu zahlen, ansonsten 18 % Steuer. Speichern Sie das Programm in der Datei *u_verzweigung_einfach.py*.

Zur Erläuterung: Es ist nur *eine* Eingabe erforderlich. Innerhalb des Programms wird anhand des Gehalts entschieden, welcher Steuersatz zur Anwendung kommt. Die Ausgabe sollte zum Beispiel wie folgt aussehen:

Programm entscheidet

```
Geben Sie Ihr Bruttogehalt in Euro ein:
3000
Es ergibt sich ein Steuerbetrag von 660.0 Euro
```

oder

```
Geben Sie Ihr Bruttogehalt in Euro ein:
2000
Es ergibt sich ein Steuerbetrag von 360.0 Euro
```

3.3.4 Mehrfache Verzweigung

In vielen Anwendungsfällen gibt es mehr als zwei Möglichkeiten, zwischen denen zu entscheiden ist. Dazu wird eine mehrfache Verzweigung benötigt. Im folgenden Beispiel wird untersucht, ob eine Zahl positiv, negativ oder gleich 0 ist. Es wird eine entsprechende Meldung ausgegeben:

Mehrere Möglichkeiten

if-elif-else

```
x = -5
print("x:", x)
if x > 0:
    print("x ist positiv")
elif x < 0:
    print("x ist negativ")
else:
    print("x ist gleich 0")
```

Listing 3.8 Datei verzweigung_mehrfach.py

Die Ausgabe des Programms:

```
x: -5
x ist negativ
```

Zur Erläuterung:

▶ Mit der Anweisung if wird die Verzweigung eingeleitet. Falls x positiv ist, werden die folgenden, eingerückten Anweisungen ausgeführt.

if

elif   ▶ Nach der Anweisung elif wird eine weitere Bedingung formuliert. Diese wird nur untersucht, wenn die erste Bedingung (nach dem if) nicht zutraf. Falls x negativ ist, werden die folgenden, eingerückten Anweisungen ausgeführt.

else   ▶ Die Anweisungen nach der Zeile mit der else-Anweisung werden nur durchgeführt, falls keine der beiden vorherigen Bedingungen zutraf (nach dem if und nach dem elif). In diesem Fall bedeutet das, dass x gleich 0 ist, da es nicht positiv und nicht negativ ist.

Mehrere elif-Anweisungen   Innerhalb einer Verzweigung können mehrere elif-Anweisungen vorkommen. Diese werden der Reihe nach untersucht, bis das Programm zu der Bedingung kommt, die zutrifft. Die weiteren elif-Anweisungen oder eine else-Anweisung werden dann nicht mehr beachtet.

else muss nicht vorkommen.   Eine else-Anweisung ist weder bei einer einfachen Verzweigung noch bei einer mehrfachen Verzweigung zwingend notwendig.

Unterschiede in Python 2

Die Klammern bei der Anweisung print entfallen.

Übung u_verzweigung_mehrfach

Das Programm zur Berechnung des monatlich zu zahlenden Steuerbetrags soll weiter verändert werden (Datei *u_verzweigung_mehrfach.py*). Der Anwender soll zunächst dazu aufgefordert werden, sein monatliches Bruttogehalt einzugeben. Anschließend soll das Gehalt nach der folgenden Steuertabelle berechnet werden:

Gehalt	Steuersatz
mehr als 4.000 Euro	26 %
2.500 bis 4.000 Euro	22 %
weniger als 2.500 Euro	18 %

Tabelle 3.2   Steuertabelle für Übung u_verzweigung_mehrfach

3.3.5   Logische Operatoren

Logische Verknüpfung   Mit Hilfe der logischen Operatoren and, or und not können mehrere Bedingungen miteinander verknüpft werden.

and   ▶ Eine Bedingung, die aus einer oder mehreren Einzelbedingungen besteht, die jeweils mit dem Operator and (= und) verknüpft sind, ergibt *wahr*, wenn *jede* der Einzelbedingungen *wahr* ergibt.

▶ Eine Bedingung, die aus einer oder mehreren Einzelbedingungen besteht, die mit dem Operator or (= oder) verknüpft sind, ergibt *wahr*, wenn *mindestens eine* der Einzelbedingungen *wahr* ergibt.

▶ Der Operator not (= nicht) kehrt den Wahrheitswert einer Bedingung um, das heißt, eine falsche Bedingung wird wahr, eine wahre Bedingung wird falsch.

or

not

Der gleiche Zusammenhang wird in der folgenden Wahrheitswerttabelle dargestellt:

Wahrheitswerte

Bedingung 1	Operator	Bedingung 2	gesamte Bedingung
wahr	and	wahr	wahr
wahr	and	falsch	falsch
falsch	and	wahr	falsch
falsch	and	falsch	falsch
wahr	or	wahr	wahr
wahr	or	falsch	wahr
falsch	or	wahr	wahr
falsch	or	falsch	falsch
–	not	wahr	falsch
–	not	falsch	wahr

Tabelle 3.3 Einsatz von logischen Operatoren

Ein Beispiel:

```
x = 12
y = 15
z = 20

print("x:", x)
print("y:", y)
print("z:", z)

# Bedingung 1
if x<y and x<z:
    print("x ist die kleinste Zahl")

# Bedingung 2
if y>x or y>z:
    print("y ist nicht die kleinste Zahl")
```

```
# Becingung 3
if nct y<x:
    print("y ist nicht kleiner als x")
```

Listing 3.9 Datei operator_logisch.py

Die Ausgabe des Programms:

```
x: 12
y: 15
z: 20
x ist die kleinste Zahl
y ist nicht die kleinste Zahl
y ist nicht kleiner als x
```

Zur Erläuterung:

and ▸ Bedingung 1 ergibt *wahr*, wenn x kleiner als y *und* kleiner als z ist. Dies trifft bei den gegebenen Anfangswerten zu.

or ▸ Bedingung 2 ergibt *wahr*, wenn y größer als x *oder* y größer als z ist. Die erste Bedingung trifft zu, also ist die gesamte Bedingung wahr: y ist nicht die kleinste der drei Zahlen.

not ▸ Bedingung 3 ist wahr, wenn y *nicht* kleiner als x ist. Dies trifft hier zu.

▸ Zu allen Verzweigungen kann es natürlich auch einen else-Zweig geben.

Unterschiede in Python 2

Die Klammern bei der Anweisung print entfallen.

Mehrere Entscheidungen

Übung u_operator

Das Programm zur Berechnung des monatlich zu zahlenden Steuerbetrags soll wiederum verändert werden (Datei *u_operator.py*). Die Steuertabelle sieht nun wie folgt aus:

Gehalt	Familienstand	Steuersatz
> 4.000 Euro	ledig	26 %
> 4.000 Euro	verheiratet	22 %
<= 4.000 Euro	ledig	22 %
<= 4.000 Euro	verheiratet	18 %

Tabelle 3.4 Steuertabelle für Übung u_operator

Der Anwender soll neben seinem Gehalt auch seinen Familienstand nennen. Beispielsweise soll der Familienstand *ledig* mit »1« und der Familienstand *verheiratet* mit »2« angegeben werden. Verwenden Sie logische Operatoren.

3.3.6 Mehrere Vergleichsoperatoren

Bedingungen können auch mehrere Vergleichsoperatoren enthalten. Manche Verzweigungen sind mit Hilfe von mehreren Vergleichsoperatoren an Stelle von mehreren verknüpften Bedingungen verständlicher. Es folgt ein Beispiel:

1 < 2 < 3

```
x = 12
y = 15
z = 20

print("x:", x)
print("y:", y)
print("z:", z)

# Bedingung 1
if x < y < z:
    print("y liegt zwischen x und z")
```

Listing 3.10 Datei operator_vergleich.py

Die Ausgabe des Programms:

```
x: 12
y: 15
z: 20
y liegt zwischen x und z
```

Zur Erläuterung:

▶ Die Bedingung x < y < z entspricht dem Ausdruck x < y and y < z. In der Kurzform ist sie allerdings besser lesbar. **Kurzform**

Unterschiede in Python 2

Die Klammern bei der Anweisung print entfallen.

3.3.7 Spiel, Version mit genauer Bewertung der Eingabe

Nun kann die Eingabe des Benutzers genauer bewertet werden:

▶ mit Hilfe einer mehrfachen Verzweigung
▶ anhand logischer Operatoren
▶ anhand von Bedingungen mit mehreren Vergleichsoperatoren

Das Programm wird wie folgt verändert:

```
# Zufallsgenerator
import random
random.seed()

# Werte und Berechnung
a = random.randint(1,10)
b = random.randint(1,10)
c = a + b

print("Die Aufgabe:", a, "+", b)

# Eingabe
print("Bitte eine Zahl eingeben:")
z = input()
zahl = int(z)

# Mehrfache Verzweigung, logische Operatoren
# Bedingungen mit mehreren Vergleichsoperatoren
if zahl == c:
    print(zahl, "ist richtig")
elif zahl < 0 or zahl > 100:
    print(zahl, "ist ganz falsch")
elif c-1 <= zahl <= c+1:
    print(zahl, "ist ganz nahe dran")
else:
    print(zahl, "ist falsch")

# Ende
print("Ergebnis: ", c)
```

Listing 3.11   Datei spiel_operator.py

Eine mögliche Ausgabe des Programms wäre:

```
Die Aufgabe: 2 + 1
Bitte eine Zahl eingeben:
4
4 ist ganz nahe dran
Ergebnis:  3
```

Zur Erläuterung:

▶ Insgesamt werden jetzt über if, zweimal elif und else vier Möglichkeiten geboten.

▶ Ist die Eingabe kleiner als *0 oder* größer als *100*, so ist sie ganz falsch. Dies wird mit Hilfe des logischen Operators or gelöst.

or

▶ Unterscheidet sich die Zahl vom richtigen Ergebnis nur um den Wert 1, so ist sie ganz nahe dran. Dies wird mit einer Bedingung gelöst, die mehrere Vergleichsoperatoren enthält.

Mehrere Vergleichs-operatoren

Unterschiede in Python 2

Die Klammern bei der Anweisung print entfallen. Die Funktion zur Eingabe heißt raw_input().

3.3.8 Rangfolge der Operatoren

In vielen Ausdrücken treten mehrere Operatoren auf. Bisher sind dies Rechenoperatoren, Vergleichsoperatoren und logische Operatoren. Damit Python weiß, in welcher Reihenfolge die einzelnen Teilschritte bearbeitet werden sollen, gilt eine feste Rangfolge der Operatoren. Die Teilschritte, bei denen höherrangige Operatoren beteiligt sind, werden zuerst ausgeführt.

Tabelle 3.5 gibt die Rangfolge der bisher verwendeten Operatoren in Python an, beginnend mit den Operatoren, die den höchsten Rang haben. Gleichrangige Operatoren stehen jeweils in einer Zeile. Teilschritte, in denen mehrere Operatoren gleichen Ranges stehen, werden von links nach rechts ausgeführt.

Höchster Rang oben

Operator	Bedeutung
+ -	positives Vorzeichen einer Zahl, negatives Vorzeichen einer Zahl
* / % //	Multiplikation, Division, Modulo, Ganzzahldivision
+ -	Addition, Subtraktion
< <= > >= == !=	kleiner, kleiner oder gleich, größer, größer oder gleich, gleich, ungleich
not	logische Verneinung
and	logisches Und
or	logisches Oder

Tabelle 3.5 Rangfolge der bisher genutzten Operatoren

3.4 Schleifen

Neben der Verzweigung gibt es eine weitere wichtige Struktur zur Steuerung von Programmen: die Schleife. Mit Hilfe einer Schleife ermöglichen Sie die wiederholte Ausführung eines Programmschritts.

Wiederholung Es muss zwischen zwei Typen von Schleifen unterschieden werden, der `for`-Schleife und der `while`-Schleife. Der jeweilige Anwendungsbereich der beiden Typen wird durch folgende Merkmale definiert:

for ▶ Eine `for`-Schleife wird verwendet, wenn ein Programmschritt für eine regelmäßige, zum Zeitpunkt der Anwendung bekannte Folge von Werten wiederholt ausgeführt werden soll.

while ▶ Eine `while`-Schleife wird verwendet, wenn sich erst durch Eingaben des Anwenders ergibt, ob ein Programmschritt ausgeführt werden soll und wie oft er wiederholt wird.

Eine `for`-Schleife wird auch als *Zählschleife* bezeichnet, eine `while`-Schleife als *bedingungsgesteuerte Schleife*.

3.4.1   for-Schleife

Die Anwendung der `for`-Schleife verdeutlicht das folgende Beispiel:

```
for i in 2, 7.5, -22:
    print("Zahl:", i, ", Quadrat:", i*i)
```

Listing 3.12   Datei schleife_for.py

Folgende Ausgabe wird erzeugt:

```
Zahl: 2 , Quadrat: 4
Zahl: 7.5 , Quadrat: 56.25
Zahl: -22 , Quadrat: 484
```

Zur Erläuterung:

Abfolge von ▶ Die erste Zeile ist wie folgt zu lesen: Führe die folgenden eingerückten
Zahlen Anweisungen für jede Zahl `in` der Abfolge `2`, `7.5` und `-22` aus. Nenne diese Zahl in diesen Anweisungen `i`.

▶ Nach der Zahlenfolge muss, ebenso wie bei `if-else`, ein Doppelpunkt notiert werden.

▶ Anstelle von `i` können Sie natürlich auch eine andere Variable als Schleifenvariable nutzen.

▶ Die Zahlen werden zusammen mit einem kurzen Informationstext ausgegeben beziehungsweise quadriert und ausgegeben.

Hinweise   Iterable

1. Eine solche Abfolge von Objekten, die zum Beispiel in einer for-Schleife durchlaufen werden kann, nennt man auch *iterierbares Objekt* oder kurz *Iterable*. Diese Iterables werden uns in Python noch häufig begegnen.

2. Den Vorgang des Durchlaufens nennt man auch *Iterieren*.

3.4.2 Schleifenabbruch mit »break«

Die Anweisung break bietet eine weitere Möglichkeit zur Steuerung von   break
Schleifen. Sie führt zu einem unmittelbaren Abbruch einer Schleife. Sie
wird sinnvollerweise mit einer Bedingung verbunden und häufig bei
Sonderfällen eingesetzt. Ein Beispiel:

```
for i in 12, -4, 20, 7:
    if i*i > 200:
        break
    print("Zahl:", i, ", Quadrat:", i*i)
print("Ende")
```

Listing 3.13   Datei schleife_break.py

Es wird die Ausgabe erzeugt:

```
Zahl: 12 , Quadrat: 144
Zahl: -4 , Quadrat: 16
Ende
```

Zur Erläuterung:

▶ Die Schleife wird unmittelbar verlassen, falls das Quadrat der aktuel-   Schleife verlassen
len Zahl größer als 200 ist.

▶ Die Ausgabe innerhalb der Schleife erfolgt auch nicht mehr.

▶ Das Programm wird nach der Schleife fortgesetzt.

3.4.3 Geschachtelte Kontrollstrukturen

Wie das vorherige Programm verdeutlicht, können Kontrollstrukturen (also Verzweigungen und Schleifen) auch geschachtelt werden. Dies bedeutet, dass eine Kontrollstruktur eine weitere Kontrollstruktur enthält. Diese kann ihrerseits wiederum eine Kontrollstruktur enthalten usw. Ein weiteres Beispiel:

```
for x in -2, -1, 0, 1, 2:
    if x > 0:
        print(x, "positiv")
    else:
        if x < 0:
            print(x, "negativ")
        else:
            print(x, "gleich 0")
```

Listing 3.14 Datei schachtelung.py

Es wird die Ausgabe erzeugt:

```
-2 negativ
-1 negativ
0 gleich 0
1 positiv
2 positiv
```

Zur Erläuterung:

Äußeres for
► Die äußerste Kontrollstruktur ist eine `for`-Schleife. Alle einfach eingerückten Anweisungen werden – gemäß der Schleifensteuerung – mehrmals ausgeführt.

Äußeres if
► Mit der äußeren `if`-Anweisung wird die erste Verzweigung eingeleitet. Ist x größer 0, wird die folgende, zweifach eingerückte Anweisung ausgeführt.

Inneres if
► Trifft die Bedingung zur äußeren `if`-Anweisung nicht zu, so wird die innere `if`-Anweisung hinter der äußeren `else`-Anweisung untersucht.

► Trifft diese Bedingung zu, so werden die folgenden, dreifach eingerückten Anweisungen ausgeführt.

► Trifft die innere `if`-Anweisung nicht zu, so werden die dreifach eingerückten Anweisungen ausgeführt, die der inneren `else`-Anweisung folgen.

Zu beachten sind besonders die mehrfachen Einrückungen, damit die Tiefe der Kontrollstruktur von Python richtig erkannt werden kann.

Mehrfach einrücken

Nach einem Doppelpunkt hinter dem Kopf einer Kontrollstruktur wird in der Entwicklungsumgebung IDLE automatisch mit einem Tabulatorsprung eingerückt. Dieser Sprung erzeugt standardmäßig vier Leerzeichen, dadurch werden die Kontrollstrukturen für den Entwickler klar erkennbar.

Falls Sie mit einem anderen Editor arbeiten, müssen Sie darauf achten, dass um mindestens ein Leerzeichen eingerückt wird, damit Python die Kontrollstruktur erkennt. Sinnvoller ist eine Einrückung um zwei oder mehr Leerzeichen, damit die Struktur auch für den Entwickler gut erkennbar ist.

Mindestens ein Leerzeichen

Unterschiede in Python 2

Die Klammern bei der Anweisung print entfallen.

3.4.4 Spiel, Version mit for-Schleife und Abbruch

Die for-Schleife wird nun dazu genutzt, die Eingabe und die Bewertung insgesamt viermal zu durchlaufen. Der Benutzer hat also vier Versuche, das richtige Ergebnis zu ermitteln.

Vier Versuche

Die Anweisung break dient zum Abbruch der Schleife, sobald der Benutzer das richtige Ergebnis eingegeben hat.

```
# Zufallsgenerator
import random
random.seed()

# Werte und Berechnung
a = random.randint(1,10)
b = random.randint(1,10)
c = a + b

print("Die Aufgabe:", a, "+", b)

# Schleife mit for
for i in 1, 2, 3, 4:
    # Eingabe
    print("Bitte eine Zahl eingeben:")
    z = input()
    zahl = int(z)
```

```
# Verzweigung
if zahl == c:
    print(zahl, "ist richtig")
    # Abbruch der Schleife
    break
else:
    print(zahl, "ist falsch")

# Ende
print("Ergebnis: ", c)
```

Listing 3.15 Datei spiel_for.py

Folgende Ausgabe wird erzeugt:

```
Die Aufgabe: 7 + 9
Bitte eine Zahl eingeben:
12
12 ist falsch
Bitte eine Zahl eingeben:
16
16 ist richtig
Ergebnis:  16
```

Zur Erläuterung:

- ▶ Die Aufgabe wird einmal ermittelt und gestellt.

- ▶ Der Benutzer wird maximal viermal dazu aufgefordert, ein Ergebnis einzugeben. Jede seiner Eingaben wird bewertet.

Vorzeitiger Abbruch

- ▶ Wird bereits bei einem der ersten drei Versuche das richtige Ergebnis eingegeben, so wird die Schleife vorzeitig abgebrochen.

Unterschiede in Python 2

Die Klammern bei der Anweisung `print` entfallen. Die Funktion zur Eingabe heißt `raw_input()`.

3.4.5 for-Schleife mit »range()«

range()

Meist werden Schleifen für regelmäßige Abfolgen von Zahlen genutzt. Dabei erweist sich der Einsatz der Funktion `range()` als sehr nützlich. Ein Beispiel:

```
for i in range(3,11,2):
    print("Zahl:", i, "Quadrat:", i*i)
```

Listing 3.16 Datei range_drei.py

Es wird die Ausgabe erzeugt:

```
Zahl: 3 Quadrat: 9
Zahl: 5 Quadrat: 25
Zahl: 7 Quadrat: 49
Zahl: 9 Quadrat: 81
```

Der englische Begriff *range* bedeutet »Bereich«. Innerhalb der Klammern hinter range können bis zu drei ganze Zahlen, durch Kommata getrennt, eingetragen werden:

Ganze Zahlen

- Die erste ganze Zahl (hier 3) gibt den Beginn des Bereichs an, für den die folgenden Anweisungen ausgeführt werden sollen.

Beginn

- Die zweite ganze Zahl (hier 11) kennzeichnet das Ende des Bereichs. Es ist die erste Zahl, für die die Anweisungen *nicht* mehr ausgeführt werden.

Ende

- Die dritte ganze Zahl (hier 2) gibt die Schrittweite für die Schleife an. Die Zahlen, für die die Anweisungen ausgeführt werden, stehen zueinander also jeweils im Abstand von +2.

Schrittweite

Der Aufruf der Funktion range() mit den Zahlen 3, –11 und 2 ergibt somit die Abfolge: 3, 5, 7, 9.

Wird die Funktion range() nur mit zwei Zahlen aufgerufen, so wird eine Schrittweite von 1 angenommen. Ein Beispiel:

Schrittweite 1

```
for i in range(5,9):
    print("Zahl:", i)
```

Listing 3.17 Datei range_zwei.py

Es wird folgende Ausgabe erzeugt:

```
Zahl: 5
Zahl: 6
Zahl: 7
Zahl: 8
```

Wird die Funktion range() sogar nur mit einer Zahl aufgerufen, so wird diese Zahl einfach als die obere Grenze angesehen. Als untere Grenze wird 0 gesetzt. Außerdem wird wiederum eine Schrittweite von 1 angenommen. Ein Beispiel:

Beginn bei 0

```
for i in range(3):
    print("Zahl:", i)
```

Listing 3.18 Datei range_eins.py

Die Ausgabe:

```
Zahl: 0
Zahl: 1
Zahl: 2
```

Unterschiede in Python 2

Die Klammern bei der Anweisung `print` entfallen.

Hinweise

1. Bei der Funktion `range()` können eine oder mehrere der drei Zahlen auch negativ sein. Achten Sie aber auf die Eingabe sinnvoller Zahlenkombinationen.

Nicht sinnvoll

2. Die Angabe `range(3,-11,2)` ist nicht sinnvoll, da man von der Zahl +3 in Schritten von +2 nicht zur Zahl 11 gelangt. Python fängt solche Schleifen ab und lässt sie nicht ausführen. Dasselbe gilt für die Zahlenkombination `range(3,11,-2)`.

Keine ganze Zahl

Soll ein regelmäßiger Ablauf von Zahlen mit Nachkommastellen erzeugt werden, so muss die Schleifenvariable entsprechend umgerechnet werden. Ein Beispiel:

```
# 1. Version
for x in range(18,22):
    print(x/10)
print()

# 2. Version
x = 1.8
for i in range(4):
    print(x)
    x = x + 0.1
```

Listing 3.19 Datei range_nachkomma.py

Die Ausgabe lautet:

```
1.8
1.9
2.0
2.1

1.8
1.9
2.0
2.1
```

Zur Erläuterung:

▶ Es sollen jeweils die Zahlen von 1,8 bis 2,1 in Schritten von 0,1 erzeugt werden.

▶ In der ersten Version werden dazu die ganzen Zahlen von 18 bis 21 erzeugt und durch 10 geteilt.   Version 1

▶ In der zweiten Version wird mit dem ersten Wert begonnen und innerhalb der Schleife jeweils um 0,1 erhöht. Vorher ist zu errechnen, wie häufig die Schleife durchlaufen werden muss.   Version 2

▶ Beide Versionen haben Vor- und Nachteile für den Entwickler. In der ersten Version erkennen Sie Anfang und Ende der Schleife gut, nicht aber die Schrittweite. In der zweiten Version ist es umgekehrt.

Unterschiede in Python 2

Die Klammern bei der Anweisung `print` entfallen. Die Division muss `x / 10.0` lauten, damit das Ergebnis richtig berechnet wird. Alternativ könnte sie auch `0.1 * x` lauten.

Übung u_range

Schleife erkennen

Ermitteln Sie durch Überlegen (nicht durch einen einfachen Aufruf) die Ausgabe des folgenden Programms *(Datei u_range.py)*.

```
print("Schleife 1")
for i in 2, 3, 6.5, -7:
    print(i)
print("Schleife 2")
for i in range(3,11,3):
    print(i)
print("Schleife 3")
for i in range(-3,14,4):
    print(i)
print("Schleife 4")
for i in range(3,-11,-3):
    print(i)
```

Übung u_range_inch

Schreiben Sie ein Programm, das die folgende Ausgabe erzeugt (Datei *u_range_inch.py*).

```
15 inch = 38.1 cm
20 inch = 50.8 cm
25 inch = 63.5 cm
30 inch = 76.2 cm
```

```
35 inch = 88.9 cm
40 inch = 101.6 cm
```

Es handelt sich um eine regelmäßige Liste von Inch-Werten, für die der jeweilige Zentimeter-Wert durch Umrechnung mit dem Faktor 2,54 ermittelt werden soll. Beachten Sie, dass für dieses Programm keine Eingabe durch den Anwender notwendig ist.

3.4.6 Spiel, Version mit »range()«

Mit Zähler Die Schleife zur Wiederholung der Eingabe wird nun mit Hilfe von `range()` gebildet. Gleichzeitig haben Sie damit einen Zähler, der die laufende Nummer des Versuchs enthält. Diesen Zähler können Sie verwenden, um dem Benutzer am Ende mitzuteilen, wie viele Versuche er benötigt hat.

```python
# Zufallsgenerator
import random
random.seed()
# Werte und Berechnung
a = random.randint(1,10)
b = random.randint(1,10)
c = a + b

print("Die Aufgabe:", a, "+", b)

# Schleife mit range
for versuch in range(1,10):
    # Eingabe
    print("Bitte eine Zahl eingeben:")
    z = input()
    zahl = int(z)

    # Verzweigung
    if zahl == c:
        print(zahl, "ist richtig")
        # Abbruch der Schleife
        break
    else:
        print(zahl, "ist falsch")

# Anzahl ausgeben
print("Ergebnis: ", c)
print("Anzahl Versuche:", versuch)
```

Listing 3.20 Datei spiel_range.py

Die Ausgabe lautet:

```
Die Aufgabe: 10 + 5
Bitte eine Zahl eingeben:
13
13 ist falsch
Bitte eine Zahl eingeben:
15
15 ist richtig
Ergebnis:  15
Anzahl Versuche: 2
```

Zur Erläuterung:

▶ Der Benutzer hat maximal neun Versuche: range(1,10).

▶ Die Variable versuch dient als Zähler für die Versuche.　　　**Zähler**

▶ Nach Eingabe der richtigen Lösung (oder nach vollständigem Durchlauf der Schleife) wird dem Benutzer die Anzahl der Versuche mitgeteilt.

Unterschiede in Python 2

Die Klammern bei der Anweisung print entfallen. Die Funktion zur Eingabe heißt raw_input().

3.4.7　while-Schleife

Die while-Schleife dient zur bedingungsgesteuerten Wiederholung einer　**Bedingte Schleife**
Schleife. Mit Hilfe des folgenden Programms sollen zufällige Zahlen addiert und ausgegeben werden. Solange die Summe der Zahlen kleiner als 30 ist, wird der Vorgang wiederholt. Ist die Summe gleich oder größer als 30, wird das Programm beendet.

```
# Zufallsgenerator
import random
random.seed()

# Initialisierung
summe = 0

# while-Schleife
while summe < 30:
    zzahl = random.randint(1,8)
    summe = summe + zzahl
    print("Zahl:", zzahl, "Zwischensumme:", summe)

print("Ende")
```

Listing 3.21　Datei schleife_while.py

Eine mögliche Ausgabe des Programms sähe wie folgt aus:

```
Zahl: 3 Zwischensumme: 3
Zahl: 8 Zwischensumme: 11
Zahl: 5 Zwischensumme: 16
Zahl: 8 Zwischensumme: 24
Zahl: 7 Zwischensumme: 31
Ende
```

Zur Erläuterung:

► Zunächst wird die Variable für die Summe der Zahlen auf 0 gesetzt.

Einrücken ► Die while-Anweisung leitet die Schleife ein. Die wörtliche Übersetzung der Zeile lautet: *solange die Summe kleiner als 30 ist.* Dies bezieht sich auf die folgenden, eingerückten Anweisungen.

Doppelpunkt ► Hinter dem Wort while steht (wie bei einer if-Anweisung) eine Bedingung, die mit Hilfe von Vergleichsoperatoren erstellt wird. Auch hier dürfen Sie den : (Doppelpunkt) am Ende der Zeile (wie bei if-else und for) nicht vergessen.

► Es wird eine zufällige Zahl ermittelt und zur bisherigen Summe addiert. Die neue Summe errechnet sich also aus der alten Summe plus der eingegebenen Zahl. Die neue Summe wird ausgegeben.

Ende der Schleife ► Die Anweisung zur Ausgabe des Texts »Ende« wird erst erreicht, wenn die Summe den Wert 30 erreicht oder überschritten hat.

Unterschiede in Python 2

Die Klammern bei der Anweisung print entfallen.

3.4.8   Spiel, Version mit while-Schleife und Zähler

Solange Eingabe falsch — Die while-Schleife wird nun zur Wiederholung der Eingabe genutzt. Der Benutzer hat unendlich viele Versuche, die Aufgabe zu lösen. Die Variable versuch als Zähler für die Versuche muss separat gesteuert werden; sie ergibt sich nicht mehr automatisch als Schleifenvariable.

```
# Zufallsgenerator
import random
random.seed()

# Werte und Berechnung
a = random.randint(1,10)
b = random.randint(1,10)
c = a + b
```

```
print("Die Aufgabe:", a, "+", b)

# Schleife initialisieren
zahl = c + 1

# Anzahl initialisieren
versuch = 0

# Schleife mit while
while zahl != c:
    # Anzahl Versuche
    versuch = versuch + 1

    # Eingabe mit Umwandlung
    print("Bitte eine Zahl eingeben:")
    z = input()
    zahl = int(z)

    # Verzweigung
    if zahl == c:
        print(zahl, "ist richtig")
    else:
        print(zahl, "ist falsch")
# Anzahl ausgeben
print("Ergebnis: ", c)
print("Anzahl Versuche:", versuch)
```

Listing 3.22 Datei spiel_while.py

Die Ausgabe hat sich nicht geändert.

Zur Erläuterung:

► Der Benutzer hat unendlich viele Versuche. Die while-Schleife läuft, solange die richtige Lösung nicht ermittelt wurde.

► Die Variable zahl wird mit einem Wert vorbesetzt, der dafür sorgt, **Schleife starten** dass die while-Schleife mindestens einmal läuft.

► Die Variable versuch wird mit 0 vorbesetzt und dient als laufende Nummer.

► Nach Eingabe der richtigen Lösung wird dem Benutzer die Anzahl der **Anzahl Versuche** Versuche mitgeteilt.

Ende mit 0

Übung u_while

Schreiben Sie ein Programm (Datei *u_while.py*), das den Anwender wiederholt dazu auffordert, einen Wert in Inch einzugeben. Der eingegebene Wert soll anschließend in Zentimeter umgerechnet und ausgegeben werden. Das Programm soll beendet werden, falls der Anwender den Wert 0 eingibt.

Hinweis: Bei einer while-Schleife wird immer angegeben, unter welcher Bedingung *wiederholt* werden soll, und nicht, unter welcher Bedingung beendet werden soll. Daher ist für dieses Programm die umgekehrte Bedingung zu formulieren: *solange die Eingabe ungleich 0 ist*.

3.5 Fehler und Ausnahmen

Fehler

Macht der Anwender nach einer Eingabeaufforderung eine falsche Eingabe (zum Beispiel keine Zahl, sondern einen Text), so wird das Programm mit einer Fehlermeldung beendet. Bisher wurde vereinfacht davon ausgegangen, dass der Anwender korrekte Eingaben vornimmt. In diesem Abschnitt beschreibe ich, wie Sie Fehler vermeiden oder abfangen.

3.5.1 Basisprogramm

Abbruch möglich

Durch das Abfangen von falschen Eingaben wird die Benutzung eines Programms für den Anwender deutlich komfortabler. Im folgenden Programm soll eine ganze Zahl eingegeben werden. Da der Benutzer dieses Programm durch die Eingabe von Text oder Sonderzeichen zum Abbruch bringen kann, wird es im weiteren Verlauf des Abschnitts verbessert.

```
# Eingabe
print("Bitte geben Sie eine ganze Zahl ein")
z = input()

# Umwandlung
zahl = int(z)

# Ausgabe
print("Sie haben die ganze Zahl", zahl, "richtig eingegeben")
print("Ende des Programms")
```

Listing 3.23 Datei fehler_basis.py

Gibt der Anwender eine Zahl (zum Beispiel 12) ein, so läuft das Programm fehlerfrei bis zum Ende und erzeugt die folgende Ausgabe:

Richtige Eingabe

```
Bitte geben Sie eine ganze Zahl ein
12
Sie haben die ganze Zahl 12 richtig eingegeben
Ende des Programms
```

Macht der Anwender jedoch eine falsche Eingabe (zum Beispiel »3a«), so bricht das Programm vorzeitig ab und erzeugt die folgende Ausgabe:

Falsche Eingabe

```
Bitte geben Sie eine ganze Zahl ein
3a
Traceback (most recent call last):
  File "fehler_basis.py", line 6, in <module>
    zahl = int(z)
ValueError: invalid literal for int() with base 10: '3a'
```

Diese Informationen weisen auf die Stelle im Programm hin, an der der Fehler bemerkt wurde (Datei *fehler_basis.py*, Zeile 6). Außerdem wird die Art des Fehlers mitgeteilt (`ValueError`).

Fehlerstelle

Unterschiede in Python 2

Die Klammern bei der Anweisung `print` entfallen. Die Funktion zur Eingabe heißt `raw_input()`.

3.5.2 Fehler abfangen

Der Fehler soll zunächst abgefangen werden, um einen Abbruch des Programms zu vermeiden. Zu diesem Zweck müssen Sie die Stelle herausfinden, an der der Fehler auftrat. An dieser Stelle müssen Sie das Programm verbessern.

Verbessern

Das Programm soll zukünftig an dieser Stelle alle Arten von Fehlern abfangen, die Python automatisch erkennen kann. Dies erreichen Sie in einem ersten Schritt durch die folgende Änderung:

Fehler abfangen

```
# Eingabe
print("Bitte geben Sie eine ganze Zahl ein")
z = input()

# Versuch der Umwandlung
try:
    zahl = int(z)
    print("Sie haben die ganze Zahl", zahl,
        "richtig eingegeben")
```

```
# Fehler bei Umwandlung
except:
    print("Sie haben die ganze Zahl nicht"
          " richtig eingegeben")

print("Ende des Programms")
```

Listing 3.24 Datei fehler_abfangen.py

Kein Abbruch mehr Wenn der Anwender eine richtige ganze Zahl eingibt, läuft das Programm wie bisher. Bei einer falschen Eingabe erscheint nun eine entsprechende Meldung. Das Programm bricht jedoch nicht ab, sondern läuft bis zum Ende.

```
Bitte geben Sie eine ganze Zahl ein
3a
Sie haben die ganze Zahl nicht richtig eingegeben
Ende des Programms
```

Zur Erläuterung:

try ▶ Die Anweisung `try` leitet eine Ausnahmebehandlung ein. Ähnlich wie bei der `if`-Anweisung gibt es verschiedene Zweige, die das Programm durchlaufen kann. Das Programm versucht (englisch: *try*), die Anweisungen durchzuführen, die eingerückt hinter `try` stehen.

▶ Falls die Eingabe erfolgreich ist, wird der `except`-Zweig nicht ausgeführt, ähnlich wie beim `else`-Zweig der `if`-Anweisung.

except ▶ Ist die Eingabe dagegen nicht erfolgreich und handelt es sich um einen Fehler, so wird der Fehler oder die Ausnahme (englisch: *exception*) mit der Anweisung `except` abgefangen. Es werden dann alle eingerückten Anweisungen in diesem Zweig durchgeführt.

▶ Anschließend läuft das Programm ohne Abbruch zu Ende, da der Fehler zwar auftrat, aber abgefangen wurde.

▶ Nach `try` und `except` muss jeweils ein Doppelpunkt gesetzt werden, wie bei `if-else`, `for` oder `while`.

Unterschiede in Python 2

Die Klammern bei der Anweisung `print` entfallen. Die Funktion zur Eingabe heißt `raw_input()`. Es wird das Zeichen \ für den Umbruch von langen Programmzeilen eingesetzt.

1. Nur die *kritische* Zeile wurde in die Ausnahmebehandlung eingebettet. Der Programmierer muss sich also Gedanken darüber machen, welche Stellen seines Programms fehlerträchtig sind.

Kritische Stelle

2. Eine Eingabeaufforderung ist solch eine kritische Stelle. Andere Fehlermöglichkeiten sind zum Beispiel die Bearbeitung einer Datei (die möglicherweise nicht existiert) oder die Ausgabe auf einen Drucker (der vielleicht nicht eingeschaltet ist).

Fehlermöglichkeiten

3.5.3 Eingabe wiederholen

In einem zweiten Schritt soll dafür gesorgt werden, dass der Anwender nach einer falschen Eingabe eine neue Eingabe machen kann. Der gesamte Eingabevorgang einschließlich der Ausnahmebehandlung wird so lange wiederholt, bis er erfolgreich war. Betrachten Sie dazu das folgende Programm:

Erneute Eingabe

```
# Initialisierung der while-Schleife
fehler = 1

# Schleife bei falscher Eingabe
while fehler == 1:
    # Eingabe
    print("Bitte geben Sie eine ganze Zahl ein")
    z = input()

    # Versuch der Umwandlung
    try:
        zahl = int(z)
        print("Sie haben die ganze Zahl", zahl,
            "richtig eingegeben")
        fehler = 0
    # Fehler bei Umwandlung
    except:
        print("Sie haben die ganze Zahl nicht"
            " richtig eingegeben")

print("Ende des Programms")
```

Listing 3.25 Datei fehler_eingabe_neu.py

Nachfolgend wird eine mögliche Eingabe gezeigt – zunächst mit einem Fehler, anschließend fehlerfrei:

Test

```
Bitte geben Sie eine ganze Zahl ein
3a
Sie haben die ganze Zahl nicht richtig eingegeben
Bitte geben Sie eine ganze Zahl ein
12
Sie haben die ganze Zahl 12 richtig eingegeben
Ende des Programms
```

Zur Erläuterung:

▶ Die Variable `fehler` wird zunächst auf den Wert 1 gesetzt. Diese Variable ist notwendig, um die Eingabe gegebenenfalls wiederholen zu können.

Eingabe-
wiederholung
▶ Mit der `while`-Anweisung wird eine Schleife formuliert, in der der Eingabevorgang einschließlich der Ausnahmebehandlung eingebettet ist. Die Schleife wird wiederholt, solange die Variable `fehler` den Wert 1 hat.

Richtige Eingabe
▶ Ist die Eingabe erfolgreich, so wird die Variable `fehler` auf 0 gesetzt. Dies führt dazu, dass die Schleife beendet wird und das Programm regulär fortfahren kann.

Falsche Eingabe
▶ Ist die Eingabe nicht erfolgreich, so hat `fehler` nach wie vor den Wert 1. Dies führt dazu, dass der Eingabevorgang wiederholt wird.

Unterschiede in Python 2

Die Klammern bei der Anweisung `print` entfallen. Die Funktion zur Eingabe heißt `raw_input()`. Es wird das Zeichen \ für den Umbruch von langen Programmzeilen eingesetzt.

Hinweis

Beachten Sie die doppelte Einrückung: einmal nach `while` und noch einmal nach `try`/`except`.

Übung u_fehler

Verbessern Sie das Programm zur Eingabe und Umrechnung eines beliebigen Inch-Wertes in Zentimeter. Eingabefehler des Anwenders sollen abgefangen werden. Das Programm soll den Anwender so lange zur Eingabe auffordern, bis sie erfolgreich war (Datei *u_fehler.py*).

3.5.4 Exkurs: Schleifenfortsetzung mit »continue«

break An dieser Stelle möchte ich auf ein Thema zurückkommen, das bereits in Abschnitt 3.4, »Schleifen«, behandelt wurde. Sie kennen aus diesem

Abschnitt die Anweisung break, die zum unmittelbaren Abbruch einer Schleife führt.

Die Anweisung continue dient zum unmittelbaren Abbruch des aktuel- | continue
len Durchlaufs einer Schleife. Die Schleife wird anschließend mit dem nächsten Durchlauf fortgesetzt. Betrachten Sie hierzu das folgende Programm:

```
for i in range (1,7):
    print("Zahl:", i)
    if 3 <= i <= 5:
        continue
    print("Quadrat:", i*i)
```

Listing 3.26 Datei schleife_continue.py

Die Ausgabe dieses Programms wäre:

```
Zahl: 1
Quadrat: 1
Zahl: 2
Quadrat: 4
Zahl: 3
Zahl: 4
Zahl: 5
Zahl: 6
Quadrat: 36
```

Zur Erläuterung:

▶ Die Schleife durchläuft alle Zahlen von 1 bis 6. Die Zahlen werden auch alle ausgegeben.

▶ Liegt die aktuelle Zahl zwischen 3 und 5, so wird der Rest der Schleife | Rest übergehen
übergangen und unmittelbar der nächste Schleifendurchlauf begonnen. Anderenfalls wird das Quadrat der Zahl ausgegeben.

Unterschiede in Python 2

Die Klammern bei der Anweisung print entfallen.

3.5.5 Spiel, Version mit Ausnahmebehandlung

Die Ausnahmebehandlung und die Anweisung continue werden im fol- | Fehler abfangen
genden Programm dazu eingesetzt, einen Eingabefehler abzufangen und das Programm regulär fortzusetzen.

```
# Zufallsgenerator
import random
random.seed()

# Werte und Berechnung
a = random.randint(1,10)
b = random.randint(1,10)
c = a + b

print("Die Aufgabe:", a, "+", b)

# Schleife und Anzahl initialisieren
zahl = c + 1
versuch = 0

# Schleife mit while
while zahl != c:
    # Anzahl Versuche
    versuch = versuch + 1

    # Eingabe
    print("Bitte eine Zahl eingeben:")
    z = input()

    # Versuch einer Umwandlung
    try:
        zahl = int(z)
    except:
        # Falls Umwandlung nicht erfolgreich
        print("Sie haben keine Zahl eingegeben")
        # Schleife unmittelbar fortsetzen
        continue

    # Verzweigung
    if zahl == c:
        print(zahl, "ist richtig")
    else:
        print(zahl, "ist falsch")

# Anzahl Versuche
print("Ergebnis: ", c)
print("Anzahl Versuche:", versuch)
```

Listing 3.27   Datei spiel_ausnahme.py

Es wird folgende Ausgabe erzeugt:

```
Die Aufgabe: 8 + 3
Bitte eine Zahl eingeben:
12
12 ist falsch
Bitte eine Zahl eingeben:
11a
Sie haben keine Zahl eingegeben
Bitte eine Zahl eingeben:
11
11 ist richtig
Ergebnis:  11
Anzahl Versuche: 3
```

Zur Erläuterung:

▶ Die Umwandlung der Eingabe steht in einem `try-except`-Block.

▶ Falls die Umwandlung aufgrund einer falschen Eingabe nicht gelingt, **Falsche Eingabe**
erscheint eine entsprechende Meldung.

▶ Der Rest der Schleife wird übergangen, und die nächste Eingabe wird
unmittelbar angefordert.

Unterschiede in Python 2

Die Klammern bei der Anweisung `print` entfallen. Die Funktion zur Eingabe
heißt `raw_input()`.

3.6   Funktionen und Module

Die Modularisierung, also die Zerlegung eines Programms in selbst **Modularisierung**
geschriebene Funktionen, bietet besonders bei größeren Programmen
unübersehbare Vorteile:

▶ Programmteile, die mehrmals benötigt werden, müssen nur einmal **Mehrfach**
definiert werden. **verwenden**

▶ Nützliche Programmteile können in mehreren Programmen verwendet werden.

▶ Umfangreiche Programme können in übersichtliche Teile zerlegt wer- **Übersichtlicher**
den.

▶ Pflege und Wartung von Programmen wird erleichtert.

Verständlicher ► Der Programmcode ist für den Programmierer selbst (zu einem späteren Zeitpunkt) und für andere Programmierer leichter zu verstehen.

Vordefinierte Funktionen Neben den selbst geschriebenen Funktionen gibt es in Python, wie bei jeder anderen Programmiersprache auch, zahlreiche vordefinierte Funktionen, die dem Entwickler viel Arbeit abnehmen können. Diese Funktionen sind entweder fest eingebaut oder über die Einbindung spezieller Module verfügbar.

Aufgabe einer Funktion Als Beispiel für eine fest eingebaute Funktion wurde bereits input() eingesetzt. Jede Funktion hat eine spezielle Aufgabe. So hält beispielsweise die Funktion input() das Programm an und nimmt eine Eingabe entgegen.

Rückgabewert Wie viele (aber nicht alle) Funktionen hat input() einen sogenannten Rückgabewert, liefert also ein Ergebnis an die Stelle des Programms zurück, von der sie aufgerufen wurde: die eingegebene Zeichenkette.

Die Entwicklung selbst geschriebener Funktionen erläutert der folgende Abschnitt.

3.6.1 Einfache Funktionen

Immer gleich Einfache Funktionen führen bei Aufruf stets dieselbe Aktion aus. Im folgenden Beispiel führt jeder Aufruf der Funktion stern()dazu, dass eine optische Trennung auf dem Bildschirm ausgegeben wird:

```python
# Definition der Funktion
def stern():
    print("-----------------")
    print("*** Trennung ****")
    print("-----------------")

# Hauptprogramm
x = 12
y = 5
stern()                              # 1. Aufruf
print("x =", x, ", y =", y)
stern()                              # 2. Aufruf
print("x + y =", x + y)
stern()                              # 3. Aufruf
print("x - y =", x - y)
stern()                              # 4. Aufruf
```

Listing 3.28 Datei funktion_einfach.py

Folgende Ausgabe wird erzeugt:

```
- - - - - - - - - - - - - - - -
*** Trennung ****
- - - - - - - - - - - - - - - -
x = 12 , y = 5
- - - - - - - - - - - - - - - -
*** Trennung ****
- - - - - - - - - - - - - - - -
x + y = 17
- - - - - - - - - - - - - - - -
*** Trennung ****
- - - - - - - - - - - - - - - -
x - y = 7
- - - - - - - - - - - - - - - -
*** Trennung ****
- - - - - - - - - - - - - - - -
```

Zur Erläuterung: · Definition

Im oberen Teil des Programms wird die Funktion stern() definiert:

▸ Nach der Anweisung def folgt der Name der Funktion (hier stern), · **def** anschließend runde Klammern und der bereits bekannte Doppelpunkt. Innerhalb der Klammern könnten Werte an die Funktion übergeben werden. Hierzu erfahren Sie mehr in den folgenden Abschnitten 3.6.2, »Funktionen mit einem Parameter«, und 3.6.3, »Funktionen mit mehreren Parametern«.

▸ Die folgenden, eingerückten Anweisungen werden jedes Mal durchgeführt, wenn die Funktion aufgerufen wird.

▸ Die eingebaute Funktion print()zur Erzeugung einer optischen Trennung wird dreimal aufgerufen.

Eine Funktion wird zunächst nur definiert und nicht durchgeführt. Sie · **Bereitstellung** steht sozusagen zum späteren Gebrauch bereit. Im unteren Teil beginnt das eigentliche Programm:

▸ Es werden verschiedene Rechenoperationen mit zwei Variablen durchgeführt.

▸ Die Ausgabezeilen werden mit Hilfe der Funktion stern() optisch voneinander getrennt.

▸ Die Funktion stern() wird insgesamt viermal aufgerufen. · **Aufruf**

▸ Nach Bearbeitung der Funktion stern() fährt das Programm jedes · **Nach Funktion** Mal mit der Anweisung fort, die dem Aufruf der Funktion folgt. · **weiter**

Klammern

Eine Funktion wird aufgerufen, indem Sie ihren Namen, gefolgt von den runden Klammern, notieren. Sollen Informationen an die Funktion geliefert werden, so geben Sie diese innerhalb der runden Klammern an.

Name

Den Namen einer Funktion können Sie weitgehend frei wählen – es gelten die gleichen Regeln wie bei den Namen von Variablen:

▶ Der Name kann aus den Buchstaben a bis z, A bis Z, aus Ziffern und dem Zeichen _ (Unterstrich) bestehen.

▶ Der Name darf nicht mit einer Ziffer beginnen.

▶ Er darf keinem reservierten Wort von Python entsprechen.

Unterschiede in Python 2

Die Klammern bei der Anweisung `print` entfallen.

3.6.2 Funktionen mit einem Parameter

Parameter

Bei einem Aufruf können auch Informationen an Funktionen übermittelt werden, sogenannte *Parameter*. Dies führt dazu, dass diese Informationen innerhalb der Funktion ausgewertet werden können und bei jedem Aufruf zu unterschiedlichen Ergebnissen führen. Ein Beispiel:

```
# Definition der Funktion
def quadrat(x):
    q = x*x
    print("Zahl:", x, "Quadrat:", q)

# Hauptprogramm
quadrat(4.5)
a = 3
quadrat(a)
quadrat(2*a)
```

Listing 3.29 Datei parameter.py

Die Ausgabe lautet:

```
Zahl: 4.5 Quadrat: 20.25
Zahl: 3 Quadrat: 9
Zahl: 6 Quadrat: 36
```

Zur Erläuterung:

Wertübermittlung

Die Definition der Funktion `quadrat()` enthält in den Klammern eine Variable. Dies bedeutet, dass beim Aufruf der Funktion ein Wert übermittelt und dieser Variablen zugewiesen wird. Im vorliegenden Programm werden der Funktion die folgenden Werte geliefert:

1. Die Zahl 4,5 – die Variable x erhält in der Funktion den Wert 4.5.

2. Die Variable a – die Variable x erhält in der Funktion den aktuellen Wert von a, nämlich 3.

3. Das Ergebnis einer Berechnung – die Variable x erhält in der Funktion den aktuellen Wert von 2 mal a, also 6.

Unterschiede in Python 2

Die Klammern bei der Anweisung print entfallen.

Hinweis   Anzahl Werte

Die Funktion erwartet genau einen Wert. Sie darf also nicht ohne einen Wert oder mit mehr als einem Wert aufgerufen werden, sonst bricht das Programm mit einer Fehlermeldung ab.

Übung u_parameter

Es soll für verschiedene Bruttogehälter der Steuerbetrag berechnet werden (Datei *u_parameter.py*). Liegt das Gehalt über 2.500 Euro, so sind 22 % Steuer zu zahlen, ansonsten 18 %. Die Berechnung und die Ausgabe des Steuerbetrags sollen innerhalb einer Funktion mit dem Namen steuer() stattfinden. Die Funktion soll für die folgenden Gehälter aufgerufen werden: 1.800 Euro, 2.200 Euro, 2.500 Euro, 2.900 Euro.

3.6.3 Funktionen mit mehreren Parametern

Eine Funktion kann noch vielseitiger werden, falls Sie ihr mehrere Parameter übermitteln. Dabei ist auf die übereinstimmende Anzahl und die richtige Reihenfolge der Parameter zu achten. Ein Beispiel:

Anzahl, Reihenfolge

```
# Definition der Funktion
def berechnung(x,y,z):
    ergebnis = (x+y) * z
    print("Ergebnis:", ergebnis)

# Hauptprogramm
berechnung(2,3,5)
berechnung(5,2,3)
```

Listing 3.30 Datei parameter_mehrere.py

Die Ausgabe lautet:

```
Ergebnis: 25
Ergebnis: 21
```

Zur Erläuterung:

Es werden genau drei Parameter erwartet, bei beiden Aufrufen werden auch drei Werte übermittelt. Wie Sie am Ergebnis erkennen, ist die Reihenfolge der Parameter wichtig.

▶ Beim ersten Aufruf erhält x den Wert 2, y den Wert 3 und z den Wert 5. Dies ergibt die Rechnung: $(2 + 3) \times 5 = 25$.

▶ Beim zweiten Aufruf werden zwar die gleichen Zahlen übergeben, aber in anderer Reihenfolge. Es ergibt sich die Rechnung: $(5 + 2) \times 3 = 21$.

Unterschiede in Python 2

Die Klammern bei der Anweisung print entfallen.

3.6.4   Funktionen mit Rückgabewert

Funktionen werden häufig zur Berechnung von Ergebnissen eingesetzt. Zu diesem Zweck können Funktionen ihre Ergebnisse als sogenannte *Rückgabewerte* zurückliefern.

Im Unterschied zu vielen anderen Programmiersprachen können Funktionen in Python mehr als einen Rückgabewert liefern. In diesem Abschnitt sollen allerdings zunächst nur Funktionen betrachtet werden, die genau einen Rückgabewert zur Verfügung stellen.

Im folgenden Beispiel wird eine Funktion, die einen Rückgabewert liefert, auf zwei verschiedene Arten im Hauptprogramm eingesetzt und aufgerufen.

```
# Definition der Funktion
def mittelwert(x,y):
    ergebnis = (x+y) / 2
    return ergebnis

# Hauptprogramm
c = mittelwert(3, 9)
print("Mittelwert:", c)

x = 5
print("Mittelwert:", mittelwert(x,4))
```

Listing 3.31 Datei rueckgabewert.py

Es wird die Ausgabe erzeugt:

```
Mittelwert: 6.0
Mittelwert: 4.5
```

Zur Erläuterung:

▶ Innerhalb der Funktion wird das Ergebnis zunächst berechnet. Anschließend wird es mit Hilfe der Anweisung `return` an die aufrufende Stelle zurückgeliefert. Die Anweisung `return` beendet außerdem unmittelbar den Ablauf der Funktion.

return

▶ Beim ersten Aufruf wird der Rückgabewert in der Variablen c zwischengespeichert. Er kann im weiteren Verlauf des Programms an beliebiger Stelle verwendet werden.

Rückgabe speichern

▶ Beim zweiten Aufruf geschehen zwei Dinge gleichzeitig: Die Funktion `mittelwert()` wird aufgerufen und liefert ein Ergebnis. Dieses Ergebnis wird unmittelbar ausgegeben.

Rückgabe ausgeben

Unterschiede in Python 2

Die Klammern bei der Anweisung `print` entfallen. In der Funktion muss durch `2.0` geteilt werden, damit das Divisionsergebnis richtig berechnet wird.

3.6.5 Spiel, Version mit Funktionen

Das Programm umfasst nun zwei Funktionen; die erste Funktion dient zur Ermittlung der Aufgabe, die zweite zur Bewertung der Eingabe:

Mit Funktionen

```
# Aufgabe
def aufgabe():
    a = random.randint(1,10)
    b = random.randint(1,10)
    erg = a + b
    print("Die Aufgabe:", a, "+", b)
    return erg


# Kommentar
def kommentar(eingabezahl, ergebnis):
    if eingabezahl == ergebnis:
        print(eingabezahl, "ist richtig")
    else:
        print(eingabezahl, "ist falsch")
```

```
# Zufallsgenerator
import random
random.seed()

# Aufgabe
c = aufgabe()

# Schleife und Anzahl initialisieren
zahl = c + 1
versuch = 0

# Schleife mit while
while zahl != c:
    # Anzahl Versuche
    versuch = versuch + 1

    # Eingabe
    print("Bitte eine Zahl eingeben:")
    z = input()

    # Versuch einer Umwandlung
    try:
        zahl = int(z)
    except:
        # Falls Umwandlung nicht erfolgreich
        print("Sie haben keine Zahl eingegeben")
        # Schleife unmittelbar fortsetzen
        continue

    # Kommentar
    kommentar(zahl,c)

# Anzahl Versuche
print("Ergebnis: ", c)
print("Anzahl Versuche:", versuch)
```

Listing 3.32 Datei spiel_funktion.py

Die Ausgabe hat sich nicht geändert.

Zur Erläuterung:

aufgabe() ▶ In der Funktion `aufgabe()` werden die beiden Zufallszahlen ermittelt, und die Aufgabe wird auf dem Bildschirm ausgegeben. Außerdem wird das Ergebnis der Aufgabe als Rückgabewert an das Hauptprogramm zurückgeliefert.

▶ Der Funktion `kommentar()` werden zwei Zahlen als Parameter über- | kommentar()
mittelt: die Lösung des Anwenders und das richtige Ergebnis. Innerhalb der Funktion wird die eingegebene Lösung untersucht, und ein
entsprechender Kommentar wird ausgegeben. Die Funktion hat keinen Rückgabewert.

Unterschiede in Python 2

Die Klammern bei der Anweisung `print` entfallen. Die Funktion zur Eingabe
heißt `raw_input()`.

Übung u_rueckgabewert

Das Programm aus Übung *u_parameter* soll umgeschrieben werden. Innerhalb der Funktion `steuer()` soll der Steuerbetrag nur berechnet und an das
Hauptprogramm zurückgeliefert werden. Die Ausgabe des ermittelten Werts
soll im Hauptprogramm stattfinden (Datei *u_rueckgabewert.py*).

3.7 Das fertige Spiel

Zum Abschluss des Programmierkurses erweitern wir das Spiel noch ein | Anzahl bestimmen
wenig – dabei nutzen Sie die Programmiermittel, die Ihnen inzwischen
zur Verfügung stehen. Bei der erweiterten Version des Spiels sollen bis
zu zehn Aufgaben nacheinander gestellt werden. Der Benutzer kann
dabei die Anzahl selbst bestimmen.

▶ Zusätzlich zur Addition kommen nun auch die anderen drei Grundre- | Alle Grund-
chenarten zum Einsatz: Subtraktion, Multiplikation und Division. | rechenarten

▶ Die Bereiche, aus denen die zufälligen Zahlen gewählt werden, hän- | Zahlenbereiche
gen von der Rechenart ab. Bei der Multiplikation wird zum Beispiel
mit kleineren Zahlen gerechnet als bei der Addition.

▶ Der Benutzer hat maximal drei Versuche pro Aufgabe.

▶ Die Anzahl der richtig gelösten Aufgaben wird gezählt.

Die einzelnen Abschnitte des Programms sind nummeriert. Diese Nummern finden sich in der Erläuterung wieder.

In späteren Kapiteln kommen weitere Ergänzungen hinzu. Das Programm sieht nun wie folgt aus:

```
# 1: Zufallsgenerator
import random
random.seed()
```

```
# 2: Anzahl Aufgaben
anzahl = -1
while anzahl<0 or anzahl>10:
    try:
        print("Wie viele Aufgaben (1 bis 10):")
        anzahl = int(input())
    except:
        continue

# 3: Anzahl richtige Ergebnisse
richtig = 0

# 4: Schleife mit "anzahl" Aufgaben
for aufgabe in range(1,anzahl+1):

    # 5: Operatorauswahl
    opzahl = random.randint(1,4)

    # 6: Operandenauswahl
    if(opzahl == 1):
        a = random.randint(-10,30)
        b = random.randint(-10,30)
        op = "+"
        c = a + b
    elif(opzahl == 2):
        a = random.randint(1,30)
        b = random.randint(1,30)
        op = "-"
        c = a - b
    elif(opzahl == 3):
        a = random.randint(1,10)
        b = random.randint(1,10)
        op = "*"
        c = a * b

    # 7: Sonderfall Division
    elif(opzahl == 4):
        c = random.randint(1,10)
        b = random.randint(1,10)
        op = "/"
        a = c * b

    # 8: Aufgabenstellung
    print("Aufgabe", aufgabe, "von",
        anzahl, ":", a, op, b)
```

```
# 9: Schleife mit 3 Versuchen
for versuch in range(1,4):

    # 10: Eingabe
    try:
        print("Bitte eine Zahl eingeben:")
        zahl = int(input())
    except:
        # Falls Umwandlung nicht erfolgreich
        print("Sie haben keine Zahl eingegeben")
        # Schleife unmittelbar fortsetzen
        continue

    # 11: Kommentar
    if zahl == c:
        print(zahl, "ist richtig")
        richtig = richtig + 1
        break
    else:
        print(zahl, "ist falsch")

    # 12: Richtiges Ergebnis der Aufgabe
    print("Ergebnis: ", c)

# 13: Anzahl richtige Ergebnisse
print("Richtig:", richtig, "von", anzahl)
```

Listing 3.33   Datei spiel_fertig.py

Es wird die folgende Ausgabe erzeugt:

```
Wie viele Aufgaben (1 bis 10):
2
Aufgabe 1 von 2 : 26 + 18
Bitte eine Zahl eingeben:
44
44 ist richtig
Ergebnis:  44
Aufgabe 2 von 2 : 27 - 2
Bitte eine Zahl eingeben:
24
24 ist falsch
Bitte eine Zahl eingeben:
23
23 ist falsch
```

```
Bitte eine Zahl eingeben:
22
22 ist falsch
Ergebnis: 25
Richtig: 1 von 2
```

Zur Erläuterung:

Fehler abfangen

▶ Nach der Initialisierung des Zufallsgenerators (1) wird die gewünschte Anzahl der Aufgaben eingelesen (2). Da der Benutzer einen Fehler bei der Eingabe machen könnte, findet eine Ausnahmebehandlung statt.

Eingabe, Umwandlung

▶ Der Rückgabewert der Funktion input() wird unmittelbar als Parameter der Funktion int() genutzt. So können zwei Schritte auf einmal erledigt werden.

▶ Der Zähler für die Anzahl der richtig gelösten Aufgaben (richtig) wird auf 0 gestellt (3).

▶ Es wird eine äußere for-Schleife mit der gewünschten Anzahl gestartet (4).

Zufälliger Operator

▶ Der Operator wird per Zufallsgenerator ermittelt (5).

▶ Für jeden Operator gibt es andere Bereiche, aus denen die Zahlen ausgewählt werden (6). Der Operator selbst und das Ergebnis werden gespeichert.

Nur ganze Zahlen

▶ Eine Besonderheit ist bei der Division zu beachten (7): Es sollen nur ganze Zahlen vorkommen. Die beiden zufälligen Operanden (a und b) werden daher aus dem Ergebnis einer Multiplikation ermittelt.

▶ Die Aufgabe wird gestellt (8). Dabei werden zur besseren Orientierung des Benutzers auch die laufende Nummer und die Gesamtanzahl der Aufgaben ausgegeben.

▶ Es wird eine innere for-Schleife für maximal drei Versuche gestartet (9).

Maximal drei Versuche

▶ Die Eingaben des Benutzers (10) werden kommentiert (11). Nach maximal drei Versuchen wird das richtige Ergebnis ausgegeben (12).

Endergebnis

▶ Als Endergebnis wird die Anzahl der richtig gelösten Aufgaben ausgegeben (13).

Unterschiede in Python 2

Die Klammern bei der Anweisung print entfallen. Die Funktion zur Eingabe heißt raw_input(). Es wird das Zeichen \ für den Umbruch von langen Programmzeilen eingesetzt.

4   Datentypen

Dieses Kapitel beschäftigt sich mit den Eigenschaften und Vorteilen der verschiedenen Objekttypen. Es werden Operationen, Funktionen und Operatoren für die jeweiligen Datentypen vorgestellt. Ein eigener Abschnitt über Objektreferenzen und Objektidentität vervollständigt die Objektbetrachtung.

Alle Daten werden in Python als Objekte gespeichert. Man kann dabei zwei Arten von Objekttypen unterscheiden, nämlich zum einen die,

Alles ist ein Objekt.

▶ die einzelne Objekte enthalten, wie zum Beispiel Zahlen oder Zeichen, und zum anderen die,

▶ die eine zusammengehörige Gruppe von Objekten enthalten, wie zum Beispiel Strings (= Zeichenketten), Listen, Tupel, Dictionarys und Sets.

In diesem Kapitel geht es zunächst um Zahlen. Später folgen die anderen Objekttypen. Dabei stelle ich auch die Gemeinsamkeiten und Unterschiede der Objekttypen vor.

4.1   Zahlen

Ganze Zahlen, Zahlen mit Nachkommastellen, Brüche und Operationen mit Zahlen sind Thema dieses Abschnitts.

4.1.1   Ganze Zahlen

Es gibt in Python 3 einen Objekttyp für ganze Zahlen: den Typ `int` (von englisch *integer* für ganzzahlig). Zahlen dieses Typs sind unendlich genau.

Typ int

Zahlen des Typs `int` können Sie mit Hilfe von vier verschiedenen Zahlensystemen direkt verarbeiten. Üblicherweise wird das dezimale Zahlensystem mit der Basis 10 benutzt. Außerdem stehen in Python die folgenden Zahlensysteme zur Verfügung:

Zahlensysteme

▶ das duale Zahlensystem (mit der Basis 2)

- das oktale Zahlensystem (mit der Basis 8)

- das hexadezimale Zahlensystem (mit der Basis 16)

Ein Beispiel:

```
a = 27
print("Dezimal:", a)
print("Hexadezimal:", hex(a))
print("Oktal:", oct(a))
print("Dual:", bin(a))

b = 0x1a + 12 + 0b101 + 0o67
print("Summe:", b)
```

Listing 4.1 Datei zahl_ganz.py

Folgende Ausgabe wird erzeugt:

```
Dezimal: 27
Hexadezimal: 0x1b
Oktal: 0o33
Dual: 0b11011
Summe: 98
```

Zur Erläuterung:

- Die dezimale Zahl 27 wird in die drei anderen Zahlensysteme umgerechnet und ausgegeben.

hex()   ► Die Funktion hex() dient zur Umrechnung und Ausgabe der Zahl in das hexadezimale System. Dieses System hat neben den Ziffern 0 bis 9 die Ziffern a bis f für die Werte von 10 bis 15. Die Zahl 0x1b entspricht dem Wert (in Worten) 1 mal 16 hoch 1 + b (= 11) mal 16 hoch 0.

oct()   ► Zur Umrechnung und Ausgabe der Zahl in das oktale System dient die Funktion oct(). Das oktale System hat nur die Ziffern 0 bis 7. Die Zahl 0o33 entspricht dem Wert (in Worten) 3 mal 8 hoch 1 + 3 mal 8 hoch 0.

bin()   ► Die Funktion bin() dient zur Umrechnung und Ausgabe der Zahl in das duale System. Dieses System hat nur die Ziffern 0 und 1. Die Zahl 0b11011 entspricht dem Wert (in Worten) 1 mal 2 hoch 4 + 1 mal 2 hoch 3 + 0 mal 2 hoch 2 + 1 mal 2 hoch 1 + 1 mal 2 hoch 0.

Sie können auch direkt mit Zahlen in anderen Zahlensystemen rechnen. Die Berechnung der Variablen b ergibt:

0x1a + 12 + 0b101 + 0o67 =
(1 mal 16 hoch 1 + a (= 10) mal 16 hoch 0) +
  (1 mal 10 hoch 1 + 2 mal 10 hoch 0) +
  (1 mal 2 hoch 2 + 0 mal 2 hoch 1 + 1 mal 2 hoch 0) +
  (6 mal 8 hoch 1 + 7 mal 8 hoch 0) =
(16 + 10) + 10 + 2) + (4 + 0 + 1) + (48 + 7) = 98

Bei der Eingabe oder Zuweisung muss 0x, 0b bzw. 0o vor der eigentlichen Ziffernfolge stehen, damit das zugehörige Zahlensystem erkannt wird. **Erkennung**

> **Unterschiede in Python 2**
>
> Die Klammern bei der Anweisung print entfallen. Die Oktalzahl wird ohne das kleine o ausgegeben, also nur 033. Bei der Eingabe oder Zuweisung einer Oktalzahl sind beide Versionen möglich, also 0o33 und 033.

4.1.2   Zahlen mit Nachkommastellen

Der Datentyp für Zahlen mit Nachkommastellen heißt float. Diese sogenannten Fließkommazahlen werden mit Hilfe des Dezimalpunkts und gegebenenfalls der Exponentialschreibweise angegeben. Dazu ein kleines Beispiel: **Typ float**

```
a = 7.5
b = 2e2
c = 3.5E3
d = 4.2e-3

print(a, b, c, d)
```

Listing 4.2 Datei zahl_nachkomma.py

Die Ausgabe lautet:

```
7.5 200.0 3500.0 0.0042
```

Zur Erläuterung:

▶ Die Variable a erhält den Wert 7.5. Beachten Sie, dass Nachkommastellen mit einem Dezimalpunkt abgetrennt werden. Dies gilt auch für die Eingabe einer Zahl mit Nachkommastellen mit Hilfe der Funktion input(). **Dezimalpunkt**

▶ Die Variable b erhält den Wert 200 (= 2 mal 10 hoch 2 = 2 mal 100).

▶ Die Variable c erhält den Wert 3.500 (= 3,5 mal 10 hoch 3 = 3,5 mal 1.000).

▶ Die Variable d erhält den Wert 0,0042 (= 4,2 mal 10 hoch 3 = 4,2 mal 0,001).

Exponential-schreibweise Bei der Zuweisung in Exponentialschreibweise wird mit Hilfe des e (oder E) ausgedrückt, um wie viele Stellen und in welcher Richtung der Dezimalpunkt innerhalb der Zahl verschoben wird. Diese Schreibweise eignet sich zum Beispiel für sehr große oder sehr kleine Zahlen, da sie die Eingabe vieler Nullen erspart.

Unterschiede in Python 2

Die Klammern bei der Anweisung `print` entfallen.

4.1.3   Operator **

Operator ** Neben den bereits behandelten Rechenoperatoren + (Addition), – (Subtraktion), * (Multiplikation), / (Division) und % (Modulo, Rest einer Ganzzahldivision) wird der Operator ** (Potenz) eingesetzt.

Ein Beispiel:

```
z = 5 ** 3
print("5 hoch 3 =", z)
z = 5.2 ** 3
print("5.2 hoch 3 =", z)
z = -5.2 ** 3
print("-5.2 hoch 3 =", z)
z = 5.2 ** 3.8
print("5.2 hoch 3.8 =", z)
```

Listing 4.3   Datei zahl_hoch.py

Es wird die Ausgabe erzeugt:

```
5 hoch 3 = 125
5.2 hoch 3 = 140.608
-5.2 hoch 3 = -140.608
5.2 hoch 3.8 = 525.79046467
```

Zur Erläuterung:

▶ Der Variablen z wird nacheinander das Ergebnis verschiedener Exponentialrechnungen zugewiesen. Anschließend wird der jeweils aktuelle Wert von z mit Kommentar ausgegeben.

4.1.4 Rundung und Konvertierung

Es gibt eine Reihe fest eingebauter Funktionen für Zahlen. Eine Liste mit vielen fest eingebauten Funktionen inklusive einer kurzen Beschreibung finden Sie in Abschnitt 5.8, »Eingebaute Funktionen«.

Als Anwendungsbeispiel für die fest eingebauten Funktionen soll die Funktionen round() zur Rundung einer Zahl dienen – im Unterschied zu der bereits bekannten Funktion int() zur Konvertierung (Umwandlung) in eine ganze Zahl.

round()

Das Programm:

```
# Positive Zahl
x = 12/7
print("x:", x)
# Rundung und Konvertierung
rx = round(x,3)
print("x gerundet auf drei Stellen: ", rx)
rx = round(x)
print("x gerurdet auf null Stellen: ", rx)
ix = int(x)
print("int(x):", ix)
print()

# Negative Zahl
x = -12/7
print("x:", x)

# Rundung und Konvertierung
rx = round(x,3)
print("x gerundet auf drei Stellen: ", rx)
rx = round(x)
print("x gerundet auf null Stellen: ", rx)
ix = int(x)
print("int(x):", ix)
```

Listing 4.4 Datei zahl_umwandeln.py

Es wird folgende Ausgabe erzeugt:

```
x: 1.71428571429
x gerundet auf drei Stellen:  1.714
```

```
x gerundet auf null Stellen:  2
int(x): 1

x: -1.71428571429
x gerundet auf drei Stellen:  -1.714
x gerundet auf null Stellen:  -2
int(x): -1
```

Zur Erläuterung:

▶ Es wird die Division 12/7 ausgeführt. Das Rechenergebnis wird anschließend auf drei verschiedene Arten umgewandelt:

Runden auf drei Stellen

▶ Mit Hilfe der eingebauten Funktion round() wird das Ergebnis auf drei Stellen nach dem Komma gerundet.

Runden ohne Kommastellen

▶ Mit der gleichen Funktion wird das Ergebnis auf die nächsthöhere oder nächstniedrigere ganze Zahl gerundet.

Stellen abschneiden

▶ Mit Hilfe der eingebauten Funktion int() wird das Ergebnis in eine ganze Zahl umgewandelt. Dabei werden – im Unterschied zum Runden – die Stellen nach dem Komma einfach abgeschnitten.

▶ Die gleichen Operationen werden mit einer negativen Zahl mit Nachkommastellen durchgeführt.

Unterschiede in Python 2

Die Klammern bei der Anweisung print entfallen. Die Division muss 12.0/7 oder 12/7.0 lauten, damit das Ergebnis richtig berechnet wird. Nach der Rundung auf null Stellen wird daher 2.0 bzw. -2.0 ausgegeben.

4.1.5 Modul »math«

Mathematische Funktionen

Das Modul math enthält eine Reihe von mathematischen Funktionen für Zahlen.

sin(), cos(), tan()

Als Beispiel für eine dieser Funktionen dienen im Folgenden die trigonometrischen Funktionen sin(), cos() und tan(). Das Modul math enthält außerdem die mathematischen Konstanten pi und e (Euler'sche Zahl). Das Programm lautet:

```
# Modul math
import math

# Trigonom. Funktionen und Konstanten
x = 30
```

```
xbm = x / 180 * math.pi
print("Sinus  ", x, "Grad:", math.sin(xbm))
print("Cosinus", x, "Grad:", math.cos(xbm))
print("Tangens", x, "Grad:", math.tan(xbm))
```

Listing 4.5 Datei zahl_math.py

Es wird die Ausgabe erzeugt:

```
Sinus   30 Grad: 0.5
Cosinus 30 Grad: 0.866025403784
Tangens 30 Grad: 0.57735026919
```

Zur Erläuterung:

▶ Das Modul math wird importiert.

▶ Sinus, Kosinus und Tangens des Winkels 30 Grad werden berechnet.

▶ Alle Funktionen beziehen sich auf eine Angabe des Winkels im Bogenmaß, pi
Bogenmaß, daher wird der Winkel mit Hilfe der Konstanten math.pi
in das Bogenmaß umgewandelt.

▶ Die drei Funktionen werden angewendet, das Ergebnis wird ausgegeben.

Unterschiede in Python 2

Die Klammern bei der Anweisung print entfallen. Die Division muss x /
180.0 * math.pi lauten, damit das Divisionsergebnis richtig berechnet
wird.

Es ist häufig nützlich zu wissen, ob es sich bei einer Zahl um eine ganze   type
Zahl (Datentyp int) oder eine Fließkommazahl (Datentyp float) han-
delt. Die Funktion type() gibt den Typ (die Klasse) eines Objekts aus.
Hierzu ein Programmbeispiel:

```
a = 2
print("Typ:", type(a))

b = 12/6
print("Typ:", type(b))
print("Modulo liefert:", 12%6==0)
```

Listing 4.6 Datei zahl_type.py

Das Programm erzeugt die Ausgabe:

```
Typ: <class 'int'>
Typ: <class 'float'>
Modulo liefert: True
```

Zur Erläuterung:

▸ Die Variable a enthält den Wert 2 und ist vom Typ int.

▸ Die Variable b enthält den gleichen Wert, allerdings als Ergebnis von 12/6. Es handelt sich um ein Objekt vom Typ float.

Operator % ▸ Die Information, dass ein Ergebnis ganzzahlig ist, erhalten Sie mit Hilfe des Modulo-Operators (%).

Unterschiede in Python 2

Die Klammern bei der Anweisung print entfallen. Die Funktion type() liefert *type* statt *class*. Der Ausdruck 12/6 ist vom Typ int, da es sich um eine ganzzahlige Division handelt. Der Ausdruck 12.0/6 oder 12/6.0 ist vom Typ float, wie in Python 3.

4.1.6 Brüche

fractions   Python kann auch mit Brüchen rechnen beziehungsweise Informationen über Brüche zur Verfügung stellen. Dazu wird das Modul fractions (deutsch: Brüche) genutzt. Ein Beispiel:

```
# Import des Moduls
import fractions

# Bruch
z = 12
n = 28
print("Bruch:", z, "/", n)

# als Fraction
b1 = fractions.Fraction(z, n)
print("Fraction:", b1)
print("Z, N:", b1.numerator, b1.denominator)
wert = b1.numerator / b1.denominator
print("Wert:", wert)
print()

# Umrechnen
x = 2.375
print("Zahl:", x)
b2 = fractions.Fraction(x)
print("Fraction:", b2)
print()
```

```
# ggT: groesster gemeinsamer Teiler
print("Bruch:", z, "/", n)
print("ggT:", fractions.gcd(z,n))
```

Listing 4.7   Datei zahl_bruch.py

Die Ausgabe lautet:

```
Bruch: 12 / 28
Fraction: 3/7
Z, N: 3 7
Wert: 0.42857142857142855

Zahl: 2.375
Fraction: 19/8

Bruch: 12 / 28
ggT: 4
```

Zur Erläuterung:

▶ Zunächst wird ein Beispielbruch in der bekannten Form dargestellt. **Zähler, Nenner**
Er wird gebildet aus zwei Zahlen: Zähler und Nenner.

▶ Die Funktion Fraction() aus dem Modul fractions bietet verschie- **Fraction()**
dene Möglichkeiten, einen Bruch zu erzeugen. Genauer gesagt handelt es sich bei Fraction() um den Konstruktor der Klasse Fraction.
Damit wird eine Instanz (ein Objekt) der Klasse erzeugt und eine Referenz auf dieses Objekt zurückgeliefert. Klassen, Instanzen, Konstruktoren und andere Aspekte der objektorientierten Programmierung
werden in Kapitel 6, »Objektorientierte Programmierung«, genauer
erläutert.

▶ Der Bruch b1, der aus 12 / 28 gebildet wurde, wird bei der Erzeugung **Bruch kürzen**
automatisch auf 3/7 gekürzt.

▶ Zähler und Nenner des Bruchs stehen in den Eigenschaften numerator **numerator,**
und denominator einzeln zur Verfügung. Der Wert eines Bruchs lässt **denominator**
sich über diese beiden Eigenschaften berechnen: 3/7 = 0,428...

▶ Umgekehrt können Sie auch eine Zahl mit Nachkommastellen in **Float-Zahl**
einen Bruch umrechnen. Dazu übergeben Sie die Zahl der Konstruktormethode Fraction(): Aus 2.375 wird 19/8.

▶ Die Methode gcd() berechnet den größten gemeinsamen Teiler (ggT; **gcd()**
engl.: *greatest common divisor*) zweier ganzer Zahlen. Dies ist die
größte Zahl, durch die sich die beiden ganzen Zahlen ohne Rest teilen

lassen. Für die Zahlen 12 und 28 ist dies die Zahl 4. Mit dem größten gemeinsamen Teiler kann ein Bruch gekürzt werden: Aus 12/28 wird 3/7.

Unterschiede in Python 2

Die Klammern bei der Anweisung `print` entfallen. Die Division muss `1.0 * b1.numerator / b1.denominator` lauten, damit das richtige Ergebnis berechnet wird.

---

limit_
denominator()

Brüche können auch dazu dienen, eine Zahl mit Nachkommastellen zu approximieren, also anzunähern. Dazu dient die Methode `limit_denominator()`. Ein Beispiel:

```
# Import des Moduls
import fractions

# untersuchte Zahl
x = 1.84953
print("Zahl:", x)

# als Bruch
b3 = fractions.Fraction(x)
print("Fraction:", b3)

# approximiert
b4 = b3.limit_denominator(100)
print("Approximiert auf Nenner max. 100:", b4)

# Genauigkeit
wert = b4.numerator / b4.denominator
print("Wert:", wert)
print("rel. Fehler:", abs((x-wert)/x))
```

Listing 4.8 Datei zahl_bruch_naehern.py

Die Ausgabe:

```
Zahl: 1.84953
Fraction: 8329542618810553/4503599627370496
Approximiert auf Nenner max. 100: 172/93
Wert: 1.8494623655913978
rel. Fehler: 3.656843014286614e-05
```

Zur Erläuterung:

▶ Es soll die Zahl 1,84953 untersucht werden. Diese entspricht dem Bruch 184953/100000.

▶ Mit der Methode `limit_denominator()` wird der Nenner auf die Zahl 100 begrenzt. Es wird dann der Bruch gesucht, der

    ▶ einen Nenner mit dem maximalen Wert 100 hat und

    ▶ der Zahl 1,84953 am nächsten kommt.

Nenner begrenzen

▶ Im vorliegenden Fall ist der gesuchte Bruch 172/93.

▶ Dieser Bruch hat den Wert 1,8494623655913978 und kommt der ursprünglichen Zahl recht nahe.

▶ Der relative Fehler zwischen diesem Wert und der untersuchten Zahl beträgt 3,65684301429 * 10 hoch 5.

Relativer Fehler

▶ Der relative Fehler wird mit Hilfe der eingebauten Funktion zur Berechnung des Betrags ermittelt (`abs()`). Der Betrag ist bekanntlich der Absolutwert einer Zahl, also die Zahl ohne das Vorzeichen.

Betrag, abs()

Unterschiede in Python 2

Die Klammern bei der Anweisung `print` entfallen. Die Division muss `1.0 * b4.numerator / b4.denominator` lauten, damit das richtige Ergebnis berechnet wird.

4.2 Zeichenketten

Zeichenketten sind Sequenzen von einzelnen Zeichen – also Texte. Auch andere Objekttypen gehören zu den Sequenzen. Anhand von Zeichenketten wird im Folgenden eine Einführung in die Sequenzen geboten.

Sequenzen

4.2.1 Eigenschaften

Zeichenketten (Strings) sind Objekte des Datentyps `str`. Strings bestehen aus mehreren Zeichen oder Wörtern. Sie werden gekennzeichnet, indem man sie in einfache, doppelte oder dreimal doppelte Hochkommata setzt. Ein Beispiel:

Typ str

```
t1 = "Hallo Welt"
t2 = 'Auch das ist eine Zeichenkette'
t3 = """Diese Zeichenkette
        geht ueber
        mehrere Zeilen"""
t4 = 'Hier sind "doppelte Hochkommata" gespeichert'
print("Bitte geben Sie einen Text ein")
t5 = input()
print("t1:", t1)
```

```
print("t2:", t2)
print("t3:", t3)
print("t4:", t4)
print("t5:", t5)

print("Typ:", type(t1))
```

Listing 4.9 Datei text_eigenschaft.py

Es wird die Ausgabe erzeugt:

```
Bitte geben Sie einen Text ein
Das ist meine Eingabe
t1: Hallo Welt
t2: Auch das ist eine Zeichenkette
t3: Diese Zeichenkette
        steht in
        mehreren Zeilen
t4: Hier sind "doppelte Hochkommata" gespeichert
t5: Das ist meine Eingabe
Typ: <class 'str'>
```

Zur Erläuterung:

▶ Die Zeichenkette t1 ist in doppelten Hochkommata gespeichert.

▶ Die Zeichenkette t2 ist in einfachen Hochkommata gespeichert.

Dreifache Hochkommata
▶ Die Zeichenkette t3 ist in dreifachen Hochkommata gespeichert, sie darf sich deshalb über mehrere Zeilen erstrecken und wird auch in mehreren Zeilen ausgegeben.

▶ Die Zeichenkette t4 verdeutlicht den Vorteil, den das Vorhandensein mehrerer Alternativen bietet: Die doppelten Hochkommata sind hier Bestandteil des Texts und werden auch ausgegeben.

Zeichenkette zuweisen
▶ Die eingebaute Funktion input() ist bereits bekannt. Sie dient zur Eingabe von Zeichenketten. Sie liefert als Ergebnis den eingegebenen Text zurück. Er wird hier in der Variablen t5 gespeichert.

▶ Mit Hilfe der Funktion type() wird für die Zeichenkette t1 der Objekttyp (str) ausgegeben.

Unterschiede in Python 2

Die Klammern bei der Anweisung print entfallen. Die Funktion zur Eingabe heißt raw_input(). Die Funktion type() liefert *type* statt *class*.

4.2.2 Operatoren

Die Operatoren + und * dienen zur Verkettung mehrerer Sequenzen beziehungsweise zur Vervielfachung einer Sequenz. Mit Hilfe des Operators in stellen Sie fest, ob ein bestimmtes Element in einer Sequenz enthalten ist. Betrachten Sie das folgende Beispiel für diese Operatoren, angewendet für Strings:

Operatoren +, *, in

```
# Operatoren + und *
t1 = "Teil 1"
t2 = "Teil 2"
tgesamt = t1 + ", " + t2

t3 = "-oooo-"
t4 = "***"
tlinie = t4 + t3 * 3 + t4

print(tgesamt)
print(tlinie)

# Operator in
tname = "Robinson Crusoe"
print("Text:", tname)

if "b" in tname:
    print("b: ist enthalten")

if "p" not in tname:
    print("p: ist nicht enthalten")
```

Listing 4.10 Datei text_operator.py

Die Ausgabe lautet:

```
Teil 1, Teil 2
***-oooo--oooo--oooo-***
Text: Robinson Crusoe
b: ist enthalten
p: ist nicht enthalten
```

Zur Erläuterung:

▶ Die Zeichenkette tgesamt wird mit Hilfe des Verkettungsoperators + aus drei Teilen zusammengesetzt: den beiden Zeichenketten t1 und t2 und dem Text mit Komma und Leerzeichen.

Verkettung

Vervielfachung ▶ Die Zeichenkette `tlinie` wird mit Hilfe des Verkettungsoperators `+` und des Vervielfachungsoperators `*` zusammengesetzt. Dabei wird der Ausdruck `"-oooo-"` dreimal hintereinander in `tlinie` gespeichert.

Operator in ▶ Mit Hilfe des Operators `in` wird festgestellt, ob das Element »b« in der Sequenz enthalten ist.

Operator not ▶ Der logische Operator `not` dient (zusammen mit `in`) zur Feststellung, ob das Element »p« nicht enthalten ist.

> **Unterschiede in Python 2**
>
> Die Klammern bei der Anweisung `print` entfallen.

4.2.3 Operationen

Teilbereiche von Sequenzen
Teilbereiche von Sequenzen werden als *Slices* bezeichnet. Am Beispiel von Strings soll der Einsatz von Slices verdeutlicht werden. Auf die hier beschriebene Weise sind sie auch auf andere Sequenzen anwendbar.

Als Beispiel für eine Sequenz wird wiederum die Zeichenkette »Robinson Crusoe« in der Variablen `tname` gespeichert. Tabelle 4.1 stellt die einzelnen Elemente von `tname` mit dem zugehörigen Index dar. Die Nummerierung beginnt bei 0; alternativ können Sie auch eine negative Nummerierung nutzen, die mit 1 endet (siehe unterste Zeile der Tabelle).

Index	0	1	2	3	4	5	6	7	8	9	10	11	12	13	14
Element	R	o	b	i	n	s	o	n		C	r	u	s	o	e
negativer Index	15	14	13	12	11	10	9	8	7	6	5	4	3	2	1

Tabelle 4.1 Sequenz mit Index

Index
Ein Slice wird durch die Angabe eines Bereichs in eckigen Klammern (`[]`) hinter der sequentiellen Variablen erzeugt. Er beginnt mit einem Startindex, gefolgt von einem Doppelpunkt und einem Endindex. Ein Slice, der nur aus einem einzelnen Zeichen besteht, wird durch die Eingabe eines einzelnen Index erzeugt.

len()
Die eingebaute Funktion `len()` ermittelt die Anzahl der Elemente einer Sequenz. Im Fall eines Strings spricht man hierbei auch von der Länge der Zeichenkette.

```
# Beispiel-Sequenz, hier Zeichenkette
tname = "Robinson Crusoe"
print("Text:", tname)
```

```
# Anzahl der Elemente
lg = len(tname)
print("Anzahl Elemente:", lg)

# Teilbereiche, Elemente
ts = tname[5:8]
print("[5:8]:", ts)
ts = tname[:8]
print("[:8]:", ts)
ts = tname[9:]
print("[9:]:", ts)
ts = tname[9]
print("[9]:", ts)
ts = tname[9:-3]
print("[9:-3]:", ts)
```

Listing 4.11 Datei text_operation.py

Es wird die folgende Ausgabe erzeugt:

```
Text: Robinson Crusoe
Anzahl Elemente: 15
[5:8]: son
[:8]: Robinson
[9:]: Crusoe
[9]: C
[9:-3]: Cru
```

Zur Erläuterung:

▶ Die Länge der Sequenz, also die Anzahl der Zeichen in der Zeichenkette, wird mit Hilfe der Funktion len() ermittelt.

▶ Slice [5:8]: Der Bereich erstreckt sich von dem Element, das durch den Startindex gekennzeichnet wird, bis *vor* das Element, das durch den Endindex gekennzeichnet wird (Ergebnis: son). **Slice von ... bis**

▶ Slice [:8]: Wenn der Startindex weggelassen wird, beginnt der Bereich bei 0 (Ergebnis: Robinson). **Slice bis**

▶ Slice [9:]: Wenn der Endindex weggelassen wird, endet der Bereich am Ende der Zeichenkette (Ergebnis: Crusoe). **Slice von**

▶ Slice [9]: Wird nur ein Index angegeben, so besteht der Bereich nur aus einem einzelnen Element (Ergebnis: C). **Element**

▶ Slice [9:-3]: Wird ein Index mit einer negativen Zahl angegeben, so wird vom Ende aus gemessen, beginnend bei 1 (Ergebnis: Cru).

Unveränderbar

Strings sind nicht veränderbar. Es können keine einzelnen Zeichen oder Bereiche aus Strings durch andere Zeichen oder Slices ersetzt werden.

Ein Beispiel:

```
tname = "Robinson Crusoe"

try:
    tname[3] = "e"
except:
    print("Fehler")

try:
    tname[3:5] = "el"
except:
    print("Fehler")
```

Listing 4.12 Datei text_unveraenderbar.py

Die Ausgabe lautet:

```
Fehler
Fehler
```

Zur Erläuterung:

▸ Die einzige Möglichkeit zur Veränderung eines Strings ist die Erzeugung eines neuen Objekts.

4.2.4   Funktionen

Neben der eingebauten Funktion len() gibt es für Objekte des Datentyps str eine Reihe von nützlichen Funktionen zur Bearbeitung und Analyse von Zeichenketten.

An folgendem Beispiel sollen einige Funktionen zum Suchen von Teiltexten verdeutlicht werden:

```
# Beispiel
test = "Das ist ein Beispielsatz"
```

```
print("Text:", test)

# Anzahl Suchtexte
such = "ei"
anz = test.count(such)
print("count: Der String", such, "kommt", anz, "mal vor")

# Erste Position des Suchtextes
anfpos = test.find(such)
print("find 1: Zum ersten Mal an Position", anfpos)
# Weitere Position des Suchtextes
nextpos = test.find(such, anfpos+1)
print("find 2: Ein weiteres Mal an Position", nextpos)
# Letzte Position des Suchtextes
endpos = test.rfind(such)
print("rfind: Zum letzten Mal an Position", endpos)

# Suchtext nicht gefunden
such = "am"
pos = test.find(such)
if pos==-1:
    print("find 3:", such, "wurde nicht gefunden")
else:
    print("find 3:", such, "an Position", pos, "gefunden")

# Ersetzen von Text
test = test.replace("ist","war")
print("replace:", test)
```

Listing 4.13 Datei text_suchen.py

Folgende Ausgabe wird erzeugt:

```
Text: Das ist ein Beispielsatz
count: Der String ei kommt 2 mal vor
find 1: Zum ersten Mal an Position 8
find 2: Das naechste Mal an Position 13
rfind: Zum letzten Mal an Position 13
find 3: am wurde nicht gefunden
replace: Das war ein Beispielsatz
```

Zur Erläuterung:

▶ Die Funktion count() ergibt die Anzahl der Vorkommen eines   count()
Suchtexts (hier in der Variablen such) innerhalb des analysierten Textes.

97

find() ▸ Die Funktion `find()` ergibt die Position, an der ein Suchtext innerhalb eines analysierten Texts vorkommt. Zur Erinnerung: Das erste Element einer Sequenz hat die Position 0.

Startpunkt
für Suche
▸ Bei der Funktion `find()` können Sie optional einen zweiten Parameter angeben. Dieser Parameter bestimmt die Position, ab der gesucht wird. Im vorliegenden Fall ist dies die Position des Zeichens hinter der ersten Fundstelle. Diese Technik wird häufig verwendet, um mit Hilfe einer Schleife alle Vorkommen eines Suchtexts zu finden.

rfind() ▸ Die Funktion `rfind()` ergibt die Position des letzten Vorkommens des Suchtexts innerhalb des analysierten Textes.

▸ Falls der gesuchte Text nicht vorkommt, liefern `find()` beziehungsweise `rfind()` den Wert -1 zurück.

replace() ▸ Die Funktion `replace()` ersetzt einen gesuchten Teiltext durch einen anderen und liefert den geänderten Text zurück.

Unterschiede in Python 2

Die Klammern bei der Anweisung `print` entfallen.

Das folgende Beispiel zeigt hauptsächlich Funktionen zum Zerlegen von Texten in Teiltexte:

```
# Beispiel
test = "Das ist ein Beispielsatz"
print("Text:", test)

# Beginn, Ende
if test.startswith("Das"):
    print("Text beginnt mit Das")
if not test.endswith("Das"):
    print("Text endet nicht mit Das")

# Zerlegung
teile = test.partition("ei")
print("vor der 1. Teilung:", teile[0])
print("hinter der 1. Teilung:", teile[2])

teile = test.rpartition("ei")
print("vor der 2. Teilung:", teile[0])
print("hinter der 2. Teilung:", teile[2])

# Zerlegung in Liste
wliste = test.split()
```

```
for i in range(0, 3):
    print("Element:", i, wliste[i])
```

Listing 4.14 Datei text_zerlegen.py

Die Ausgabe lautet:

```
Text: Das ist ein Beispielsatz
Text beginnt mit Das
Text endet nicht mit Das
vor der 1. Teilung: Das ist
hinter der 1. Teilung: n Beispielsatz
vor der 2. Teilung: Das ist ein B
hinter der 2. Teilung: spielsatz
Element: 0 Das
Element: 1 ist
Element: 2 eir
```

Zur Erläuterung:

- ▶ Mit Hilfe der Funktionen `startswith()` und `endswith()` untersuchen Sie, ob eine Zeichenkette mit einem bestimmten Text beginnt oder endet. Beide Funktionen liefern einen Wahrheitswert (`True` oder `False`), daher kann der Rückgabewert direkt als Bedingung genutzt werden.

  `startswith()`, `endswith()`

- ▶ Die Funktionen `partition()` und `rpartition()` zerlegen eine Zeichenkette in drei Teile anhand eines Teilungstexts. Diese drei Teile werden in einem Tupel geliefert.

  `partition()`, `rpartition()`

  - ▷ Das erste Element des Tupels (Element 0) enthält den Text bis zum Teilungstext, das dritte Element (Element 2) enthält den Text hinter dem Teilungstext.

  - ▷ Die Funktion `partition()` sucht den Teilungstext ausgehend vom Beginn der Zeichenkette, die Funktion `rpartition()` sucht ihn ausgehend vom Ende der Zeichenkette.

  - ▷ Falls der Teilungstext nicht gefunden wird, steht die gesamte Zeichenkette im ersten Element des Tupels; das dritte Element ist leer.

  - ▷ Weitere Informationen zu den Tupeln erhalten Sie in Abschnitt 4.4, »Tupel«.

- ▶ Die Funktion `split()` zerlegt einen Text in einzelne Teile, die in einer Liste gespeichert werden. Das Leerzeichen wird dabei als Trennzeichen angesehen. Zur Verdeutlichung werden im vorliegenden Beispiel die drei ersten Elemente der Liste, zusammen mit der laufenden

  `split()`

Nummer innerhalb der Liste, ausgegeben (für weitere Informationen zu Listen siehe Abschnitt 4.3, »Listen«).

▸ Falls bei der Funktion split() ein anderes Trennzeichen verwendet werden soll, wie zum Beispiel das Semikolon oder das Rautezeichen, dann muss dieses Zeichen als Parameter an die Funktion übergeben werden, zum Beispiel: split(";").

Unterschiede in Python 2

Die Klammern bei der Anweisung print entfallen.

4.2.5 Umwandlung von einer Zeichenkette in eine Zahl

Enthält eine Zeichenkette eine Zahl, etwa eine vom Benutzer eingegebene Zeichenkette oder einen Kommandozeilenparameter (siehe Abschnitt 5.10, »Parameter der Kommandozeile«), so kann diese Zeichenkette konvertiert werden. Dazu dienen die bereits bekannten Funktionen int() und float() zur Umwandlung in eine ganze Zahl oder in eine Zahl mit Nachkommastellen. Anschließend kann mit dieser Zahl gerechnet werden.

Das folgende Beispiel soll den Unterschied in der Behandlung von Zahlen und Strings verdeutlichen:

```
# Erste Zeichenkette
x = "15.3"

ergebnis = x * 2
print(ergebnis)

x = float(x)
ergebnis = x * 2
print(ergebnis)

# Zweite Zeichenkette
x = "17"

ergebnis = x * 2
print(ergebnis)

x = int(x)
ergebnis = x * 2
print(ergebnis)
```

Listing 4.15 Datei text_in_zahl.py

Die Ausgabe des Programms ist:

```
15.315.3
30.6
1717
34
```

Zur Erläuterung:

▶ In der ersten Zeichenkette steht 15.3. Wird diese Zeichenkette mit 2 **float()**
»multipliziert«, so ergibt sich die Zeichenkette 15.315.3. Wird die Zeichenkette mit Hilfe der Funktion float() hingegen in eine Zahl mit Nachkommastellen verwandelt, so kann mit ihr gerechnet werden. Eine Multiplikation mit 2 ergibt mathematisch korrekt die Ausgabe 30.6.

▶ Ähnlich sieht es bei der Umwandlung einer ganzen Zahl aus. In der **int()**
zweiten Zeichenkette steht 17. Wenn diese Zeichenkette mit 2 »multipliziert« wird, ergibt sich die Zeichenkette 1717. Wird die Zeichenkette mit Hilfe der Funktion int() in eine ganze Zahl verwandelt, so kann mit ihr gerechnet werden. Eine Multiplikation mit 2 ergibt in diesem Fall mathematisch korrekt 34.

Unterschiede in Python 2

Die Klammern bei der Anweisung print entfallen.

Versucht man, eine Zeichenkette, die keine gültige Zahl enthält, in eine Zahl umzuwandeln, so tritt eine Ausnahme auf. Daher sollte die Umwandlung von Benutzereingaben oder Kommandozeilenparametern in eine Ausnahmebehandlung eingebettet werden:

```
# Fehler abfangen
x = "15.3p"

try:
    x = float(x)
    print(x*2)
except:
    print("Zeichenkette konnte nicht umgewandelt werden")
```

Listing 4.16 Datei text_keine_zahl.py

Die Ausgabe des Programms lautet:

```
Zeichenkette konnte nicht umgewandelt werden
```

Zur Erläuterung:

▶ In der Zeichenkette steht ein nicht gültiges Zeichen (hier das p). Bei der Umwandlung tritt eine Ausnahme auf, und es erscheint eine Fehlermeldung.

Unterschiede in Python 2

Die Klammern bei der Anweisung `print` entfallen.

4.2.6   Umwandlung von einer Zahl in eine Zeichenkette

str()   Muss eine Zahl in eine Zeichenkette umgewandelt werden, etwa zur Ausgabe der Zahl in eine Datei (siehe Abschnitt 8.3.1, »Sequentielles Schreiben«), so können Sie die Funktion `str()` verwenden. Ein Beispiel:

```
a = 23
b = 7.5
c = a + b

# 1. Ausgabe
print(a, "+", b, "=", c)

# 2. Ausgabe
print(str(a) + "+" + str(b) + "=" + str(c))
```

Listing 4.17   Datei text_von_zahl.py

Die Ausgabe lautet:

```
23 + 7.5 = 30.5
23+7.5=30.5
```

Zur Erläuterung:

▶ Die erste Ausgabe erfolgt wie gewohnt. Sie setzt sich aus den einzelnen Variablen und den verbindenden Texten zusammen. Nach jedem Teil der Ausgabe wird automatisch ein Leerzeichen eingefügt.

Operator +   ▶ Für die zweite Ausgabe werden die Zahlen zunächst mit Hilfe der Funktion `str()` in Zeichenketten umgewandelt. Abschließend werden die verschiedenen Zeichenketten mit dem Verkettungsoperator + verbunden. In der Ausgabe kommen keine Leerzeichen mehr vor.

Eine weitere Möglichkeit zur Gestaltung von Ausgaben zeige ich Ihnen in Abschnitt 5.2.2, »Formatierte Ausgabe«.

Die Klammern bei der Anweisung `print` entfallen.

4.2.7 Datentyp »bytes«

Zeichenketten des Datentyps `bytes` werden mit Hilfe von Byte-Literalen gebildet und repräsentieren Binärdaten. Byte-Literale können mit ASCII-Zeichen dargestellt werden, die mit einem Byte (also 8 Bit) gebildet werden. Dies umfasst nur die Zahlen von 0 bis 255.   *ASCII-Zeichen*

Byte-Literale beginnen mit einem »b« oder einem »B«. Dies ist bei Eingabe oder Zuweisung zu beachten. Bei der Ausgabe wird ein `b` vorangestellt. Objekte des Datentyps `bytes` mit einem Zahlenwert über 127 werden durch Escape-Sequenzen ausgedrückt (siehe Tabelle 4.2).   *Escape-Sequenzen*

Escape-Sequenz	Erläuterung
`\r`	Carriage Return (Wagenrücklauf)
`\n`	Line Feed (Zeilenvorschub)
`\xe4`	Umlaut ä, hex. E4 = dez. 228
`\xf6`	Umlaut ö, hex. F6 = dez. 246
`\xfc`	Umlaut ü, hex. FC = dez. 252
`\xc4`	Umlaut Ä, hex. C4 = dez. 196
`\xd6`	Umlaut Ö, hex. D6 = dez. 214
`\xdc`	Umlaut Ü, hex. DC = dez. 220
`\xdf`	Eszett, hex. DF = dez. 223

Tabelle 4.2 Einige Escape-Sequenzen

So werden beispielsweise die Zeichenketten »Öffnen« und »Schließen« als Byte-Literale wie folgt ausgedrückt: `b"\xd6ffnen"` und `b"Schlie\xdfen"`.

Byte-Literale werden ohne führendes `b` bzw. `B` ausgegeben.

4.3 Listen

Eine Liste ist eine Sequenz von Objekten in ihrer allgemeinsten Form. Sie kann Elemente unterschiedlichen Objekttyps enthalten. Eine Liste bietet vielfältige Möglichkeiten, unter anderem die Funktionalität von ein- und mehrdimensionalen Feldern (Arrays), wie man sie aus anderen Programmiersprachen kennt.

4.3.1 Eigenschaften

Veränderbar

Eine Liste ist im Gegensatz zu einem String veränderbar. Von diesem Unterschied abgesehen ist ein String, vereinfacht gesagt, nur eine spezialisierte Form einer Liste zur Speicherung von einzelnen Zeichen. Einige Beispiele für Listen:

```python
# Liste von Zahlen
z = [3, 6, 12.5, -8, 5.5]
print(z)            # gesamte Liste
print(z[0])         # ein Element
print(z[0:3])       # Slice

# Liste von Zeichenketten
s = ["Hamburg", "Augsburg", "Berlin"]
print(s)

# Anzahl Elemente
print("Anzahl:", len(s))
```

Listing 4.18 Datei liste_eigenschaft.py

Es wird die Ausgabe erzeugt:

```
[3, 6, 12.5, -8, 5.5]
3
[3, 6, 12.5]
['Hamburg', 'Augsburg', 'Berlin']
Anzahl: 3
```

Zur Erläuterung:

Eckige Klammern

▶ Listen werden innerhalb von eckigen Klammern angegeben.

Kommata

▶ Innerhalb dieser Klammern listen Sie die einzelnen Elemente durch Kommata getrennt auf.

▶ Die Variable z enthält eine Liste von Zahlen mit und ohne Nachkommastellen.

Index

▶ Wie bei Strings ermitteln Sie ein einzelnes Element einer Liste durch Angabe eines Index (hier: z[0]).

Slice

▶ Einen Teilbereich einer Liste ermitteln Sie mit Hilfe eines Slices (hier: z[0:3]).

▶ Die Variable s enthält eine Liste von Zeichenketten.

▶ Die Länge einer Sequenz, also auch einer Liste, ermitteln Sie mit der Funktion len().

len()

Unterschiede in Python 2

Die Klammern bei der Anweisung print entfallen.

Eine Liste kann Elemente unterschiedlicher Objekttypen enthalten. Diese Elemente können wiederum Listen sein. Auf diese Weise werden mehrdimensionale Listen erzeugt. Ein Beispiel:

Mehrdimensionale Listen

```
# mehrdimensionale Liste, unterschiedliche Objekte
x = [["Paris","Fr",3500000],["Rom","It",4200000]]
print(x)

# Teilliste
print(x[0])

# einzelne Elemente
print(x[0][0], "hat", x[0][2], "Einwohner")
print(x[1][0], "hat", x[1][2], "Einwohner")

# Teile von Elementen
print(x[0][1][:1])
```

Listing 4.19 Datei liste_mehrdimensional.py

Die Ausgabe lautet:

```
[['Paris', 'Fr', 3500000], ['Rom', 'It', 4200000]]
['Paris', 'Fr', 3500000]
Paris hat 3500000 Einwohner
Rom hat 4200000 Einwohner
F
```

Zur Erläuterung:

▶ Die Variable x enthält zwei Listen. Innerhalb jeder Teilliste (oder eingebetteten Liste) sind zwei Zeichenketten und eine Zahl gespeichert.

Eingebettete Liste

▶ Eingebettete Listen ermitteln Sie durch Angabe eines einzelnen Index oder eines Slices (hier: x[0]).

▶ Einzelne Elemente von eingebetteten Listen sprechen Sie durch Angabe mehrerer Indizes oder Slices an (hier zum Beispiel: x[0][2]). Die erste Angabe in eckigen Klammern kennzeichnet hier die einge-

Mehrere Indizes

bettete Liste mit dem Index 0, die zweite Angabe in eckigen Klammern kennzeichnet das Element mit dem Index 2 innerhalb dieser eingebetteten Liste.

▶ Einzelne Elemente der Liste sind wiederum Sequenzen, falls es sich um Zeichenketten handelt. Daher können Sie das erste Zeichen des Elements x[0][1] mit Hilfe von x[0][1][:1] ermitteln.

Unterschiede in Python 2

Die Klammern bei der Anweisung print entfallen.

4.3.2 Operatoren

Operatoren +, *, in Die Operatoren + und * können Sie bei Sequenzen, also auch bei Listen, zur Verkettung oder Vervielfachung einsetzen. Außerdem werden Listen, zusammen mit dem Operator in, häufig zur Erstellung einer for-Schleife genutzt. Ein gemeinsames Beispiel für die beiden genannten Fälle:

```
# zwei Listen
fr = ["Paris","Lyon","Marseille"]
it = ["Rom","Pisa"]

# Listen zusammensetzen
stadtliste = fr + it * 2
print(stadtliste)

# Liste teilweise durchlaufen
for stadt in stadtliste[3:6]:
    print(stadt)
```

Listing 4.20 Datei liste_operator.py

Es wird die folgende Ausgabe erzeugt:

```
['Paris', 'Lyon', 'Marseille', 'Rom', 'Pisa', 'Rom', 'Pisa']
Rom
Pisa
Rom
```

Zur Erläuterung:

▶ In den beiden Listen fr und it werden jeweils einige Zeichenketten gespeichert.

▶ Die Liste stadtliste ist eine neue Liste. Sie enthält die Elemente der Liste fr und zweimal nacheinander die Elemente der Liste it.

▶ Die Liste stadtliste wird als vollständige Liste ausgegeben.

▶ Mit Hilfe einer for-Schleife und eines Slices wird ein Teil der Liste Element für Element ausgegeben.

for-Schleife

Unterschiede in Python 2

Die Klammern bei der Anweisung print entfallen.

4.3.3 Funktionen und Operationen

Listen können, im Gegensatz zu Strings, verändert werden. Sie können also nicht nur einzelne Elemente oder Teilbereiche auswählen, sondern Sie können außerdem

Veränderlich

▶ zusätzliche Elemente oder Teilbereiche am Ende oder am Anfang hinzufügen,

Liste ändern

▶ vorhandene Elemente oder Teilbereiche verändern,

▶ Elemente oder Teilbereiche innerhalb der Liste einfügen und

▶ Elemente oder Teilbereiche löschen.

Sie sollten allerdings beachten, dass Sie nicht aus Versehen ein einzelnes Element durch einen Teilbereich ersetzen. Dadurch würde statt des Austauschs eines Elements eine ganze Liste als eingebettete Liste erzeugt.

Im Folgenden werden zunächst einige Listenoperationen mit Elementen, Teilbereichen und der Anweisung del zum Löschen von Elementen aufgeführt:

del

```
# Originalliste
fr = ["Paris","Lyon","Marseille","Bordeaux"]
print("Original:")
print(fr)

# Ersetzen eines Elementes durch ein Element
fr[2] = "Lens"
print("Element ersetzt:")
print(fr)

# Ersetzen eines Teilbereiches durch eine Liste
fr[1:3] = ["Nancy","Metz","Gap"]
print("Teil ersetzt:")
print(fr)
```

```
# Entnehmen eines Teilbereiches
del fr[3:]
print("Teil entnommen:")
print(fr)

# Ersetzen eines Elementes durch eine Liste
fr[0] = ["Paris-Nord","Paris-Sud"]
print("Element durch Liste ersetzt:")
print(fr)
```

Listing 4.21 Datei liste_element.py

Die Ausgabe der Liste in den verschiedenen Zuständen:

```
Original:
['Paris', 'Lyon', 'Marseille', 'Bordeaux']
Element ersetzt:
['Paris', 'Lyon', 'Lens', 'Bordeaux']
Teil ersetzt:
['Paris', 'Nancy', 'Metz', 'Gap', 'Bordeaux']
Teil entnommen:
['Paris', 'Nancy', 'Metz']
Element durch Liste ersetzt:
[['Paris-Nord', 'Paris-Sud'], 'Nancy', 'Metz']
```

Zur Erläuterung:

- Die Originalliste, bestehend aus vier Zeichenketten, wird erstellt.

Ersetzen
- Ein einzelnes Element wird durch eine andere Zeichenkette ersetzt.

- Ein Teilbereich wird durch eine Liste ersetzt.

Löschen
- Ein Teilbereich wird mit Hilfe von `del` aus der Liste gelöscht.

- Ein Element wird durch eine Liste ersetzt; dadurch wird eine eingebettete Liste erzeugt.

Unterschiede in Python 2

Die Klammern bei der Anweisung `print` entfallen.

Es gibt eine Reihe von weiteren Funktionen zur Analyse und Bearbeitung von Listen. Einige davon werden im folgenden Programm verdeutlicht:

```
# Originalliste
fr = ["Paris","Lyon","Marseille"]
print("Original:")
print(fr)
```

```
# Einsetzen eines Elements
fr.insert(0,"Nantes")
print("Nach Einsetzen:")
print(fr)

# Sortieren der Elemente
fr.sort()
print("Nach Sortieren:")
print(fr)

# Umdrehen der Liste
fr.reverse()
print("Nach Umdrehen:")
print(fr)

# Entfernen eines Elements
fr.remove("Nantes")
print("Nach Entfernen:")
print(fr)

# Ein Element am Ende hinzu
fr.append("Paris")
print("Ein Element hinzu:")
print(fr)

# Anzahl bestimmter Elemente
print("Anzahl Elemente Paris:", fr.count("Paris"))

# Suchen bestimmter Elemente
print("Erste Position Paris:", fr.index("Paris"))
```

Listing 4.22 Datei liste_aendern.py

Die Ausgabe der Liste in den verschiedenen Zuständen:

```
Original:
['Paris', 'Lyon', 'Marseille']
Nach Einsetzen:
['Nantes', 'Paris', 'Lyon', 'Marseille']
Nach Sortieren:
['Lyon', 'Marseille', 'Nantes', 'Paris']
Nach Umdrehen:
['Paris', 'Nantes', 'Marseille', 'Lyon']
Nach Entfernen:
['Paris', 'Marseille', 'Lyon']
```

```
Ein Element hinzu:
['Paris', 'Marseille', 'Lyon', 'Paris']
Anzahl Elemente Paris: 2
Erste Position Paris: 0
```

Zur Erläuterung:

▸ Die Originalliste, bestehend aus drei Zeichenketten, wird erstellt.

insert() ▸ Ein Element wird mit der Funktion insert() an der Position 0 eingefügt, also zu Beginn der Liste.

sort() ▸ Die Liste wird mit der Funktion sort() intern sortiert. Falls es sich um eine Liste von Zeichenketten handelt, wird alphabetisch sortiert. Eine Liste von Zahlen wird nach Größe sortiert. Bei anderen Listenelementen oder bei gemischten Listen ist der Einsatz der Funktion sort() nur bedingt sinnvoll.

reverse() ▸ Die Liste wird mit der Funktion reverse() intern umgedreht.

remove() ▸ Ein bestimmtes Element (hier: Nantes) wird innerhalb der Liste gesucht. Falls es vorhanden ist, wird das erste Vorkommen dieses Elements mit der Funktion remove() gelöscht. Falls es nicht vorhanden ist, wird eine Ausnahme ausgelöst.

append() ▸ Ein Element wird am Ende der Liste mit append() angefügt.

count() ▸ Die Anzahl der Vorkommen eines bestimmten Elements (hier: Paris) wird mit der Funktion count() ermittelt.

index() ▸ Die Position des ersten Vorkommens eines bestimmten Elements (hier: Paris) wird mit der Funktion index() ermittelt. Ist das Element nicht vorhanden, wird eine Ausnahme ausgelöst.

Unterschiede in Python 2

Die Klammern bei der Anweisung print entfallen.

4.4 Tupel

In diesem Abschnitt werden Tupel und ihre besonderen Eigenschaften sowie Operationen mit Tupeln erläutert.

4.4.1 Eigenschaften

Unveränderlich Ein Tupel unterscheidet sich von einer Liste im Wesentlichen durch eine einzige Eigenschaft: Ein Tupel kann nicht verändert werden. Ansonsten gelten die gleichen Regeln, und es können die gleichen Operationen und Funktionen auf Tupel wie auf Listen angewendet werden, sofern sie keine Veränderung des Tupels hervorrufen.

4.4.2 Operationen

Einige Beispiele und Besonderheiten:

```
# Tupel mit und ohne Klammer
z = (3, 6, -8, 5.5)
print("Tupel 1:", z)


z = 6, 8, -3
print("Tupel 2:", z)
# mehrdimensionales Tupel, unterschiedliche Objekte
x = (("Paris","Fr",3500000), ["Rom","It",4200000])
print("mehrdim. Tupel:")
print(x)

# Ersetzen
try:
    x[0][0] = "Lyon"   # nicht erlaubt, weil Tupel
except:
    print("Fehler")
x[1][0] = "Pisa"       # erlaubt, weil Liste
print("Listenelement ersetzt:", x[1])

# Tupel bei for-Schleife
for i in 4, 5, 12:
    print("i:", i)

# Zuweisung mit Tupel
x,y = 2,18
print("x:", x, "y:", y)
```

Listing 4.23 Datei tupel_operation.py

Es wird die Ausgabe erzeugt:

```
Tupel 1: (3, 6, -8, 5.5)
Tupel 2: (6, 8, -3)
mehrdim. Tupel:
(('Paris', 'Fr', 3500000), ['Rom', 'It', 4200000])
Fehler
Listenelement ersetzt: ['Pisa', 'It', 4200000]
```

```
i: 4
i: 5
i: 12
x: 2 y: 18
```

Zur Erläuterung:

Runde Klammern

▶ Tupel können mit runden Klammern (statt eckiger Klammern bei Listen) oder ganz ohne Klammern erzeugt werden. Sie können gleichzeitig Zahlen, Zeichenketten und andere Objekte enthalten.

Mehrdimensionale Tupel

▶ Durch Einbettung können Sie mehrdimensionale Tupel erzeugen. Hier ist dies das Tupel x, bestehend wiederum aus einem Tupel und einer Liste.

▶ Die versuchte Veränderung des inneren Tupels erzeugt eine Ausnahme. Erlaubt ist dagegen die Veränderung der inneren Liste, die in einem Tupel eingebettet ist (hier für x[1][0]).

Mehrfache Zuweisung

▶ Mit Hilfe eines Tupels können Sie mehrere Werte gleichzeitig zuweisen. Im vorliegenden Beispiel werden die Werte 2 und 18 den Einzelvariablen x bzw. y zugewiesen. Mehr zu diesem Thema erfahren Sie im nächsten Abschnitt.

> **Unterschiede in Python 2**
>
> Die Klammern bei der Anweisung print entfallen.

4.4.3   Tupel entpacken

Innerhalb eines Tupels sind mehrere, unveränderliche Werte gespeichert. Mit Hilfe eines Tupels kann eine mehrfache Zuweisung erfolgen. Dabei werden in einer Anweisung gleichzeitig mehreren Variablen Werte zugewiesen.

Schreibabkürzung

Dieses Vorgehen kann Ihnen Schreibarbeit ersparen. Allerdings müssen Sie dabei einige Besonderheiten beachten, die das folgende Programm verdeutlicht.

```
# 1: Mehrfache Zuweisung
x, y, z = 3, 5.2, "hallo"
print("Mehrf. Zuweisung:", x, y, z)

# 2: Auswirkungen erst danach
a = 12
b = 15
c = 22
```

```
a, b, c = c, a, a+b
print("Auswirkung:", a, b, c)

# 3: Verpacken eines Tupels
p = 3, 4
print("Verpackt:", p)

# 4: Entpacken eines Tupels
m, n = p
print("Entpackt: m:", m, "n:", n)

# 5: Falsche Zuweisung eines Tupels
try:
    s, t = 3, 4, 12
    print(s, t)
except:
    print("Fehler")

# 6: Rest in Liste
print()
x, *y, z = 3, 5.2, "hallo", 7.3, 2.9
print(x)
print(y)
print(z)

# kein Rest, Liste leer
print()
x, *y, z = 3, 5.2
print(x)
print(y)
print(z)
```

Listing 4.24 Datei tupel_entpacken.py

Die Ausgabe sieht wie folgt aus:

```
Mehrf. Zuweisung: 3 5.2 hallo
Auswirkung: 22 12 27
Verpackt: (3, 4)
Entpackt: m: 3 n: 4
Fehler

3
[5.2, 'hallo', 7.23]
2.9
```

```
3
[]
5.2
```

Zur Erläuterung der mehrfachen Zuweisung (1):

▶ Die Variable x bekommt den Wert 3, die Variable y den Wert 5.2 und die Variable z den Wert hallo zugewiesen.

▶ Die folgenden Anweisungen bewirken dasselbe, beanspruchen aber drei Programmzeilen statt einer.

```
x = 3
y = 5.2
z = "hallo"
```

Zur Erläuterung der Auswirkungen (2):

▶ Sie erkennen, dass die Änderung eines Variablenwerts keine Auswirkungen innerhalb der gleichen Mehrfachzuweisung hat:

　▶ Die Variable a erhält den alten (und neuen) Wert von c (= 22).

　▶ Die Variable b erhält den alten Wert von a (= 12).

　▶ Die Variable c erhält den alten Wert von a, erhöht um den alten Wert von b (= 27).

▶ Die Änderung der Variablen wirkt sich erst in der nächsten Anweisung aus.

▶ Die folgenden Anweisungen hätten zu ganz anderen Ergebnissen geführt, sie sind nicht (!) gleichzusetzen mit der Anweisung: a, b, c = c, a, a+b:

```
a = c
b = a
c = a+b
```

Zur Erläuterung der Verpackung (3):

▶ Steht auf der linken Seite der Zuweisung nur eine Variable (im Beispiel: p), während auf der rechten Seite mehrere Werte oder Ausdrücke stehen (im Beispiel: 3 und 4), so handelt es sich um die Erzeugung (Verpackung) eines Tupels.

Zur Erläuterung der Entpackung (4):

▶ Ein Tupel kann wieder entpackt werden. Dabei sollte die Anzahl der Variablen auf der linken Seite der Zuweisung (im Beispiel: die beiden Variablen m und n) der Anzahl der Elemente des Tupels (im Beispiel: p) auf der rechten Seite entsprechen.

Zur Erläuterung der falschen Zuweisung (5):

▶ Es werden mehrere Werte zugewiesen, aber es steht nicht die gleiche **Anzahl passt nicht.** Anzahl an Variablen oder nur eine einzelne Variable zur Verfügung. Es resultiert eine Ausnahme, da die Werte weder einem Tupel noch einer einzelnen Variablen eindeutig zugeordnet werden können.

Zur Erläuterung der Zuweisung an die gesternte Variable (6):

▶ Falls die Anzahl der Tupelwerte nicht mit der Anzahl der Variablen **Variable mit *** übereinstimmt, können Sie (seit Python 3) einer der Variablen einen Stern voranstellen. In dieser gesternten (englisch: *starred*) Variablen wird der Rest des Tupels gespeichert, der nicht einer einzelnen Variablen zugewiesen werden konnte. Im Programmbeispiel werden der erste und der letzte Wert einer einzelnen Variablen zugewiesen. Die mittleren Werte landen als Liste in der mittleren Variablen.

Unterschiede in Python 2

Die Klammern bei der Anweisung `print` entfallen. Gesternte Variable gibt es erst seit Python 3. In Python 2 muss die Anzahl der Tupelwerte mit der Anzahl der Variablen übereinstimmen. Daher müssen Sie Teil 6 des Programms weglassen, ansonsten käme es zu einem Programmabbruch.

4.5 Dictionarys

Ein Dictionary ist mit einem Wörterbuch zu vergleichen. In einem Wör- **Wörterbuch** terbuch finden Sie unter einem Schlüsselbegriff die zugeordnete Information. So steht etwa in einem englisch-deutschen Wörterbuch unter dem Eintrag *house* der zugeordnete deutsche Begriff *Haus*.

4.5.1 Eigenschaften

In Python stellen Dictionarys veränderliche Objekte dar und bestehen **Schlüssel, Wert** aus mehreren Paaren. Jedes Paar besteht aus einem eindeutigen Schlüssel und einem zugeordneten Wert. Über den Schlüssel greifen Sie auf den Wert zu. Als Schlüssel werden meistens Strings verwendet, es können aber auch andere unveränderliche Objekte (Zahlen, Tupel) benutzt werden. Die Schlüssel sind ungeordnet, ihre Reihenfolge ist nicht festgelegt.

Im folgenden Beispiel sollen mehrere Personen und ihre Altersangaben in einem Dictionary erfasst und bearbeitet werden. Der Name der jeweiligen Person dient als Schlüssel. Über den Namen kann auf das Alter der Person (auf den Wert des Schlüssels) zugegriffen werden.

```
# Erzeugung eines Dictionarys
alter = {"Peter":31, "Julia":28, "Werner":35}
print(alter)

# Ersetzen eines Werts
alter["Julia"] = 27
print(alter)

# Ein Element hinzu
alter["Moritz"] = 22
print(alter)

# Ausgabe
print("Julia:", alter["Julia"])
```

Listing 4.25 Datei dictionary_eigenschaft.py

Folgende Ausgabe wird erzeugt:

```
{'Peter': 31, 'Julia': 28, 'Werner': 35}
{'Peter': 31, 'Julia': 27, 'Werner': 35}
{'Moritz': 22, 'Peter': 31, 'Julia': 27, 'Werner': 35}
Julia: 27
```

Zur Erläuterung:

Geschweifte Klammern
► Es wird das Dictionary alter mit drei Informationspaaren erzeugt und ausgegeben. Dictionarys werden mit Hilfe von geschweiften Klammern ({}) erzeugt. Die Paare werden durch Kommata voneinander getrennt, ein Paar wird in der folgenden Form notiert: *Schlüssel:Wert*.

Eckige Klammern
► Auf ein Element greifen Sie über die Angabe des Schlüssels in eckigen Klammern zu. Dies wird im vorliegenden Beispiel für Zuweisung und Ausgabe genutzt.

Veränderlich
► Elemente sind veränderlich. Hier wird die Altersangabe von "Julia" verändert.

Hinzufügen
► Elemente können hinzugefügt werden. Hier wird dem Dictionary das Paar "Moritz":22 hinzugefügt, da kein Element mit dem Schlüssel "Moritz" gefunden wurde.

Unterschiede in Python 2

Die Klammern bei der Anweisung print entfallen.

4.5.2 Funktionen

Es gibt eine Reihe von Funktionen zur Bearbeitung von Dictionarys. Einige werden im folgenden Programm verdeutlicht:

```python
# Erzeugung
alter = {"Peter":31, "Julia":28, "Werner":35}
print(alter)

# Element enthalten?
if "Julia" in alter:
    print(alter["Julia"])

# Entfernen eines Elementes
del alter["Julia"]

# Element enthalten?
if "Julia" not in alter:
    print("Julia ist nicht enthalten")

# Anzahl Elemente
print("Anzahl: ", len(alter))

# Aktualisierung mit zweitem Dictionary
ualter = {'Moritz': 18, 'Werner': 29}
alter.update(ualter)
print(alter)
```

Listing 4.26 Datei dictionary_funktion.py

Das Programm erzeugt die Ausgabe:

```
{'Peter': 31, 'Julia': 28, 'Werner': 35}
28
Julia ist nicht enthalten
Anzahl:  2
{'Moritz': 18, 'Peter': 31, 'Werner': 29}
```

Zur Erläuterung:

▶ Ein einzelnes Element wird mit Hilfe der Anweisung `del` aus der Liste gelöscht.   **del**

▶ Die Existenz eines Elements prüfen Sie mit Hilfe des Operators `in`.   **Operator in**

▶ Die Anzahl der Elemente ermitteln Sie mit Hilfe der Funktion `len()`.   **len()**

update() ▸ Ein Dictionary aktualisieren Sie mit Hilfe der Funktion update() mit einem anderen Dictionary. Dabei erhalten vorhandene Elemente gegebenenfalls einen neuen Wert, neue Elemente werden angehängt. Die beiden Dictionarys werden also zusammengeführt.

Unterschiede in Python 2

Die Klammern bei der Anweisung print entfallen.

4.5.3 Views

Unmittelbare Änderung

Die Funktionen keys(), items() und values() erzeugen sogenannte Views eines Dictionarys. Diese Views verändern sich seit Python 3 unmittelbar, falls sich das zugeordnete Dictionary verändert. Views sind also seit Python 3 dynamisch, vorher waren sie statisch. Ein Beispiel:

```
# Erzeugung
alter = {"Peter":31, "Julia":28, "Werner":35}

# Werte
w = alter.values()
print("Anzahl Werte:", len(w))
for x in w:
    print(x)
if 31 in w:
    print("31 ist enthalten")
alter["Peter"] = 41
if 31 not in w:
    print("31 ist nicht enthalten")
print()

# Keys
k = alter.keys()
print("Anzahl Keys:", len(k))
for x in k:
    print(x)
if "Werner" in k:
    print("Werner ist enthalten")
del alter["Werner"]
if "Werner" not in k:
    print("Werner ist nicht enthalten")
print()

# Items
i = alter.items()
```

```
alter["Franz"] = 35
print("Anzahl Items:", len(i))
for x in i:
    print(x)
if ("Julia", 28) in i:
    print("Julia, 28 ist enthalten")
```

Listing 4.27 Datei dictionary_view.py

Folgende Ausgaben werden durch den ersten Teil des Programms erzeugt:

```
Anzahl Werte: 3
31
28
35
31 ist enthalten
31 ist nicht enthalten
```

Zur Erläuterung der Werte-View:

▶ Mit Hilfe der Funktion values() wurde eine (seit Python 3 dynamische) View (w) der Werte des Dictionarys erzeugt.   Werte-View

▶ Den Inhalt der View können Sie mit Hilfe einer for-Schleife und des
Operators in ausgeben. Sie können – wiederum mit Hilfe des Operators in - prüfen, ob ein bestimmter Wert in der View existiert.

▶ Der Wert eines Dictionary-Elements wird verändert. Dies hat seit   Änderung
Python 3 auch Auswirkungen auf die zugehörige View. Diese muss   unmittelbar
also nicht mehr neu erzeugt werden. Der ursprüngliche Wert wird
nach der Änderung nicht mehr gefunden.

Folgende Ausgaben werden durch den zweiten Teil des Programms erzeugt:

```
Anzahl Keys: 3
Peter
Julia
Werner
Werner ist enthalten
Werner ist nicht enthalten
```

Zur Erläuterung der Schlüssel-View:

▶ Mit Hilfe der Funktion keys() wurde eine (seit Python 3 dynamische)   Schlüssel-View
View (k) der Keys des Dictionarys erzeugt.

▶ Den Inhalt der Views können Sie mit Hilfe einer `for`-Schleife und des Operators `in` ausgeben. Sie können – wiederum mit Hilfe des Operators `in` – prüfen, ob ein bestimmter Key in der View existiert.

Löschung unmittelbar ▶ Ein Dictionary-Element wird gelöscht. Dies hat seit Python 3 auch Auswirkungen auf die zugehörige View. Das ursprünglich vorhandene Dictionary-Element wird nach dem Löschen nicht mehr gefunden.

Folgende Ausgaben werden durch den dritten und letzten Teil des Programms erzeugt:

```
Anzahl Items: 3
('Franz', 35)
('Peter', 41)
('Julia', 28)
Julia, 28 ist enthalten
```

Zur Erläuterung der Elemente-View:

Elemente-View ▶ Mit Hilfe der Funktion `items()` wurde eine (seit Python 3 dynamische) View (i) der Elemente des Dictionarys erzeugt.

▶ Den Inhalt der View können Sie mit Hilfe einer `for`-Schleife und `in` ausgeben. Sie können – wiederum mit `in` – prüfen, ob ein bestimmtes Element, also eine Schlüssel-Wert-Kombination, in der View existiert.

Unterschiede in Python 2

Die Klammern bei der Anweisung `print` entfallen. Da es sich um statische Views handelt, werden Veränderungen nicht unmittelbar bemerkt. Am Ende des Programms ist der Wert 31 nicht mehr in der Werte-View und der Key `Werner` nicht mehr in der Key-View enthalten. Das Programm liefert daher andere Ausgaben.

4.5.4 Vergleiche

Alle Elemente gleich Dictionarys können miteinander verglichen werden. Mit Hilfe des Operators `==` stellen Sie fest, ob alle Elemente, also alle Schlüssel-Wert-Kombinationen, übereinstimmen. Allerdings können Sie nicht prüfen, ob ein Dictionary kleiner oder größer als ein anderes Dictionary ist. Ein Beispiel:

```
# Zwei Dictionarys
alter1 = {"Julia":28, "Peter":30}
alter2 = {"Peter":30, "Julia":28}
```

```
# Vergleich
if alter1 == alter2:
    print("Gleich")
try:
    if alter1 < alter2:
        print("1 < 2")
    else
        print("nicht 1 < 2")
except:
    print("Fehler")
```

Listing 4.28 Datei dictionary_vergleich.py

Die Ausgabe lautet:

```
Gleich
Fehler
```

Zur Erläuterung:

▶ Die beiden Dictionarys werden in unterschiedlicher Reihenfolge erstellt. Mit Hilfe von == wird festgestellt, dass sie dennoch den gleichen Inhalt haben.

Operator ==

▶ Der Vergleich mit Hilfe von < (oder >) ist nicht möglich; er führt zu einem Fehler.

Unterschiede in Python 2

Die Klammern bei der Anweisung print entfallen. Ein Vergleich mit < oder > ist möglich, allerdings hat das Ergebnis keine definierte Aussage.

4.6 Mengen, Sets

Mengen (engl.: *sets*) unterscheiden sich von Listen und Tupeln dadurch, dass jedes Element nur einmal existiert. Außerdem sind Mengen ungeordnet, ihre Reihenfolge ist nicht festgelegt. Einzelne Elemente können also nicht anhand eines Slices bestimmt werden. Allerdings können Sie mit Mengen einige Operationen durchführen, die aus der Mengenlehre bekannt sind.

Einmalig, ungeordnet

4.6.1 Eigenschaften

Zunächst erzeugen wir ein Set und eine Liste (zum Vergleich) und betrachten einige Eigenschaften:

```
# Liste
li = [8, 2, 5, 5, 5]
print("Liste:", li)

# Set
s1 = set([8, 2, 5, 5, 5])
print("Set:", s1)
print("Anzahl:", len(s1))
# Elemente
for x in s1:
    print("Element:", x)
if 5 in s1:
    print("5 ist enthalten")
```

Listing 4.29 Datei set_eigenschaft.py

Die Ausgabe lautet:

```
Liste: [8, 2, 5, 5, 5]
Set: {8, 2, 5}
Anzahl: 3
Element: 8
Element: 2
Element: 5
5 ist enthalten
```

Zur Erläuterung:

set() ▸ Eine Menge erzeugen Sie mit Hilfe der Funktion set(). Als einziger Parameter wird der Funktion set() eine Liste (wie hier) oder ein anderes Objekt übergeben, das durchlaufen werden kann.

Einmalig ▸ Sie erkennen den Unterschied zur Liste: In der Liste kann ein Objekt mehrmals vertreten sein, in der Menge nur einmal.

len() ▸ Die Funktion len() ergibt erwartungsgemäß die Anzahl der Elemente der Menge.

for, in ▸ Mit Hilfe einer for-Schleife und des Operators in können Sie die Menge durchlaufen. Wiederum mit in prüfen Sie, ob ein bestimmtes Element in der Menge enthalten ist.

Unterschiede in Python 2

Die Klammern bei der Anweisung print entfallen. Die Ausgabe des Sets lautet set([...]) statt {...}.

4.6.2 Funktionen

Betrachten wir einige Funktionen, die Sie auf Mengen anwenden können:

- Kopieren einer Menge mit `copy()`
- Hinzufügen von Elementen mit `add()`
- Entfernen von Elementen mit `discard()`
- Leeren einer Menge mit `clear()`

Ein Beispiel:

```
# Set
s1 = set([8, 15, "x"])
print("Original:", s1)

# Kopie
s2 = s1.copy()
print("Kopie:", s2)

# Element hinzu
s1.add("abc")
print("Element hinzu:", s1)

# Element entnehmen
s1.discard("x")
print("Element entnommen:", s1)

# Leeren
s1.clear()
print("geleert:", s1)
```

Listing 4.30 Datei set_funktion.py

Es wird die Ausgabe erzeugt:

```
Original: {8, 'x', 15}
Kopie: {8, 'x', 15}
Element hinzu: {8, 'x', 'abc', 15}
Element entnommen: {8, 'abc', 15}
geleert: set()
```

Zur Erläuterung:

- Die Funktion `copy()` erzeugt eine neue Menge als Kopie der alten   **copy()**
  Menge.

add() ▸ Mit Hilfe der Funktion `add()` fügen Sie ein Element hinzu.

discard() ▸ Die Funktion `discard()` dient zum Löschen eines Elements.

clear() ▸ Die Funktion `clear()` leert die Menge von allen Elementen.

Unterschiede in Python 2

Die Klammern bei der Anweisung `print` entfallen. Die Ausgabe des Sets lautet `set([...])` statt `{...}`.

4.6.3 Operatoren

< <= >= > Mit den vier Operatoren <, <=, > und >= stellen Sie fest, ob eine Menge eine Teilmenge oder eine echte Teilmenge einer anderen Menge ist. Ein Beispiel:

```
# Sets
s1 = set([8, 2, 5])
s2 = set([2, 8])
s3 = set([2, 5, 8])

print("s1:", s1)
print("s2:", s2)
print("s3:", s3)

# Teilmenge, echte Teilmenge
if s2 < s1:
    print("s2 ist echte Teilmenge von s1")
if s3 <= s1:
    print("s3 ist Teilmenge von s1")
```

Listing 4.31 Datei set_teilmenge.py

Folgende Ausgabe wird erzeugt:

```
s1: {8, 2, 5}
s2: {8, 2}
s3: {8, 2, 5}
s2 ist echte Teilmenge von s1
s3 ist Teilmenge von s1
```

Zur Erläuterung:

Echte Teilmenge ▸ Die Menge `s2` ist eine echte Teilmenge der Menge `s1`, denn alle Elemente von `s2` sind in `s1` enthalten, und `s2` hat weniger Elemente als `s1`.

▶ Die Menge s3 ist nur eine *normale* Teilmenge der Menge s1, denn alle Elemente von s3 sind in s1 enthalten, aber s3 hat ebenso viele Elemente wie s1.

Teilmenge

▶ Die Reihenfolge der Elemente bei der Erzeugung ist unerheblich.

Unterschiede in Python 2

Die Klammern bei der Anweisung print entfallen. Die Ausgabe des Sets lautet set([...]) statt {...}.

Mit Hilfe der Operatoren | (oder), & (und), – (minus) und ^ (hoch) können Sie einige Mengenoperationen durchführen. Ein Beispiel:

| & – ^

```
# Sets
s1 = set([8, 15, "x"])
s2 = set([4, "x", "abc", 15])

print("s1:", s1)
print("s2:", s2)

# Vereinigungsmenge
s3 = s1 | s2
print("Vereinigungsmenge:", s3)
# Schnittmenge
s4 = s1 & s2
print("Schnittmenge:", s4)

# Differenzmengen
s5 = s1 - s2
print("Differenzmenge s1-s2:", s5)
s6 = s2 - s1
print("Differenzmenge s2-s1:", s6)

s7 = s2 ^ s1
print("symm. Differenzmenge:", s7)
```

Listing 4.32 Datei set_operator.py

Die Ausgabe lautet:

```
s1: {8, 'x', 15}
s2: {'x', 'abc', 4, 15}
Vereinigungsmenge: {'abc', 4, 8, 'x', 15}
Schnittmenge: {'x', 15}
Differenzmenge s1-s2: {8}
```

```
Differenzmenge s2-s1: {'abc', 4}
symm. Differenzmenge: {8, 'abc', 4}
```

Zur Erläuterung:

Vereinigungs-
menge

▶ Der Operator | (oder) dient zur Vereinigung zweier Mengen. Die ent-
stehende Menge enthält alle Elemente, die in der ersten oder in der
zweiten Menge enthalten sind. Auch in der neuen Menge ist jedes
Element nach wie vor nur einmal enthalten.

Schnittmenge

▶ Alle Elemente, die in der ersten und in der zweiten Menge enthalten
sind, bilden die Schnittmenge. Dies gelingt mit Hilfe des Operators &
(und).

Differenzmenge

▶ Bei einer Differenzmenge ist es wichtig zu betrachten, welche Menge
von welcher anderen Menge abgezogen wird. Mit Hilfe des Operators
– (minus) werden zwei verschiedene Differenzmengen erstellt. Die
Operation s1-s2 zieht von der Menge s1 alle Elemente ab, die auch
in s2 enthalten sind. Bei der Operation s2-s1 verhält es sich umgekehrt.

Symmetrische
Differenzmenge

▶ Bei der symmetrischen Differenzmenge werden mit Hilfe des Operators ^ (hoch) die Elemente ermittelt, die nur in einer der beiden Mengen enthalten sind.

Unterschiede in Python 2

Die Klammern bei der Anweisung print entfallen. Die Ausgabe des Sets lautet set([...]) statt {...}.

4.6.4 Frozenset

Unveränderlich

Ein Sonderfall eines Sets ist ein Frozenset. Ein Frozenset ist im Unterschied zum Set *eingefroren* (englisch: *frozen*), also unveränderlich. Ein
Beispiel:

```
# Set
s = set([8, 15, "x", 8])
print("Set:", s)

# Frozenset
fs = frozenset([8, 15, "x", 8])
print("Frozenset:", fs)
for x in fs:
    print(x)
try:
    fs.discard("x")
```

```
except:
    print("Fehler")
```

Listing 4.33 Datei set_frozenset.py

▶ Die Ausgabe sieht wie folgt aus:

```
Set: {8, 'x', 15}
Frozenset: frozenset({8, 'x', 15})
8
x
15
Fehler
```

Zur Erläuterung:

▶ Bei der Erzeugung des Frozensets mit Hilfe der Funktion `frozenset()` wird (wie beim Set) darauf geachtet, dass jedes Element nur einmal vorkommt.   **frozenset()**

▶ Bei der Ausgabe wird das Frozenset besonders gekennzeichnet: durch den Begriff `frozenset` und zusätzliche Klammern.   **frozenset**

▶ Die einzelnen Elemente geben Sie mit Hilfe von `for` und `in` wie gewohnt aus.

▶ Allerdings führt der Versuch, ein Frozenset zu verändern, zu einem Fehler.

Unterschiede in Python 2

Die Klammern bei der Anweisung `print` entfallen. Die Ausgabe des Sets lautet `set([...])` statt `{...}`. Die Ausgabe des Frozensets lautet `frozenset([...])` statt `frozenset({...})`.

4.7   Wahrheitswerte und Nichts

Objekte und Ausdrücke können wahr oder falsch sein, außerdem gibt es auch das Nichts-Objekt. Der folgende Abschnitt erläutert die Zusammenhänge.

4.7.1   Wahrheitswerte True und False

Besonders im Zusammenhang mit Bedingungsprüfungen (`if`, `while`) wird der Wahrheitswert eines Ausdruckes benötigt.   **Bedingung**

Beispiel: Wenn eine Zahl größer als 10 ist, sollen bestimmte Anweisungen ausgeführt werden. Der dabei benötigte Ausdruck `x > 10` ist wahr, wenn `x` einen Zahlenwert größer als 10 hat. Er ist falsch, wenn `x` einen Zahlenwert kleiner oder gleich 10 hat.

Typ bool

Die Ausdrücke liefern eines der beiden Schlüsselworte `True` (wahr) oder `False` (falsch). Dies sind die einzigen Objekte des Datentyps `bool`.

bool()

Es gibt außerdem die Funktion `bool()`, die den Wahrheitswert eines Ausdrucks oder eines Objekts zurückgibt. Neben diesen Ausdrücken haben in Python auch Objekte einen Wahrheitswert:

Wahre Objekte

▶ Folgende Objekte sind wahr (liefern `True`):

  ▶ eine Zahl ungleich 0, also größer als 0 oder kleiner als 0

  ▶ eine nicht leere Sequenz (String, Liste, Tupel)

  ▶ ein nicht leeres Dictionary

  ▶ eine nicht leere Menge

Falsche Objekte

▶ Folgende Objekte sind falsch (liefern `False`):

  ▶ eine Zahl, die den Wert 0 hat

  ▶ eine leere Sequenz (String: `""`, Liste `[]`, Tupel `()`)

  ▶ ein leeres Dictionary: `{}`

  ▶ eine leere Menge: `set()`, `frozenset()`

  ▶ die Konstante `None` (siehe Abschnitt 4.7.2, »Nichts, None«)

Endlosschleife

Endlosschleifen, die nur mit einem `break` verlassen werden können, werden gerne mit `while(1)` konstruiert. Diese Bedingung ist immer wahr. Sie können natürlich auch `while(True)` schreiben.

Länge gleich 0

Gilt für eine Objektsammlung `len(x) == 0`, so ist das Objekt x falsch. Im folgenden Programm wird der Wahrheitswert der genannten Objekte an Beispielen dargestellt, überprüft und ausgegeben.

True, False

```
# True und False
W = True
print("Wahrheitswert:", W)
W = False
print("Wahrheitswert:", W)
W = 5>3
print("5>3:", W)
W = 5<3
print("5<3:", W)
print()
```

```
# Datentyp
W = 5>3
print("Typ von 5>3: ", type(W))
print()
```
```
# wahre Zahl
Z = 5 + 0.001 - 5
print("Zahl:", Z)
if Z:
    print("Zahl ist", bool(Z))

# nicht wahre Zahl
Z = 5.75 - 5.75
print("Zahl:", Z)
if not Z:
    print("Zahl ist", bool(Z))
print()
```
```
# String
S = "Kurt"
print("String:", S)
if S:
    print("String ist nicht leer, also", bool(S))
print()
```
```
# Liste
L = [3,4]
print("Liste vorher:", L)
del L[0:2]
print("Liste nachher:", L)
if not L:
    print("Liste ist leer, also", bool(L))
print()
```
```
# Tupel
T = (5,8,2)
print("Tupel:", T)
if T:
    print("Tupel ist nicht leer, also", bool(T))
print()
```
```
# Dictionary
D = {"Julia":28, "Werner":32}
print("Dictionary vorher:", D)
```

```
del D["Julia"]
del D["Werner"]
print("Dictionary nachher:", D)
if not D:
    print("Dictionary ist leer, also", bool(D))
print()
```

Set
```
# Set
S = set([5, 7.5, "abc"])
print("Set vorher:", S)
S.clear()
print("Set nachher:", S)
if not S:
    print("Set ist leer, also", bool(S))
print()
```

Listing 4.34 Datei wahrheitswert.py

Das Programm erzeugt die Ausgabe:

```
Wahrheitswert: True
Wahrheitswert: False
5>3: True
5<3: False

Typ von 5>3:  <class 'bool'>

Zahl: 0.001
Zahl ist True
Zahl: 0.0
Zahl ist False
String: Kurt
String ist nicht leer, also True

Liste vorher: [3, 4]
Liste nachher: []
Liste ist leer, also False

Tupel: (5, 8, 2)
Tupel ist nicht leer, also True

Dictionary vorher: {'Werner': 32, 'Julia': 28}
Dictionary nachher: {}
Dictionary ist leer, also False

Set vorher: {7.5, 'abc', 5}
Set nachher: set()
Set ist leer, also False
```

Zur Erläuterung:

▸ Der Variablen W werden Wahrheitswerte beziehungsweise die Ergeb- **Typ bool**
nisse von Vergleichsausdrücken, also auch Wahrheitswerte, zugewiesen. Der Datentyp der Wahrheitswerte ist bool.

▸ Sobald das Ergebnis einer Berechnung von 0 abweicht, ergibt sich der
Wahrheitswert True.

▸ String, Liste, Tupel, Dictionary und Set ergeben False, falls sie leer **Leere Objekte**
sind, und True, falls sie nicht leer sind. Dies können Sie zur Prüfung
der betreffenden Objekte nutzen.

Unterschiede in Python 2

Die Klammern bei der Anweisung print entfallen. Die Ausgabe des Sets lautet set([...]) statt {...}. Die Funktion type() liefert *type* statt *class*.

4.7.2 Nichts, None

Das Schlüsselwort None bezeichnet das Nichts-Objekt. None ist das ein- **NoneType**
zige Objekt des Datentyps NoneType.

Funktionen ohne Rückgabewert liefern None zurück. Dies kann ein Hin- **Rückgabewert**
weis darauf sein,

▸ dass Sie eine Funktion falsch eingesetzt haben, bei der Sie einen Rückgabewert erwartet haben, oder

▸ dass eine Funktion kein Ergebnis geliefert hat, obwohl dies erwartet
wurde.

Ein Beispiel:

```
# Funktion
def quotient(a, b):
    try:
        c = a/b
        return c
    except:
        print("Funktion meldet Fehler")

# liefert Ergebnis
erg = quotient(7,4)
if erg:
    print("Ergebnis:", erg)
print()
```

```
# liefert Fehler
erg = quotient(7,0)
if not erg:
    print("Programm meldet Fehler")
print("Ergebnis:", erg)
print("Typ des Ergebnisses:", type(erg))
print()

# Konstante None
Z = None
print("Z:", Z)
if Z is None:
    print("Objekt ist das Nichts, also", bool(Z))
```

Listing 4.35   Datei nichts.py

Die Ausgabe lautet:

```
Ergebnis: 1.75

Funktion meldet Fehler
Programm meldet Fehler
Ergebnis: None
Typ des Ergebnisses: <class 'NoneType'>

Z: None
Objekt ist das Nichts, also False
```

Zur Erläuterung:

▶ Zunächst wird die Funktion quotient() definiert. Diese berechnet den Quotient aus zwei Zahlen. Sie kann nicht den Wert 0 als Ergebnis liefern.

▶ Wenn der Quotient regulär berechnet werden kann, wird das Ergebnis mit Hilfe von return zurückgeliefert. Dies ist beim ersten Aufruf der Funktion der Fall.

Funktion liefert None.

▶ Tritt ein Fehler auf, so wird nichts zurückgeliefert. Die Variable erg erhält also den Wert None. Dies können Sie abfragen und damit feststellen, dass die Funktion kein nutzbares Ergebnis geliefert hat.

▶ Das Nichts-Objekt hat den Wahrheitswert False.

Unterschiede in Python 2

Die Klammern bei der Anweisung print entfallen. Die Funktion type() liefert *type* statt *class*. Die Funktion quotient() wird mit 7.0 als erstem Parameter aufgerufen, damit das richtige Ergebnis berechnet wird.

4.8   Referenz, Identität und Kopie

In diesem Abschnitt erläutere ich den Zusammenhang zwischen Objekten und Referenzen. Wir untersuchen die Identität von Objekten und erzeugen Kopien von Objekten.

4.8.1   Referenz und Identität

Der Name eines Objekts ist im Grunde nur eine Referenz auf ein Objekt.   Referenz

Die Zuweisung dieser Referenz an einen anderen Namen erzeugt eine   Operator is
zweite Referenz auf das gleiche Objekt. Mit Hilfe des Identitätsoperators
is können Sie feststellen, dass die beiden Referenzen auf das gleiche
Objekt verweisen.

Wird das Objekt über die zweite Referenz geändert, so zeigt sich eines
der beiden folgenden Verhalten:

▶ Im Fall eines einfachen Objekts wie Zahl oder String wird ein zweites   Zweites Objekt
   Objekt erzeugt, in dem der neue Wert gespeichert wird. Die beiden
   Referenzen verweisen dann auf zwei verschiedene Objekte.

▶ Im Fall eines nicht einfachen Objekts wie Liste, Dictionary usw. wird   Zweite Referenz
   das Originalobjekt geändert. Es gibt nach wie vor ein Objekt mit zwei
   verschiedenen Referenzen.

Mit Hilfe des Operators == stellen Sie fest, ob zwei Objekte den gleichen
Inhalt haben, ob also z. B. zwei Listen die gleichen Elemente enthalten.

Im folgenden Beispiel werden nacheinander eine Zahl, ein String und   Operatoren is, ==
eine Liste erzeugt und zweimal referenziert. Anschließend wird der zweiten Referenz jeweils ein neuer Inhalt zugewiesen. Identität und Inhalt
werden anhand der beiden Operatoren is und == festgestellt.

```
# Kopie einer Zahl
print("Zahl:")
x = 12.5
y = x
print("gleiches Objekt:", x is y)
y = 15.8
print("gleiches Objekt:", x is y)
print("gleicher Inhalt:", x == y)
print()

# Kopie eines Strings
print("String:")
```

```
x = "Robinson"
y = x
print("gleiches Objekt:", x is y)
y = "Freitag"
print("gleiches Objekt:", x is y)
print("gleicher Inhalt:", x == y)
print()

# Zweite Referenz auf eine Liste
print("Liste:")
x = [23,"hallo",-7.5]
y = x
print("gleiches Objekt:", x is y)
y[1] = "welt"
print("gleiches Objekt:", x is y)
```

Listing 4.36 Datei referenz.py

Es wird die folgende Ausgabe erzeugt:

```
Zahl:
gleiches Objekt: True
gleiches Objekt: False
gleicher Inhalt: False

String:
gleiches Objekt: True
gleiches Objekt: False
gleicher Inhalt: False
Liste:
gleiches Objekt: True
gleiches Objekt: True
```

Zur Erläuterung:

▶ Die Ausgabe zeigt, dass die Objekte zunächst jeweils identisch sind.

Zweites Objekt ▶ Nach der Zuweisung eines neuen Werts zeigt sich, dass im Fall von Zahl und String ein zweites Objekt erzeugt wird. Da die beiden neuen Objekte durch Zuweisung eines anderen Werts entstanden sind, sind natürlich auch die Inhalte unterschiedlich.

Zweite Referenz ▶ Die Liste (hier stellvertretend auch für andere Objekte) existiert insgesamt nur einmal, auch wenn einzelne Elemente der Liste verändert wurden. Sie können über beide Referenzen auf die Liste zugreifen.

Unterschiede in Python 2

Die Klammern bei der Anweisung print entfallen.

4.8.2 Ressourcen sparen

Python spart gerne Ressourcen. Dies kann zu einem ungewöhnlichen Verhalten führen: Wenn einem Objekt über eine Referenz ein Wert zugewiesen wird *und* auf denselben Wert bereits von einer anderen Referenz verwiesen wird, so kann es geschehen, dass die beiden Referenzen anschließend auf dasselbe Objekt verweisen. Python spart also Speicherplatz.

Speicherplatz sparen

Die Anweisung del dient zur Löschung von nicht mehr benötigten Referenzen. Ein Objekt, auf das zwei Referenzen verweisen, wird durch das Löschen der ersten Referenz nicht gelöscht. Ein Beispiel:

Referenz löschen

```
# Ein Objekt, zwei Referenzen
x = 42
y = 42
print("x:", x, "y:", y, "identisch:", x is y)

# Zweites Objekt
y = 56
print("x:", x, "y:", y, "identisch:", x is y)

# Ressourcen sparen
y = 42
print("x:", x, "y:", y, "identisch:", x is y)
# Entfernen, Schritt 1
del y
print("x:", x)
# Entfernen, Schritt 2
del x
try:
    print("x:", x)
except:
    print("Fehler")
```

Listing 4.37 Datei ressourcen.py

Es wird die folgende Ausgabe erzeugt:

```
x: 42 y: 42 identisch: True
x: 42 y: 56 identisch: False
x: 42 y: 42 identisch: True
```

```
x: 42
Fehler
```

Zur Erläuterung:

Ein Objekt ▸ Zunächst erhalten die Referenzen x und y den gleichen Wert. Sie stellen fest: Es handelt sich nur um ein Objekt mit zwei Referenzen.

Zwei Objekte ▸ Der Wert von y wird geändert. Damit gibt es nun zwei Referenzen auf zwei verschiedene Objekte.

Ein Objekt ▸ Der Wert von y wird wieder auf den früheren Wert zurückgesetzt. Nun gibt es wieder nur noch ein Objekt.

▸ Die Referenz y wird gelöscht. Das Objekt existiert weiterhin und kann über die Referenz x erreicht werden.

▸ Die Referenz x wird gelöscht. Nun führt die Ausgabe über diese Referenz zu einem Fehler, da der Name nicht mehr existiert.

Unterschiede in Python 2

Die Klammern bei der Anweisung print entfallen.

4.8.3   Objekte kopieren

copy.deepcopy() Echte Kopien von nicht einfachen Objekten können Sie durch Erzeugen eines leeren Objekts und Anhängen oder Hinzufügen der einzelnen Elemente erzeugen. Für umfangreiche Objekte, die wiederum andere Objekte enthalten, können Sie sich auch der Funktion deepcopy() aus dem Modul copy bedienen. Beide Vorgehensweisen zeigt das folgende Programm.

```
# Modul copy
import copy

# Kopie einer Liste, Methode 1
x = [23,"hallo",-7.5]
y = []
for i in x:                 # Elemente einzeln kopieren
    y.append(i)
print("gleiches Objekt:", x is y)
print("gleicher Inhalt:", x == y)
print()

# Kopie einer Liste, Methode 2
x = [23,["Berlin","Hamburg"],-7.5,12,67]
y = copy.deepcopy(x)        # Funktion zur Tiefenkopie
```

```
print("gleiches Objekt:", x is y)
print("gleicher Inhalt:", x == y)
```

Listing 4.38   Datei kopieren.py

Das Programm erzeugt die Ausgabe:

```
gleiches Objekt: False
gleicher Inhalt: True

gleiches Objekt: False
gleicher Inhalt: True
```

Zur Erläuterung:

▶ Die Ausgabe zeigt, dass in beiden Fällen jeweils ein neues Objekt erzeugt wurde. Die Inhalte der beiden Objekte sind allerdings gleich.

Unterschiede in Python 2

Die Klammern bei der Anweisung print entfallen.

5   Weiterführende Programmierung

In diesem Kapitel werden die Kenntnisse aus dem Programmierkurs im Zusammenhang mit den verschiedenen Objekttypen durch nützliche Praxistipps erweitert.

5.1   Allgemeines

Im ersten Teil des Kapitels erläutere ich einige nützliche Techniken, die keinem bestimmten Thema zuzuordnen sind.

5.1.1   Kombinierte Zuweisungsoperatoren

Neben der einfachen Zuweisung eines Werts zu einer Variablen gibt es auch die kombinierten Zuweisungsoperatoren. Diese verbinden die normalen Operatoren für Zahlen oder Zeichenketten mit der Zuweisung eines Wertes. Die betreffende Variable wird also unmittelbar um den genannten Wert verändert. Dies ist besonders bei umfangreichen Ausdrücken oder bei längeren Variablennamen sinnvoll. Ein Beispiel:

Der Ausdruck `TemperaturInCelsius += 5` ist überschaubarer als der Ausdruck `TemperaturInCelsius = TemperaturInCelsius + 5`. Beide Ausdrücke erhöhen den Wert der Variablen `TemperaturInCelsius` um 5.

Es folgt ein Beispiel, in dem kombinierte Zuweisungsoperatoren für Zahlen und für Zeichenketten eingesetzt werden.

```
# Kombinierte Zuweisungsoperatoren fuer Zahlen
x = 12
print(x)

x += 3      # Erhoehen von x
print(x)

x -= 9      # Vermindern von x
print(x)

x **= 2     # Quadrieren von x
print(x)
```

Kürzere Schreibweise

139

```
x *= 3        # Verdreifachen von x
print(x)

x //= 7       # ganzzahliges Teilen von x
print(x)

x /= 4        # Teilen von x
print(x)

x %= 2        # Dividieren, Rest berechnen
print(x)

# Kombinierte Zuweisungsoperatoren fuer Zeichenketten
t = " hallo"
print(t)

t += " python"    # Anhaengen an t
print(t)

t *= 3        # Verdreifachen von t
print(t)
```

Listing 5.1 Datei zuweisung_kombiniert.py

Die Ausgabe:

```
12
15
6
36
108
15
3.75
1.75
 hallo
 hallo python
 hallo python hallo python hallo python
```

Zur Erläuterung:

► Die Variable x erhält zunächst den Wert 12. Durch die anschließenden Anweisungen wird der Wert von x jedes Mal verändert.

+= = **= *= ► Die Variable x wird um 3 erhöht (= 15), anschließend um 9 vermindert (= 6), dann hoch 2 gerechnet (= 36) und mit 3 multipliziert (= 108).

▶ Es folgt eine Ganzzahldivision: 108 / 7 = 15.428... Die Nachkomma-   //= /= %=
stellen werden dabei abgeschnitten. Die verbleibende Zahl (15) wird
durch 4 geteilt (= 3,75). Zuletzt wird der Rest der Division durch 2
berechnet (= 1,75).

▶ Die Variable t erhält zunächst den Wert hallo.

▶ Sie wird anschließend verlängert und vervielfacht.   += *=

Bei all diesen Operationen ist darauf zu achten, dass die betreffende Variable vorher bereits einen Wert hat, sonst tritt ein Fehler auf.

Unterschiede in Python 2

Die Klammern bei der Anweisung print entfallen. Die kombinierte Division
muss x /= 4.0 lauten, damit das richtige Ergebnis berechnet wird.

5.1.2   Programmzeile in mehreren Zeilen

In Abschnitt 2.3.6, »Lange Ausgaben«, wurde bereits erläutert, wie Sie   Zeichen \
eine lange Zeichenkette bei Einsatz der Funktion print() über mehrere
Zeilen verteilen. In diesem Abschnitt zeige ich, wie Sie lange Programmzeilen generell zerlegen können, unter anderem mit Hilfe des Zeichens \.
Ein Beispiel:

```
print("Umrechnung von Celsius in Fahrenheit")

# Trennung einer Zeichenkette
print("Bitte geben Sie eine"
      " Temperatur in Celsius ein: ")
TemperaturInCelsius = float(input())

# Trennung eines Ausdrucks
TemperaturInFahrenheit = TemperaturInCelsius * 9 / 5 + 32

# Trennung nach einem Komma
print(TemperaturInCelsius, "Grad Celsius entsprechen",
      TemperaturInFahrenheit, "Grad Fahrenheit")
```

Listing 5.2   Datei zeile_lang.py

Die Ausgabe lautet:

```
Umrechnung von Celsius in Fahrenheit
Bitte geben Sie eine Temperatur in Celsius ein:
5.2
5.2 Grad Celsius entsprechen 41.36 Grad Fahrenheit
```

Zur Erläuterung:

▶ Zunächst wird eine Zeichenkette in gewohnter Weise zerlegt und in zwei Zeilen geschrieben. Jeder Teil der Zeichenkette wird in Anführungszeichen gesetzt. Ein trennendes Leerzeichen zwischen den beiden Teilen muss von Hand eingegeben werden.

Zeichen \ ▶ Eine längere Programmzeile mit einer Berechnung wird mit Hilfe des Zeichens \ zerlegt. Dieses Zeichen zeigt an, dass die Programmzeile in der nächsten Zeile fortgesetzt wird.

Nach Komma trennen ▶ Einfacher ist die Zerlegung der Programmzeile, wenn darin Kommata auftreten, wie zum Beispiel beim Aufruf einer Funktion mit mehreren Parametern oder bei der Zuweisung einer Liste. Hier können Sie einfach nach einem Komma trennen.

Unterschiede in Python 2

Die Klammern bei der Anweisung print entfallen. Es wird das Zeichen \ für den Umbruch aller langen Programmzeilen eingesetzt.

5.1.3 Eingabe mit Hilfestellung

input() Die eingebaute Funktion input() zur Eingabe von Zeichenketten hat einen optionalen Parameter. Dabei handelt es sich um eine Zeichenkette, die eine hilfreiche Information für die Eingabe enthalten sollte. Dies spart eine Zeile mit der Funktion print().

Im folgenden Beispiel wird zunächst die Summe aus drei eingegebenen Zahlen berechnet. Anschließend wird der Benutzer aufgefordert, den jeweiligen Namen der Hauptstadt eines von insgesamt drei Ländern einzugeben.

```
# Berechnung einer Summe
summe = 0
for i in range (1,4):
    fehler = True
    while fehler:
        zahl = input(str(i) + ". Zahl eingeben: ")
        try:
            summe += float(zahl)
            fehler = False
        except:
            print("Das war keine Zahl")
            fehler = True
```

```
print("Summe:", summe)
print()

# Geografiespiel
hauptstadt = {"Italien":"Rom", "Spanien":"Madrid",
              "Portugal":"Lissabon"}
hs = hauptstadt.items()

for land, stadt in hs:
    eingabe = input("Bitte die Hauptstadt von "
                    + land + " eingeben: ")
    if eingabe==stadt:
        print("Richtig")
    else:
        print("Falsch, richtig ist:", stadt)
```

Listing 5.3 Datei eingabe_hilfe.py

Die Ausgabe lautet:

```
1. Zahl eingeben: 4
2. Zahl eingeben: 6,7
Das war keine Zahl
2. Zahl eingeben: 6.7
3. Zahl eingeben: 2
Summe: 12.7

Bitte die Hauptstadt von Spanien eingeben: Madrid
Richtig
Bitte die Hauptstadt von Italien eingeben: Neapel
Falsch, richtig ist: Rom
Bitte die Hauptstadt von Portugal eingeben: Lissabon
Richtig
```

Zur Erläuterung:

▶ Bei der Eingabe zur Berechnung einer Summe wird als Hilfestellung die laufende Nummer der einzugebenden Zahl ausgegeben. Es ist zu beachten, dass diese Nummer in eine Zeichenkette umgewandelt und mit dem restlichen Kommentar verkettet werden muss.

▶ Aufgrund der Ausnahmebehandlung muss eine fehlerhafte Eingabe wiederholt werden. In diesem Fall wird wieder die gleiche laufende Nummer als Hilfestellung ausgegeben.

▶ Bei der Zeichenketteneingabe wird das erste Element des jeweiligen Tupel-Elements, also das Land, mit ausgegeben. Der Benutzer gibt die Hauptstadt ein und erhält eine Rückmeldung, ob seine Eingabe richtig oder falsch ist.

Unterschiede in Python 2

Die Klammern bei der Anweisung print entfallen. Die Funktion zur Eingabe (auch mit Hilfestellung) heißt raw_input().

5.1.4 Anweisung »pass«

Nichts ausführen

Die Anweisung pass bewirkt, dass nichts ausgeführt wird. Wozu existiert sie dann? Einige mögliche Einsatzzwecke sind:

Funktions-
Dummy

▶ Sie entwickeln ein Programm, in dem unter anderem eine Funktion aufgerufen wird. In der ersten Entwicklungsphase soll das Hauptprogramm geschrieben werden. Der Funktionsaufruf soll bereits an der richtigen Stelle platziert werden, aber noch keine Auswirkungen haben. Die Funktionsdefinition enthält in diesem Fall nur die Anweisung pass.

▶ Das Programm enthält eine einfache oder mehrfache Verzweigung, bei der in einem bestimmten Zweig nichts ausgeführt werden soll. Dieser Zweig soll aber trotzdem erscheinen, um den Programmablauf klarer zu machen.

Ein Programm mit Beispielen zu diesen Fällen sähe wie folgt aus:

```
# Funktions-Dummy
def QuadraturDesKreises():
    pass

# Funktionsaufruf
QuadraturDesKreises()

# Nur else-Zweig interessant
a = -12
b = 6
c = 6.2

if a >= 0 and b >= 0 and c >= 0:
    pass
else:
    print("Eine der Zahlen ist negativ")
```

```
# Ein Zweig nicht interessant
if a == 1:
    print("Fall 1")
elif a == 2:
    print("Fall 2")
elif a < 0:
    pass
else:
    print("Ansonsten")
```

Listing 5.4 Datei anweisung_pass.py

Die Ausgabe lautet:

```
Eine der Zahlen ist negativ
```

Zur Erläuterung:

► Die Funktion QuadraturDesKreises() dient vorerst nur als Dummy und wird erst zu einem späteren Zeitpunkt mit Inhalten gefüllt. Sie ist aber bereits im Programm eingebaut und kann aufgerufen werden.

► Bei der einfachen Verzweigung soll nur im else-Zweig eine Ausgabe erfolgen.

► Bei der mehrfachen Verzweigung soll nur eine der drei möglichen Ausgaben erfolgen, falls der untersuchte Wert größer oder gleich 0 ist.

Unterschiede in Python 2

Die Klammern bei der Anweisung print entfallen.

5.1.5   Funktionen »eval()« und »exec()«

Die Funktionen eval() und exec() dienen zum Zusammensetzen von Python-Code. Mit diesen Funktionen lassen sich Anweisungen dynamisch aus Zeichenketten bilden.

► Die Funktion eval() evaluiert den zusammengesetzten Ausdruck, ermittelt also den Wert (engl.: *value*) des Ausdrucks.   **Auswerten**

► Die Funktion exec() führt eine zusammengesetzte Anweisung aus.   **Ausführen**

Ein Beispiel:

```
import math

# Zwei Funktionen
def mw1(a,b):
```

```
        c = (a+b)/2
        return c

def mw2(a,b):
    c = math.sqrt(a*b)
    return c

# eval
for i in 1,2:
    t = "mw" + str(i) + "(3,4)"
    c = eval(t)
    print(c)
print()

# exec
for i in 1,2:
    t = "print(mw" + str(i) + "(3,4))"
    exec(t)
```

Listing 5.5   Datei eval_exec.py

Folgende Ausgabe wird erzeugt:

```
3.5
3.46410161514

3.5
3.46410161514
```

Zur Erläuterung:

▶ Es werden zunächst die Funktion mw1() zur Ermittlung des arithmetischen Mittelwerts und die Funktion mw2() zur Ermittlung des geometrischen Mittelwerts zweier Zahlen definiert.

▶ Die Namen der beiden Funktionen, mw1 und mw2, unterscheiden sich nur geringfügig.

Ausdruck zusammensetzen

▶ Für den Aufruf von eval() werden zwei Ausdrücke in Zeichenketten zusammengesetzt: "mw1(3,4)" und "mw2(3,4)". Mit Hilfe dieser Zusammensetzung können die beiden Aufrufe erfolgen: c = mw1(3,4) und c = mw2(3,4). Der Rückgabewert wird jeweils in der Variablen c gespeichert, die anschließend ausgegeben wird.

Anweisung zusammensetzen

▶ Für den Aufruf von exec() werden zwei Anweisungen in Zeichenketten zusammengesetzt: "print(mw1(3,4))" und "print(mw2(3,4))". Diese beiden Anweisungen werden ausgeführt. Der Rückgabewert wird direkt ausgegeben.

Ein weiteres Beispiel für die Anwendung der Funktion `eval()` finden Sie in den Abschnitten 11.3.2, »Ein einfacher Taschenrechner«, und 11.3.3, »Methode grid()«.

5.2 Ausgabe und Formatierung

In diesem Abschnitt erläutere ich weitere Möglichkeiten zur Ausgabe mit Hilfe der Funktion `print()` und zur Formatierung von Ausgaben.

5.2.1 Funktion »print()«

Die Funktion `print()` haben wir bereits mehrfach eingesetzt. Sie bietet noch weitere Möglichkeiten:

▶ Der Separator, der die ausgegebenen Objekte voneinander trennt, kann verändert werden. Er wird mit `sep` bezeichnet. Normalerweise wird ein Leerzeichen zur Trennung ausgegeben. **Separator**

▶ Das Zeilenende, das normalerweise nach einer Ausgabe folgt, kann verändert werden. Es wird mit `end` bezeichnet. **Zeilenende**

Ein Beispiel:

```
# Berechnung
a = 23
b = 7.5
c = a + b

# normale Ausgabe
print("Ergebnis:", a, "+", b, "=", c)

# Ausgabe ohne Zeilenende und Leerzeichen
print("Ergebnis: ", end="")
print(a, "+", b, "=", c, sep="")

# Neue Zeile
print()
```

```
# Liste
stadt = ["Hamburg", "Berlin", "Augsburg"]
for x in stadt:
    print(x)
for x in stadt:
    print("Stadt", x, sep="=>", end=" # ")
```

Listing 5.6 Datei funktion_print.py

Die Ausgabe sieht wie folgt aus:

```
Ergebnis: 23 + 7.5 = 30.5
Ergebnis: 23+7.5=30.5

Hamburg
Berlin
Augsburg
Stadt=>Hamburg # Stadt=>Berlin # Stadt=>Augsburg #
```

Zur Erläuterung:

▶ Zunächst wird die normale Ausgabe einer Berechnung erzeugt, mit Leerzeichen zwischen den einzelnen Elementen.

▶ Es folgen zwei Anweisungen, jeweils mit der Funktion `print()`. Bisher führte dies dazu, dass zwei Ausgabezeilen erzeugt wurden.

end   ▶ Weisen Sie allerdings dem Parameter `end` eine leere Zeichenkette zu, so wird am Ende der Zeile nichts ausgegeben. Die nächste Ausgabe erfolgt dann in der gleichen Zeile.

sep   ▶ Bei der nächsten Ausgabe wurde dem Parameter `sep` eine leere Zeichenkette zugewiesen. Dies führt dazu, dass die Ausgaben ohne Leerzeichen direkt hintereinander stehen.

▶ Es folgt die Ausgabe der Elemente einer Liste, zunächst in gewohnter Form. In der zweiten Version werden sowohl der Separator als auch das Zeilenende verändert.

Unterschiede in Python 2

Die Anweisung `print` in Python 2 bietet nicht die komfortablen Möglichkeiten der Funktion `print()` aus Python 3. Im folgenden Programm wurde die gleiche Ausgabe mit anderen Mitteln erzeugt:

```
# Berechnung
a = 23
b = 7.5
c = a + b
```

```
# normale Ausgabe
print "Ergebnis:", a, "+", b, "=", c

# Ausgabe ohne Zeilenende und Leerzeichen
print "Ergebnis: " + str(a) + "+" + str(b) \
    + "=" + str(c)

# Neue Zeile
print

# Liste
stadt = ["Hamburg", "Berlin", "Augsburg"]
for x in stadt:
    print x
ausgabe = ""
for x in stadt:
    ausgabe += "Stadt" + "=>" + x + " # "
print ausgabe
```

Listing 5.7 Datei funktion_print.py für Python 2

Zur Erläuterung:

▶ Das Weglassen der Leerzeichen zwischen den einzelnen Ausgaben erreichen Sie durch den Einsatz des Operators +, der Ausgaben direkt anein-
anderkettet. Allerdings müssen Sie dazu vorher die Zahlen mit der Funktion str() in Zeichenketten umwandeln.

▶ Das Trennen einzelner Ausgabeelemente durch bestimmte Trennzeichen
wurde erreicht, indem die Ausgabe stückweise in einer Variablen zusammengesetzt und erst anschließend vollständig ausgegeben wird.

5.2.2 Formatierte Ausgabe

Schleifen unterstützen unter anderem die Durchführung von Berechnungen für eine Liste von Werten. Bei der Ausgabe steht man häufig vor dem
Problem, diese Werte übersichtlich in Tabellenform anzuordnen.

Die eingebaute Funktion format() bietet Möglichkeiten für eine einheitliche, formatierte Ausgabe von Zahlen und Zeichenketten. Sie können
unter anderem:

format()

▶ die Mindestausgabebreite der Zahlen bestimmen

▶ die Anzahl der Nachkommastellen bestimmen

Breite, Anzahl
Stellen

Zunächst sollen zwei Zahlen mit Nachkommastellen auf verschiedene
Arten ausgegeben werden:

```
# 1: Zahl mit Nachkommastellen
x = 100/7
y = 2/7
print("Zahlen:")
print(x, y)
print()

# 2: Format f
print("Format f")
print("{0:f} {0:f} {1:f}".format(x,y))
print("{0:15.10f} {1:.25f}".format(x,y))
print()

# 3: Format e
print("Format e")
print("{0:e}".format(x))
print("{0:12.3e}".format(x))
print("{0:.3e}".format(x))
print()

# 4: Format %
print("Format %")
print("{0:%}".format(y))
print("{0:12.3%}".format(y))
print("{0:.3%}".format(y))
```

Listing 5.8 Datei ausgabe_formatieren.py

Folgende Ausgabe wird erzeugt:

```
Zahlen:
14.285714285714286 0.2857142857142857

Format f
14.285714 14.285714 0.285714
  14.2857142857 0.2857142857142856984253854

Format e
1.428571e+01
   1.429e+01
1.429e+01

Format %
28.571429%
     28.571%
28.571%
```

Zur Erläuterung:

▶ Zu Block 1: Die Variablen x und y erhalten den Wert von `100/7` beziehungsweise von `2/7`. Sie werden zunächst unformatiert ausgegeben. Dies führt zu einer Ausgabe in einer Gesamtbreite von 13 Stellen. Die Anzahl der Nachkommastellen richtet sich nach der Größe der Zahl.

▶ Zu Block 2: Es wird eine Ausgabezeichenkette gebildet, in der die gewünschten Formate stehen. Diese Ausgabezeichenkette ist ein Objekt. Für dieses Objekt wird die Methode `format()` aufgerufen. Parameter der Methode `format()` sind die auszugebenden Variablen beziehungsweise Werte.

▶ Die auszugebenden Variablen beziehungsweise Werte werden intern nummeriert, beginnend bei 0. Diese Nummer wird in der Ausgabezeichenkette benötigt.   *Laufende Nummer*

▶ Die Ausgabezeichenkette enthält normalen Text und Ausdrücke in geschweiften Klammern. Diese Ausdrücke in geschweiften Klammern bestehen wiederum aus   *Geschweifte Klammern*

     ▸ den oben genannten laufenden Nummern der Variablen beziehungsweise des Werts,

     ▸ einem Doppelpunkt und

     ▸ einer Formatierungsangabe.

▶ Die erste Formatierungsangabe in Block 2 ist ein einzelnes `f`. Es steht für: Ausgabe als Zahl mit sechs Nachkommastellen. Die Variable x (laufende Nummer 0) wird zweimal in dieser Form ausgegeben, die Variable y (laufende Nummer 1) einmal.   *Format f*

▶ Die zweite Formatierungsangabe in Block 2 enthält die folgenden Angaben:

     ▸ Variable x (laufende Nummer 0) in `15.10f`: Breite der Ausgabe insgesamt 15 Stellen, Zahl rechtsbündig, 10 Stellen nach dem Komma

     ▸ Variable y (laufende Nummer 1) in `.25f`: unbestimmte Breite der Ausgabe gesamt, 25 Stellen nach dem Komma

▶ Das Format `e` in Block 3 steht für das Exponentialformat.   *Format e*

     ▸ Ein einfaches `e` bedeutet: Ausgabe mit einer Stelle vor dem Komma, sechs Stellen nach dem Komma, mit Exponent.

     ▸ Die Angabe `12.3e` bedeutet: Breite der Ausgabe insgesamt 12 Stellen inklusive Exponent, Zahl rechtsbündig, 1 Stelle vor dem Komma, 3 Stellen nach dem Komma, mit Exponent.

▸ Die Angabe .3e bedeutet: Breite der Ausgabe gesamt ist unbestimmt, drei Stellen nach dem Komma, mit Exponent.

Format % ▸ Das Format % in Block 4 steht für das Prozentformat. Die Zahl wird für die Ausgabe mit 100 multipliziert, intern bleibt die Zahl unverändert.

▸ Ein einfaches % bedeutet: Ausgabe mit sechs Stellen nach dem Komma, gefolgt von einem Prozentzeichen.

▸ Die Angabe 12.3% bedeutet: Breite der Ausgabe insgesamt 12 Stellen inklusive Prozentzeichen, Zahl rechtsbündig, 3 Stellen nach dem Komma, Prozentzeichen.

▸ Die Angabe .3% bedeutet: Breite der Ausgabe insgesamt ist unbestimmt, drei Stellen nach dem Komma, mit Prozentzeichen.

Unterschiede in Python 2

Die Klammern bei der Anweisung print entfallen.

Es folgt ein Beispiel für die Ausgabe von ganzen Zahlen und Zeichenketten:

```
# Formatierung von Zeichenketten
print("{0:>4}{1:>9}{2:>4}{3:>4}".format
    ("dez", "dual", "okt", "hex"))
# Formatierung ganzer Zahlen
for z in range(59,69):
    print("{0:4d}{0:9b}{0:4o}{0:4x}".format(z))
print()


# Tabelle mit verschiedenen Objekten
fm = "{0:04d}{1:>12}{2:4d}{3:8.2f} Euro{4:8.2f} Euro"
artname = {23:"Apfel", 8:"Banane", 42:"Pfirsich"}
anzahl = {23:1, 8:3, 42:5}
epreis = {23:2.95, 8:1.45, 42:3.05}

print("{0:>4}{1:>12}{2:>4}{3:>13}{4:>13}".format
    ("Nr", "Name", "Anz", "EP", "GP"))
for x in 23, 8, 42:
    print(fm.format(x, artname[x], anzahl[x],
        epreis[x], anzahl[x] * epreis[x]))
```

Listing 5.9 Datei ausgabe_tabelle.py

Die Ausgabe sieht wie folgt aus:

```
dez      dual okt hex
 59    111011  73  3b
 60    111100  74  3c
 61    111101  75  3d
 62    111110  76  3e
 63    111111  77  3f
 64   1000000 100  40
 65   1000001 101  41
 66   1000010 102  42
 67   1000011 103  43
 68   1000100 104  44

  Nr       Name Anz          EP          GP
0023      Apfel   1    2.95 Euro    2.95 Euro
0008     Banane   3    1.45 Euro    4.35 Euro
0042   Pfirsich   5    3.05 Euro   15.25 Euro
```

Zur Erläuterung:

▶ Zeichenketten werden standardmäßig linksbündig ausgegeben. Zahlen werden standardmäßig rechtsbündig ausgegeben.

▶ Als Erstes werden im Programm vier Zeichenketten formatiert ausgegeben. Nach der laufenden Nummer (0 bis 3) folgt das Zeichen > für rechtsbündig und die Gesamtbreite der Ausgabe (4 beziehungsweise 9). Das Zeichen < würde für linksbündig stehen. *Rechtsbündig >*

▶ Es folgt eine einheitlich formatierte Zahlentabelle. Die Zahlen von 59 bis 68 werden nacheinander ausgegeben als: *Formate d, b, o, x*

  ▶ Dezimalzahl (Zeichen d, hier in Gesamtbreite 4)

  ▶ Binärzahl beziehungsweise Dualzahl (Zeichen b, hier in Gesamtbreite 9)

  ▶ Oktalzahl (Zeichen o, hier in Gesamtbreite 4)

  ▶ Hexadezimalzahl (Zeichen x, hier in Gesamtbreite 4)

▶ Zum Abschluss folgt noch eine kleine Artikeltabelle. Die Formatierungsangabe wird einheitlich festegelegt und als Zeichenkette gespeichert. Dies hat den Vorteil, dass sie mehrmals im Programm verwendet werden kann. Die Zeichenkette enthält Formate für ganze Zahlen, Zahlen mit Nachkommastellen und Zeichenketten sowie Text. *Mehrmals verwenden*

▶ Es werden drei Dictionarys angelegt: für Artikelname, Anzahl und Einzelpreis. Alle Elemente der Dictionarys werden einheitlich ausgegeben, zusammen mit dem ermittelten Gesamtpreis.

Führende Nullen ▸ Steht vor der Angabe der Gesamtbreite eine Null, so wird die Zahl mit führenden Nullen bis zur angegebenen Gesamtbreite aufgefüllt. Dies ist bei der ersten Spalte der Fall.

Unterschiede in Python 2

Die Klammern bei der Anweisung print entfallen. Es wird das Zeichen \ für den Umbruch von langen Programmzeilen eingesetzt.

Übung u_tabelle

Schreiben Sie das Programm aus der Übung *u_range_inch* so um, dass die folgende Ausgabe (mit Überschrift) erzeugt wird. Die Beträge für inch und cm sollen jeweils mit zwei Nachkommastellen angezeigt und rechtsbündig ausgerichtet werden (Datei *u_tabelle.py*).

```
 inch     cm
 15.0   38.1
 20.0   50.8
 25.0   63.5
 30.0   76.2
 35.0   88.9
 40.0  101.6
```

5.3 Conditional Expression

Kürzere
Schreibweise

Eine *Conditional Expression* (d. h. ein bedingter Ausdruck) kann als Schreibabkürzung für eine einfache Verzweigung dienen. Sie ist allerdings etwas schwerer lesbar. Ein Programm mit zwei Beispielen:

```
x = -12
y = 15

# Ausdruck zur Zuweisung
max = x if x>y else y
print(max)

# Ausdruck zur Ausgabe
print("positiv" if x>0 else "negativ oder 0")
```

Listing 5.10 Datei conditional_expression.py

Das Programm erzeugt die Ausgabe:

```
15
negativ oder 0
```

Zur Erläuterung:

▶ Die erste Anweisung mit dem bedingten Ausdruck liest sich wie folgt: Die Variable `max` erhält den Wert von `x`, falls `x` größer als `y` ist; anderenfalls erhält die Variable `max` den Wert von `y`.

▶ Die zweite Anweisung mit dem bedingten Ausdruck liest sich wie folgt: Gib die Zeichenkette `positiv` aus, falls `x` größer als 0 ist, ansonsten gib `negativ` oder 0 aus.

Unterschiede in Python 2

Die Klammern bei der Anweisung `print` entfallen.

5.4   Iterierbare Objekte

Eine Abfolge von Objekten, die zum Beispiel in einer `for`-Schleife durchlaufen werden kann, nennt man auch *iterierbares Objekt* oder kurz *Iterable*. Listen, Zeichenketten, Tupel, Dictionarys und andere Objekte sind iterierbar. Sie können iterierbare Objekte unter anderem in `for`-Schleifen benutzen.

Iterable

Es gibt eine Reihe von Funktionen, die mit iterierbaren Objekten arbeiten und die dem Entwickler viel Arbeit abnehmen können. Als Beispiele erläutere ich im Folgenden die Funktionen `zip()`, `map()` und `filter()`.

5.4.1   Funktion »zip()«

Die Funktion `zip()` verbindet Elemente aus verschiedenen iterierbaren Objekten. Sie liefert wiederum einen Iterator, der aus den verbundenen Objekten besteht. Ein Beispiel:

Iterables verbinden

```
# Mehrere iterierbare Objekte
plz = [49808, 78224, 55411]
stadt = ["Lingen", "Singen", "Bingen"]
bundesland = ["NS", "BW", "RP"]

# Verbinden
kombi = zip(plz, stadt, bundesland)

# Ausgabe
for element in kombi:
    print(element)
```

Listing 5.11   Datei iterable_zip.py

Die Ausgabe lautet:

```
(49808, 'Lingen', 'NS')
(78224, 'Singen', 'BW')
(55411, 'Bingen', 'RP')
```

Zur Erläuterung:

▶ Zunächst werden verschiedene iterierbare Objekte erzeugt – in diesem Fall drei Listen, die die Postleitzahlen, Namen und die entsprechenden Bundesländer dreier Städte enthalten.

▶ Die Funktion `zip()` erhält drei Parameter: die drei iterierbaren Objekte. In der Funktion werden sie miteinander verbunden.

▶ Es wird das Objekt `kombi` zurückgeliefert. Die Elemente des Objekts `kombi` sind (thematisch zusammengehörige) Tupel.

▶ Diese Tupel werden mit Hilfe einer `for`-Schleife ausgegeben.

> **Unterschiede in Python 2**
>
> Die Klammern bei der Anweisung `print` entfallen.

5.4.2   Funktion »map()«

Funktionsaufrufe   Mit Hilfe der Funktion `map()` können Sie Funktionen mit einer Reihe von Werten aufrufen. Die Funktion liefert einen Iterator, der aus den Funktionsergebnissen besteht. Ein Programm mit zwei Beispielen:

```
# Funktion mit einem Parameter
def quad(x):
    erg = x * x
    return erg

# Funktion mit mehr als einem Parameter
def summe(a,b,c):
    erg = a + b + c
    return erg

# Funktion mit einem Parameter mehrmals aufrufen
z = map(quad, [4, 2.5, -1.5])

# Jedes Ergebnis ausgeben
print("Quadrat:")
for element in z:
    print(element)
print()
```

```
# Funktion mit mehr als einem Parameter mehrmals aufrufen
z = map(summe, [3, 1.2, 2], [4.8, 2], [5, 0.1, 9])

# Jedes Ergebnis ausgeben
print("Summe:")
for element in z:
    print(element)
```

Listing 5.12 Datei iterable_map.py

Die Ausgabe lautet:

```
Quadrat:
16
6.25
2.25

Summe:
12.8
3.3
```

Zur Erläuterung:

▶ Zunächst werden zwei Funktionen definiert:

  ▶ Die Funktion quad() hat einen Parameter und liefert das Quadrat dieses Werts zurück.

  ▶ Die Funktion summe() hat drei Parameter und liefert die Summe dieser drei Werte zurück.

▶ Im ersten Beispiel wird die Funktion map() mit zwei Parametern aufgerufen: **Zwei Parameter**

  ▶ Der erste Parameter ist der Name der Funktion, die für die verschiedenen Werte aufgerufen werden soll.

  ▶ Der zweite Parameter ist ein iterierbares Objekt, in dem die Werte stehen, für die die Funktion aufgerufen werden soll.

  ▶ Es wird das Objekt z zurückgeliefert. Die Elemente des Objekts z sind die Funktionsergebnisse, also die Rückgabewerte der Funktion für die verschiedenen Aufrufe.

  ▶ Diese Ergebnisse werden mit Hilfe einer for-Schleife ausgegeben.

▶ Im zweiten Beispiel wird die Funktion map() mit mehr als zwei Parametern aufgerufen: **Mehr als zwei Parameter**

  ▶ Der erste Parameter ist nach wie vor der Name der Funktion, die für die verschiedenen Werte aufgerufen werden soll.

▷ Der zweite und alle folgenden Parameter sind jeweils iterierbare Objekte, in denen die Werte stehen, für die die Funktion aufgerufen werden soll.

▷ Für die Bildung der ersten Summe wird aus jedem iterierbaren Objekt das erste Element (hier: 3, 4.8 und 5) verwendet. Für die Bildung der zweiten Summe wird aus jedem iterierbaren Objekt das zweite Element (hier: 1.2, 2 und 0.1) verwendet usw.

▷ Das kürzeste iterierbare Objekt (hier: [4.8, 2]) bestimmt (in Python 3) die Anzahl der Aufrufe. Die Funktion wird also niemals mit zu wenigen Parametern aufgerufen.

▷ Es wird das Objekt z zurückgeliefert. Die Elemente des Objekts z sind die Funktionsergebnisse, also die Rückgabewerte der Funktion für die verschiedenen Aufrufe.

▷ Diese Ergebnisse werden mit Hilfe einer for-Schleife ausgegeben.

Unterschiede in Python 2

Die Klammern bei der Anweisung print entfallen. Die iterierbaren Objekte müssen alle gleich lang sein, sonst kommt es zu einem Programmabbruch. Daher wurde in der Version für Python 2 das zweite Objekt um ein Element ergänzt.

5.4.3 Funktion »filter()«

Iterable filtern

Die Funktion filter() untersucht Elemente eines iterierbaren Objekts mit Hilfe einer Funktion. Sie liefert diejenigen Elemente, für die die Funktion den Wahrheitswert True zurückliefert. Ein Beispiel:

```
# Funktion, die True oder False liefert
def test(a):
    if a>3:
        return True
    else:
        return False


# Funktion mehrmals aufrufen
z = filter(test, [5, 6, -2, 0, 12, 3, -5])

# Ausgabe der Werte, die True ergeben
for element in z:
    print("True:", element)
```

Listing 5.13 Datei iterable_filter.py

Es wird die Ausgabe erzeugt:

```
True: 5
True: 6
True: 12
```

Zur Erläuterung:

▸ Der erste Parameter der Funktion filter() ist der Name der Funktion, die für einen untersuchten Wert True oder False liefert.

▸ Der zweite Parameter ist das iterierbare Objekt, in diesem Fall eine Liste.

▸ Es wird das iterierbare Objekt z zurückgeliefert. In dieser Liste stehen nur noch die Elemente, für die die Funktion True ergibt.

Unterschiede in Python 2

Die Klammern bei der Anweisung print entfallen.

5.5 List Comprehension

Mit Hilfe von *List Comprehensions* erzeugen Sie auf einfache Art und Weise eine Liste aus einer anderen Liste. Dabei können Sie die Elemente der ersten Liste filtern und verändern.

Liste aus Liste

In insgesamt drei Beispielen wird die herkömmliche Technik der Technik der List Comprehension gegenübergestellt:

```
# Zwei Beispiellisten
xliste = [3, 6, 8, 9, 15]
print(xliste)
yliste = [2, 13, 4, 8, 4]
print(yliste)
print()

# Beispiel 1: Version ohne List Comprehension
aliste = []
for item in xliste:
    aliste.append(item+1)
print(aliste)

# Beispiel 1: Version mit List Comprehension
aliste = [item + 1 for item in xliste]
print(aliste)
print()
```

```
# Beispiel 2: Version ohne List Comprehension
bliste = []
for item in xliste:
    if(item > 7):
        bliste.append(item + 1)
print(bliste)

# Beispiel 2: Version mit List Comprehension
bliste = [item + 1 for item in xliste if item > 7]
print(bliste)
print()

# Beispiel 3: Version ohne List Comprehension
cliste = []
for i in range(len(xliste)):
    if xliste[i] < 10 and yliste[i] < 10:
        cliste.append(xliste[i]*10 + yliste[i])
print(cliste)

# Beispiel 3: Version mit List Comprehension
cliste = [xliste[i]*10 + yliste[i]
    for i in range(len(xliste))
        if xliste[i] < 10 and yliste[i] < 10]
print(cliste)
```

Listing 5.14 Datei list_comprehension.py

Die Ausgabe lautet:

```
[3, 6, 8, 9, 15]
[2, 13, 4, 8, 4]

[4, 7, 9, 10, 16]
[4, 7, 9, 10, 16]
[9, 10, 16]
[9, 10, 16]

[32, 84, 98]
[32, 84, 98]
```

Zur Erläuterung:

▶ Zunächst werden zwei Beispiellisten gebildet. Für die Nutzung innerhalb des dritten Beispiels ist es wichtig, dass sie gleich groß sind.

▶ In Beispiel 1 wird zunächst ohne List Comprehension gearbeitet. Es wird eine leere Liste erstellt. Innerhalb einer `for`-Schleife, die über jedes Element iteriert, wird die Ergebnisliste mit Hilfe der Funktion `append()` gefüllt.

▶ Das Gleiche erreichen Sie auch in einem einzigen Schritt. Der Ausdruck `aliste = [item + 1 for item in xliste]` bedeutet: Liefere den Wert von `item+1` für jedes einzelne Element in `xliste`, dabei ist »item« der Name eines einzelnen Elements.

Alle Elemente

▶ In Beispiel 2 sehen Sie, dass Sie eine Liste auch filtern können. Es werden nur die Elemente übernommen, deren Wert größer als 7 ist. Der Ausdruck `bliste = [item + 1 for item in xliste if item > 7]` bedeutet: Liefere den Wert von `item+1` für jedes einzelne Element in `xliste`, aber nur, wenn der Wert des einzelnen Elements größer als 7 ist.

Elemente filtern

▶ Beispiel 3 zeigt, dass Sie natürlich auch eine `for`-Schleife mit `range` verwenden können. Die einzelnen Listenelemente werden über einen Index angesprochen. Im Beispiel wird eine Liste aus zwei anderen, gleich langen Listen gebildet. Dabei wird eine Filterung vorgenommen.

Mit Index

Unterschiede in Python 2

Die Klammern bei der Anweisung `print` entfallen.

5.6 Fehler und Ausnahmen

Dieser Abschnitt bietet weitergehende Erläuterungen und Programmiertechniken im Zusammenhang mit Fehlern und Ausnahmen.

5.6.1 Allgemeines

Während Sie ein Programm entwickeln und testen, treten oft noch Fehler auf. Das ist völlig normal, und häufig können Sie aus diesen Fehlern hinzulernen. Fehler lassen sich in drei Gruppen untergliedern: Syntaxfehler, Laufzeitfehler und logische Fehler.

Fehler sind normal.

Syntaxfehler bemerken Sie spätestens dann, wenn Sie ein Programm starten. Laufzeitfehler, also Fehler zur Laufzeit des Programms, die einen Programmabsturz zur Folge haben, können Sie mit einem `try-except`-Block behandeln.

Abbruch vermeiden

Logische Fehler   Logische Fehler treten auf, wenn das Programm richtig arbeitet, aber nicht die erwarteten Ergebnisse liefert. Hier hat der Entwickler den Ablauf nicht richtig durchdacht. Diese Fehler sind erfahrungsgemäß am schwersten zu finden. Dabei bietet das Debugging eine gute Hilfestellung.

5.6.2   Syntaxfehler

Falscher Code   Syntaxfehler treten zur Entwicklungszeit des Programms auf und haben ihre Ursache in falsch oder unvollständig geschriebenem Programmcode. Spätestens beim Starten eines Programms macht Python auf Syntaxfehler aufmerksam. Der Programmierer erhält eine Meldung und einen Hinweis auf die Fehlerstelle. Das Programm wird nicht weiter ausgeführt. Ein Beispiel für einen fehlerhaften Code:

```
x 12

if x > 10
    print(x
```

Listing 5.15   Datei fehler_code.py

Fehlerstelle markiert   Nach dem Start des Programms erscheint die Fehlermeldung `invalid syntax`. Im Code wird die 12 markiert, da an dieser Stelle das Gleichheitszeichen erwartet wird, siehe Abbildung 5.1. Das Programm läuft nicht weiter.

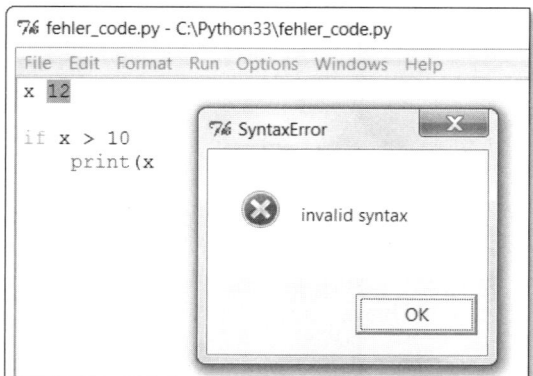

Abbildung 5.1   Anzeige des ersten Fehlers

Nach der Verbesserung des Programms wird es erneut gestartet. Es erscheint die gleiche Fehlermeldung. Der Bereich nach x > 10 wird markiert, da an dieser Stelle der Doppelpunkt erwartet wird, siehe Abbildung 5.2.

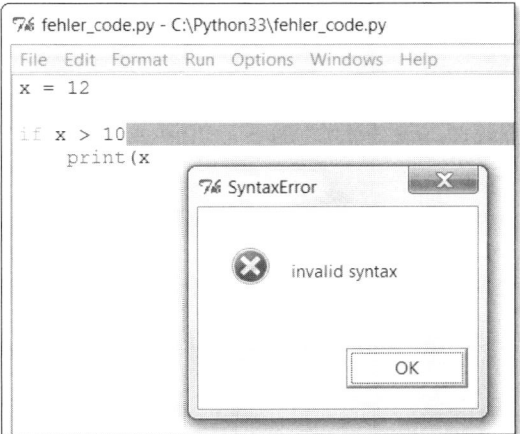

Abbildung 5.2 Anzeige des zweiten Fehlers

Nach erneuter Verbesserung des Programms wird es wieder gestartet. Es erscheint noch einmal die gleiche Fehlermeldung. Die Zeile mit print(x wird markiert, da die schließende Klammer erwartet wird, siehe Abbildung 5.3.

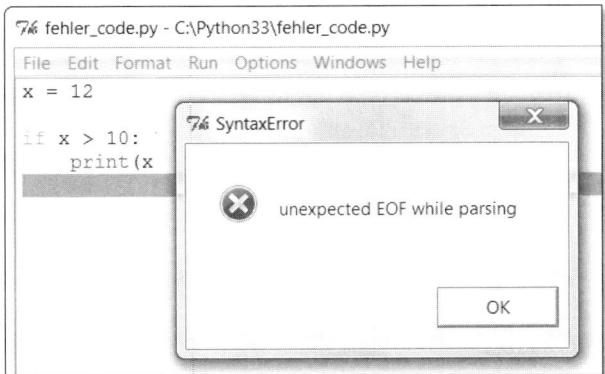

Abbildung 5.3 Anzeige des dritten Fehlers

Erst nachdem auch der letzte Fehler beseitigt wurde, läuft das Programm fehlerfrei bis zum Ende.

5.6.3 Laufzeitfehler

try-except

Ein `try-except`-Block dient zum Abfangen von Laufzeitfehlern, wie bereits in Abschnitt 3.5, »Fehler und Ausnahmen«, angesprochen. Laufzeitfehler treten auf, wenn das Programm versucht, eine unzulässige Operation durchzuführen, beispielsweise eine Division durch 0 oder das Öffnen einer nicht vorhandenen Datei.

Nicht vermeidbar

Natürlich wäre es besser, Laufzeitfehler von Anfang an zu unterbinden. Dies ist allerdings unmöglich, da es Vorgänge gibt, auf die der Entwickler keinen Einfluss hat, etwa die fehlerhafte Eingabe eines Benutzers oder ein beim Druckvorgang ausgeschalteter Drucker. Weitere Möglichkeiten zum Abfangen von Laufzeitfehlern werden in Abschnitt 5.6.6, »Unterscheidung von Ausnahmen«, erläutert.

5.6.4 Logische Fehler und Debugging

Logische Fehler treten auf, wenn eine Anwendung zwar ohne Syntaxfehler übersetzt und ohne Laufzeitfehler ausgeführt wird, aber nicht das geplante Ergebnis liefert. Ursache hierfür ist ein fehlerhafter Aufbau der Programmlogik.

Debugging

Die Ursache logischer Fehler zu finden, ist oft schwierig und erfordert intensives Testen und Analysieren der Abläufe und Ergebnisse. Die Entwicklungsumgebung IDLE stellt zu diesem Zweck einen einfachen Debugger zur Verfügung.

Einzelschrittverfahren

Einzelne Schritte

Sie können ein Programm im Einzelschrittverfahren ablaufen lassen, um sich dann bei jedem einzelnen Schritt die aktuellen Inhalte von Variablen anzuschauen. Als Beispiel dient ein einfaches Programm mit einer Schleife und einer Funktion:

```
def summe(a,b):
    c = a + b
    return c

for i in range(5):
    erg = summe(10,i)
    print(erg)
```

Listing 5.16 Datei fehler_debuggen.py

Dieses Programm schreibt nacheinander die Zahlen von 10 bis 14 auf den Bildschirm.

Sie starten den Debugger, indem Sie in der PYTHON SHELL im Menü   Debugger starten
DEBUG den Menüpunkt DEBUGGER aufrufen. Es erscheint das Dialogfeld
DEBUG CONTROL und in der PYTHON SHELL die Meldung [DEBUG ON], siehe
Abbildung 5.4.

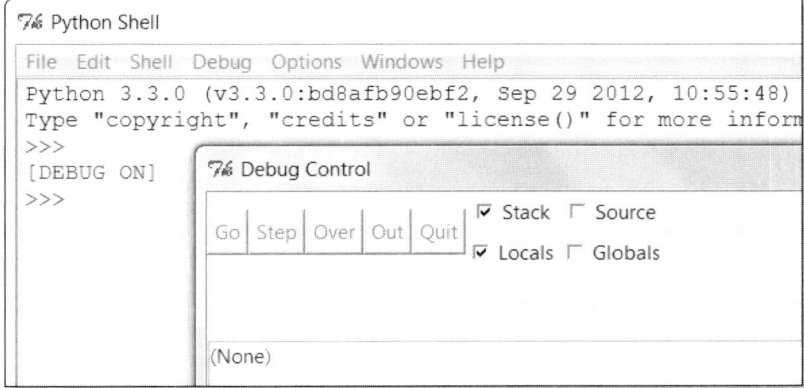

Abbildung 5.4   Dialogfeld »Debug Control« und Meldung

Starten Sie nun das Programm wie gewohnt über den Menüpfad RUN •
RUN MODULE oder über die Taste F5. Im Dialogfeld DEBUG CONTROL
wird auf die erste Zeile des Programms hingewiesen, siehe Abbildung
5.5.

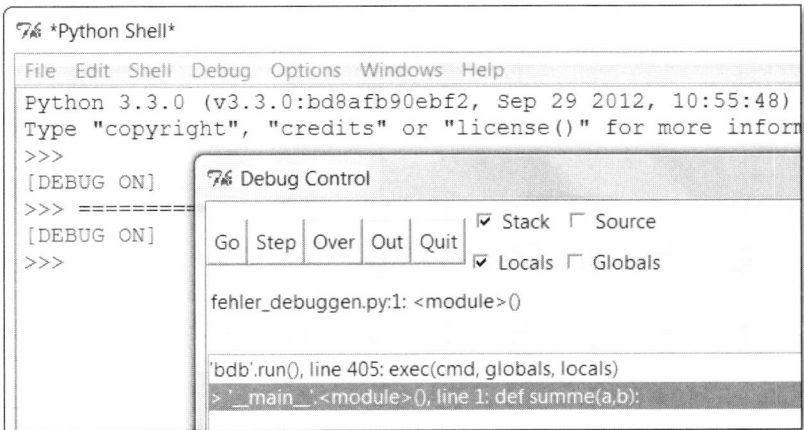

Abbildung 5.5   Nach dem Start des Programms

Buttons bedienen
Jetzt können Sie auch die Buttons im Dialogfeld DEBUG CONTROL betätigen. Mit dem Button STEP gehen Sie schrittweise durch das Programm. Mit dem nächsten Schritt gelangen Sie direkt hinter die Funktionsdefinition, zur ersten ausgeführten Programmzeile. Die Funktion wird erst beim Aufruf durchlaufen, siehe Abbildung 5.6.

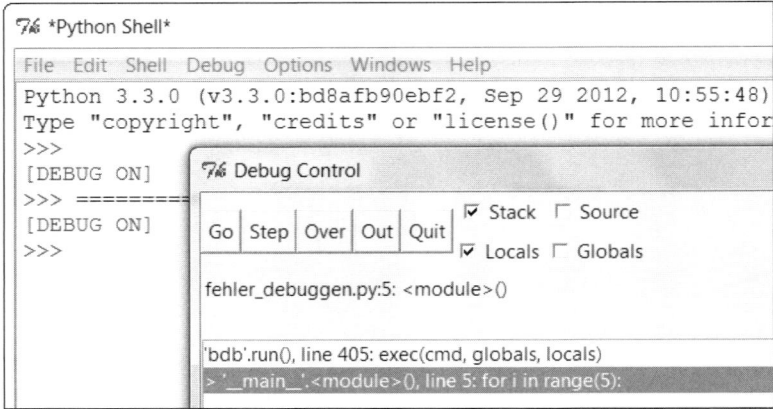

Abbildung 5.6 Erste ausgeführte Programmzeile

Aktuelle Werte
Durch wiederholtes Drücken des Buttons STEP können Sie nun die Schleife mehrmals durchlaufen. Bei jedem Durchlauf wird auch die Funktion summe() durchlaufen. Im unteren Bereich des Dialogfelds DEBUG CONTROL sehen Sie die jeweils gültigen Variablen und ihre sich ständig verändernden Werte. Befinden Sie sich im Hauptprogramm in der Schleife, so sehen Sie die Werte von i und erg, siehe Abbildung 5.7.

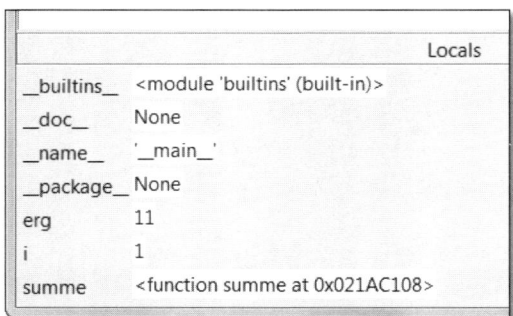

Abbildung 5.7 Hauptprogramm: Aktuelle Werte von i und erg

Wenn Sie sich in der Funktion summe() befinden, sehen Sie die Werte von a, b, und c (siehe Abbildung 5.8).

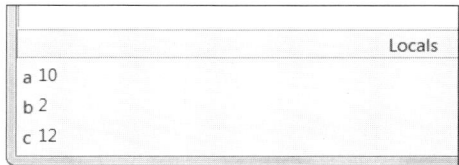

Abbildung 5.8 Funktion: Aktuelle Werte von a, b und c

In der Python Shell werden parallel dazu die ersten Ergebnisse ausgege- Ergebnisse parallel
ben, siehe Abbildung 5.9.

```
[DEBUG ON]
>>>
10
11
```

Abbildung 5.9 Python Shell: Ausgabe der ersten Ergebnisse

Nach Durchlauf der letzten Programmzeile wird noch der Hinweis Debug On
[Debug On] in der Python Shell ausgegeben. IDLE befindet sich nach wie
vor im Debug-Modus, aber die Buttons können Sie erst nach einem
erneuten Programmstart wieder betätigten.

Weitere Möglichkeiten

Um das Programm in etwas größeren Schritten zu durchlaufen, betätigen Funktion
Sie den Button OVER. Die Funktionen werden dann nicht in Einzelschrit- überspringen
ten, sondern als Ganzes durchlaufen. Der Debugger springt also über die
Funktionen hinweg.

Sie können auch zwischen den beiden Möglichkeiten (Button STEP und
Button OVER) flexibel hin und her wechseln – je nachdem, welchen Programmteil Sie sich ganz genau ansehen möchten.

Wenn Sie sich gerade in Einzelschritten durch eine Funktion bewegen, Funktion verlassen
führt die Betätigung des Buttons OUT dazu, dass der Rest der Funktion
übersprungen und mit dem ersten Schritt nach dem Funktionsaufruf
fortgefahren wird.

Der Button GO lässt das Programm, das Sie gerade debuggen, in einem Programm
Schritt bis zum Ende laufen. Der Button QUIT bricht den Lauf des Pro- beenden
gramms sofort ab, ohne es zu Ende laufen zu lassen. In beiden Fällen ist
der Debug-Modus noch eingeschaltet.

Debug Off Der Debug-Modus lässt sich an derselben Stelle ausschalten, an der Sie ihn eingeschaltet haben: in der Python Shell im Menü DEBUG • DEBUG-GER. In der Shell erscheint dann die Meldung [DEBUG OFF], siehe Abbildung 5.10.

```
10
11
12
13
14
[DEBUG ON]
>>>
[DEBUG OFF]
```

Abbildung 5.10 Nach dem Beenden des Debuggers

Auf weniger elegante Weise können Sie den Debugger beenden, indem Sie das Dialogfeld DEBUG CONTROL einfach schließen.

Haltepunkte Andere Entwicklungsumgebungen für Python bieten weitere Möglichkeiten. Das Setzen von *Breakpoints* (deutsch: Haltepunkte) ist sehr nützlich. Diese Haltepunkte werden auf bestimmte Programmzeilen gesetzt. Das Programm lassen Sie dann bis zu einer solchen Programmzeile in einem Schritt durchlaufen und überprüfen die aktuellen Werte. Anschließend durchlaufen Sie entweder im Einzelschrittverfahren einen Programmbereich, in dem Sie Fehler vermuten, oder gehen direkt zum nächsten, vorher gesetzten Haltepunkt usw.

Unterschiede in Python 2
Die Klammern bei der Anweisung print entfallen.

5.6.5 Fehler erzeugen

»Wieso sollte man Fehler erzeugen?«, werden Sie sich angesichts dieser Überschrift fragen. Hierfür gibt es, besonders im Zusammenhang mit der Eingabe von Daten durch einen Anwender, durchaus sinnvolle Gründe.

raise Im folgenden Beispiel wird der Anwender dazu aufgefordert, eine Zahl einzugeben, deren Kehrwert anschließend berechnet wird. Diese Zahl soll allerdings positiv sein. Diese Einschränkung kann mit Hilfe der Anweisung raise bearbeitet werden, wie im folgenden Programm dargestellt:

```
# Wiederholte Eingabe
fehler = True
```

```
while fehler:
    try:
        zahl = float(input("Eine positive Zahl: "))
        if zahl < 0:
            raise
        kw = 1.0 / zahl
        fehler = False
    except:
        print("Fehler")

# Ausgabe
print("Der Kehrwert von", zahl, "ist", kw)
```

Listing 5.17 Datei fehler_erzeugen.py

Ist die eingegebene Zahl kleiner als 0, so wird die Anweisung raise ausgeführt. Dadurch wird eine Ausnahme erzeugt, so als ob der Anwender einen der anderen möglichen Fehler gemacht hätte. Das Programm verzweigt unmittelbar zur Anweisung except und führt die dort angegebenen Anweisungen aus.

Ausnahme erzeugen

In diesem Fall handelt es sich zwar nur um einen logischen Eingabefehler, aber er wird genauso behandelt wie ein Fehler im Programm. Der Anwender wird somit veranlasst, nur positive Zahlen einzugeben. Das folgende Listing zeigt eine mögliche Eingabe, zunächst dreimal mit Fehler, anschließend richtig:

```
Eine positive Zahl: 0
Fehler
Eine positive Zahl: abc
Fehler
Eine positive Zahl: -6
Fehler
Eine positive Zahl: 6
Der Kehrwert von 6.0 ist 0.166666666667
```

Der Benutzer macht verschiedene Fehler:

▶ Er gibt die Zahl 0 ein. Dies führt bei der Berechnung des Kehrwerts zu einem Laufzeitfehler, einem ZeroDivisionError.

ZeroDivisionError

▶ Er gibt einen Text ein. Dies führt beim Aufruf der Funktion float() zu einem Laufzeitfehler, einem ValueError.

ValueError

▶ Er gibt eine negative Zahl ein. Dies führt wegen der vorgenommenen Einschränkung zu einem Laufzeitfehler.

Eigener Fehler

Mit Hilfe der Anweisungen `try`, `raise` und `except` lassen sich also auch nicht sinnvolle Eingaben des Anwenders abfangen und behandeln. Die vorgeführte Methode hat den Nachteil, dass alle Fehler gleich behandelt werden und die Informationen für den Anwender im Fehlerfall noch nicht sehr genau sind. Dies soll im nächsten Abschnitt verbessert werden.

Unterschiede in Python 2

Die Klammern bei der Anweisung `print` entfallen. Die Funktion zur Eingabe heißt `raw_input()`.

5.6.6   Unterscheidung von Ausnahmen

Verschiedene Ausnahmen

Im folgenden Programm sollen verschiedene Arten von Fehlern spezifisch abgefangen werden. Damit informieren Sie beispielsweise einen Benutzer genauer über seinen Irrtum und ermöglichen eine komfortablere Programmbedienung. Es soll wiederum der Kehrwert einer eingegebenen Zahl ermittelt werden:

```python
# Wiederholte Eingabe
fehler = True
while fehler:
    try:
        zahl = float(input("Eine positive Zahl: "))
        if zahl == 0:
            raise RuntimeError("Zahl gleich 0")
        if zahl < 0:
            raise RuntimeError("Zahl zu klein")
        kw = 1.0 / zahl
        fehler = False
    except ValueError:
        print("Fehler: keine Zahl")
    except ZeroDivisionError:
        print("Fehler: Zahl 0 eingegeben")
    except RuntimeError as e:
        print("Fehler:", e)

# Ausgabe
print("Der Kehrwert von", zahl, "ist", kw)
```

Listing 5.18 Datei fehler_unterscheiden.py

Das Programm enthält zu einem Versuch (Anweisung `try`) mehrere spezifische Abfangmöglichkeiten (Anweisung `except`). Nachfolgend wird eine mögliche Eingabe gezeigt – zunächst dreimal mit Fehler, anschließend richtig:

```
Eine positive Zahl: 0
Fehler: Zahl gleich 0
Eine positive Zahl: abc
Fehler: keine Zahl
Eine positive Zahl: -6
Fehler: Zahl zu klein
Eine positive Zahl: 6
Der Kehrwert von 6.0 ist 0.166666666667
```

Der Benutzer macht verschiedene Fehler:

▶ Er gibt die Zahl 0 ein. Dies führt wegen der vorgenommenen Einschränkung zu einem Laufzeitfehler. Dieser wird als allgemeiner `RuntimeError` abgefangen mit der Meldung `Fehler: Zahl gleich 0`.   `Eigener Fehler`

▶ Würde die Eingabe von 0 nicht auf diese Weise abgefangen, käme es später bei der Berechnung des Kehrwerts zu einem Laufzeitfehler, einem `ZeroDivisionError`. Dieser würde abgefangen mit der Meldung `Fehler: Zahl 0 eingegeben`. Zu Demonstrationszwecken wurde der Fehler zweimal abgefangen, dies ist eigentlich nicht notwendig.   `ZeroDivisionError`

▶ Der Benutzer gibt einen Text ein. Dies führt beim Aufruf der Funktion `float()` zu einem Laufzeitfehler, einem `ValueError`. Dieser wird abgefangen mit der Meldung `Fehler: keine Zahl`.   `ValueError`

▶ Er gibt eine negative Zahl ein. Dies führt wegen der zweiten Einschränkung wiederum zu einem Laufzeitfehler. Dieser wird auch als allgemeiner `RuntimeError` abgefangen mit der Meldung `Fehler: Zahl zu klein`.   `Eigener Fehler`

▶ Beim Erzeugen des Fehlers mit der Anweisung `raise` werden ein Fehler (`RuntimeError`) und eine Meldung übergeben.

▶ Beim Abfangen dieses Fehlers mit der Anweisung `except` wird die Meldung mit Hilfe von `as` an die Variable `e` übergeben.   `as`

Unterschiede in Python 2

Die Klammern bei der Anweisung `print` entfallen. Die Funktion zur Eingabe heißt `raw_input()`.

5.7   Funktionen

Python bietet zum Thema »Funktionen« noch einige sehr nützliche Erweiterungen, die in diesem Abschnitt erläutert werden.

5.7.1   Variable Anzahl von Parametern

In den bisherigen Beispielen wurde darauf geachtet, dass Reihenfolge und Anzahl der Funktionsparameter bei Definition und Aufruf miteinander übereinstimmen. Sie können aber auch Funktionen mit einer variablen Anzahl von Parametern definieren.

Parameter mit * Bei der Definition einer solchen Funktion müssen Sie vor dem letzten (gegebenenfalls einzigen) Parameter einen * (Stern) notieren. Dieser Parameter enthält ein Tupel mit den bis dahin nicht zugeordneten Werten der Parameterkette.

Im folgenden Beispiel wird eine Funktion definiert, die in der Lage ist, die Summe aller Parameter zu berechnen und auszugeben. Dies gilt unabhängig von der Anzahl der zu summierenden Werte.

```
# Funktion
def summe(*summanden):
    print(len(summanden), "Zahlen")
    print(summanden)
    erg = 0
    for s in summanden:
        erg += s
    print("Summe:", erg)

# Aufrufe
summe(3, 4)
summe(3, 8, 12, -5)
```

Listing 5.19   Datei parameter_variabel.py

Folgende Ausgabe wird erzeugt:

```
2 Zahlen
(3, 4)
Summe: 7
4 Zahlen
(3, 8, 12, -5)
Summe: 18
```

Zur Erläuterung:

▶ Die (nunmehr flexiblere) Funktion wird mit zwei oder mit vier Werten aufgerufen, die zu summieren sind.

▶ Zu Demonstrationszwecken werden Größe und Inhalt des Tupels ausgegeben.

▶ Die `for`-Schleife dient zur Summierung der Werte des Tupels. Die Summe wird anschließend ausgegeben.

Unterschiede in Python 2

Die Klammern bei der Anweisung print entfallen.

5.7.2 Benannte Parameter

Die definierte Reihenfolge der Parameter muss beim Aufruf nicht eingehalten werden, falls Parameter mit ihrem Namen übergeben werden (benannte Parameter).

Im folgenden Beispiel sind einige Varianten zum Aufruf der Funktion `volume()` dargestellt. Diese Funktion berechnet das Volumen eines Quaders und gibt dieses aus. Außerdem wird die übergebene Farbe ausgegeben.

Parameter mit Namen

```
# Funktion
def volumen(breite, laenge, tiefe, farbe):
    print("Werte:", breite, laenge, tiefe, farbe)
    erg = breite * laenge * tiefe
    print("Volumen:", erg, "Farbe:", farbe)

# Aufrufe
volumen(4, 6, 2, "rot")
volumen(laenge=2, farbe="gelb", tiefe=7, breite=3)
volumen(5, tiefe=2, laenge=8, farbe="blau")

# Fehler
# volumen(3, tiefe=4, laenge=5, "schwarz")
```

Listing 5.20 Datei parameter_benannt.py

Die Ausgabe lautet:

```
Werte: 4 6 2 rot
Volumen: 48 Farbe: rot
Werte: 3 2 7 gelb
```

```
Volumen: 42 Farbe: gelb
Werte: 5 8 2 blau
Volumen: 80 Farbe: blau
```

Zur Erläuterung:

▶ Der erste Aufruf findet in der bekannten Form, ohne Benennung von Parametern statt. Die Werte werden den Parametern in der übergebenen Reihenfolge zugeordnet.

Reihenfolge unwichtig

▶ Beim zweiten Aufruf werden alle vier Parameter mit Namen übergeben. Die Reihenfolge beim Aufruf ist nicht wichtig, da die Parameter eindeutig zugeordnet werden.

▶ Beim dritten Aufruf wird der erste Parameter über seine Stellung in der Parameterreihe zugeordnet, die anderen Parameter werden über ihre Namen zugeordnet. Es sind also auch Mischformen möglich.

Einmal benannt, immer benannt

▶ Sobald allerdings der erste benannte Parameter beim Aufruf erscheint, müssen alle folgenden Parameter auch benannt sein. Daher würde beim vierten Aufruf ein Fehler bereits in der Syntax erkannt, obwohl die Zuordnung eigentlich eindeutig wäre.

Unterschiede in Python 2

Die Klammern bei der Anweisung print entfallen.

5.7.3 Voreinstellung von Parametern

Durch die Voreinstellung von Parametern bei der Definition wird eine variable Parameterzahl ermöglicht. Auch hier können Sie benannte Parameter einsetzen. Dabei ist es wichtig, dass nichtbenannte Parameter vor benannten Parametern stehen.

Parameter mit Standardwert

Die Funktion zur Volumenberechnung des Quaders wurde in dieser Hinsicht geändert. Es müssen nur noch zwei Parameter angegeben werden. Die anderen beiden Parameter sind optional, es werden gegebenenfalls Voreinstellungen verwendet.

```
# Funktion
def volumen(breite, laenge, tiefe=1, farbe="schwarz"):
    print("Werte:", breite, laenge, tiefe, farbe)
    erg = breite * laenge * tiefe
    print("Volumen:", erg, "Farbe:", farbe)

# Aufrufe
volumen(4, 6, 2, "rot")
```

```
volume(2, 12, 7)
volume(5, 8)
volume(4, 7, farbe="rot")
```

Listing 5.21 Datei parameter_voreinstellung.py

Das Programm erzeugt die Ausgabe:

```
Werte: 4 6 2 rot
Volumen: 48 Farbe: rot
Werte: 2 12 7 schwarz
Volumen: 168 Farbe: schwarz
Werte: 5 8 1 schwarz
Volumen: 40 Farbe: schwarz
Werte: 4 7 1 rot
Volumen: 28 Farbe: rot
```

Zur Erläuterung:

▶ Bei der Funktionsdefinition wurden die beiden Parameter tiefe und farbe voreingestellt. Sie sind optional und müssen am Ende der Parameterreihe stehen.

▶ Beim ersten Aufruf werden alle vier Parameter gesendet.

▶ Beim zweiten Aufruf wird nur einer der beiden optionalen Parameter (tiefe) gesendet. Der zweite optionale Parameter erhält deshalb den voreingestellten Wert (farbe = "schwarz").

▶ Beim dritten Aufruf wird keiner der optionalen Parameter gesendet. Daher erhalten beide den voreingestellten Wert.

▶ Beim vierten Aufruf wird nur der letzte optionale Parameter gesendet. Da dieser Parameter nicht mehr über die Reihenfolge zugeordnet werden kann, muss er benannt werden.

Unterschiede in Python 2

Die Klammern bei der Anweisung print entfallen.

5.7.4 Mehrere Rückgabewerte

Im Unterschied zu vielen anderen Programmiersprachen können Funktionen in Python mehr als einen Rückgabewert liefern. Es kann zum Beispiel ein Tupel oder eine Liste zurückgeliefert werden.

Im folgenden Beispiel werden in der Funktion geom() die Fläche und der Umfang eines Rechtecks berechnet und als Tupel zurückgegeben.

Ergebnistupel

175

```
import math

# Funktion, die zwei Werte berechnet
def kreis(radius):
    flaeche = math.pi * radius * radius
    umfang = 2 * math.pi * radius
    return flaeche, umfang


# 1. Aufruf
f, u = kreis(3)
print("Flaeche:", f)
print("Umfang:", u)

# 2. Aufruf
x = kreis(3)
print("Flaeche:", x[0])
print("Umfang:", x[1])

# Fehler
# a, b, c = kreis(3)
```

Listing 5.22 Datei rueckgabe_tupel.py

Die Ausgabe lautet:

```
Flaeche: 28.2743338823
Umfang: 18.8495559215
Flaeche: 28.2743338823
Umfang: 18.8495559215
```

Zur Erläuterung:

return <Tupel>

▶ Die Anweisung `return` liefert ein Tupel mit den beiden Ergebnissen der Funktion. An der Aufrufstelle muss ein Tupel passender Größe zum Empfang bereitstehen.

▶ Im ersten Fall wird das Tupel zwei einzelnen Variablen zugeordnet.

▶ Im zweiten Fall wird das Tupel einer Variablen zugeordnet, die damit zum Tupel wird.

▶ Der letzte Aufruf würde zu einem Laufzeitfehler führen, da die Größe des zurückgelieferten Tupels nicht passt.

Unterschiede in Python 2

Die Klammern bei der Anweisung `print` entfallen.

5.7.5 Übergabe von Kopien und Referenzen

Werden Parameter, die an eine Funktion übergeben werden, innerhalb der Funktion verändert, so wirkt sich dies im aufrufenden Programmteil unterschiedlich aus:

▶ Bei der Übergabe eines einfachen Objekts (Zahl oder Zeichenkette) wird eine Kopie des Objekts angelegt. Eine Veränderung der Kopie hat keine Auswirkungen auf das Original.

Kopie übergeben

▶ Bei der Übergabe eines Objekts vom Typ Liste, Dictionary oder Set wird mit einer Referenz auf das Originalobjekt gearbeitet. Eine Veränderung über die Referenz verändert auch das Original.

Referenz übergeben

Zur Verdeutlichung dieses Zusammenhangs werden im folgenden Beispiel insgesamt fünf Parameter an eine Funktion übergeben: eine Zahl, eine Zeichenkette, eine Liste, ein Dictionary und ein Set. Die Objekte werden jeweils dreimal ausgegeben:

Vorher, nachher

▶ vor dem Aufruf der Funktion

▶ nach einer Veränderung innerhalb der Funktion

▶ nach der Rückkehr aus der Funktion

```python
# Funktion
def chg(v, zk, li, di, st):
    v = 8
    zk = "ciao"
    li[0] = 7
    di["x"] = 7
    st.discard(3)

    # lokale Ausgabe
    print("In Funktion:")
    print(v, zk)
    print(li, di, st)

# Startwerte
hv = 3
hli = [3,"abc"]
hzk = "hallo"
hdi = {"x":3, "y":"abc"}
hst = set([3, "abc"])

# Ausgabe vorher
print("vorher:")
```

```
print(hv, hzk)
print(hli, hdi, hst)

# Aufruf der Funktion
chg(hv, hzk, hli, hdi, hst)

# Ausgabe nachher
print("nachher:")
print(hv, hzk)
print(hli, hdi, hst)
```

Listing 5.23 Datei parameter_uebergabe.py

Die Ausgabe lautet:

```
vorher:
3 hallo
[3, 'abc'] {'y': 'abc', 'x': 3} {3, 'abc'}
In Funktion:
8 ciao
[7, 'abc'] {'y': 'abc', 'x': 7} {'abc'}
nachher:
3 hallo
[7, 'abc'] {'y': 'abc', 'x': 7} {'abc'}
```

Zur Erläuterung:

(Un)erwünschter
Effekt

▶ Es zeigt sich, dass nur bei Liste, Dictionary und Set eine dauerhafte Veränderung durch die Funktion erfolgte. Dies ist je nach Problemstellung ein erwünschter oder ein unerwünschter Effekt.

Unterschiede in Python 2

Die Klammern bei der Anweisung print entfallen. Die Ausgabe des Sets lautet set([...]) statt {...}.

Ist die dauerhafte Veränderung von einfachen Objekten durch eine Funktion erwünscht, so können Sie die Tatsache ausnutzen, dass Python-Funktionen mehr als einen Rückgabewert haben können. Im folgenden Beispiel dient eine Funktion zum Sortieren von zwei Variablen. Die beiden Variablen werden als Tupel zurückgeliefert:

```
# Sortierfunktion
def sortieren(eins, zwei):
    if eins < zwei:
        return zwei, eins
```

```
    else:
        return eins, zwei

# Beispiel 1
x = 24
y = 29
x, y = sortieren(x, y)
print("x =", x, "y =", y)

# Beispiel 2
x = 124
y = 29
x, y = sortieren(x, y)
print("x =", x, "y =", y)
```

Listing 5.24 Datei werte_veraendern.py

Zur Erläuterung:

▶ Es werden zwei Variablen an die Funktion übergeben. Innerhalb der Funktion wird überprüft, ob die zweite Variable größer als die erste Variable ist.

▶ Trifft dies zu, so werden beide Variablen in umgekehrter Reihenfolge an die aufrufende Stelle zurückgeliefert.

▶ Falls nicht, stehen die beiden Variablen bereits in der gewünschten Reihenfolge und werden unverändert an die aufrufende Stelle zurückgeliefert.

▶ An der Ausgabe erkennen Sie, dass x nachher in jedem Fall die größere Zahl enthält, also gegebenenfalls verändert wurde.

Unterschiede in Python 2

Die Klammern bei der Anweisung print entfallen.

5.7.6   Lokal, global

Lokal

Die Definition einer Funktion in Python erzeugt einen lokalen Namensraum. In diesem lokalen Namensraum stehen alle Namen der Variablen, denen innerhalb der Funktion ein Wert zugewiesen wird, und die Namen der Variablen aus der Parameterliste.

Global

Wird bei der Ausführung der Funktion auf eine Variable zugegriffen, so wird diese Variable zunächst im lokalen Namensraum gesucht. Wird der Name der Variablen im lokalen Namensraum nicht gefunden, so wird im bisher bekannten globalen Namensraum gesucht, das heißt in den bisher bearbeiteten Programmzeilen außerhalb der Funktion. Sollte die Variable im globalen Namensraum nicht gefunden werden, so tritt ein Fehler auf. Ein Beispiel:

```
# Testfunktion
def func():
    try:
        print(x)
    except:
        print("Fehler")

# Hauptprogramm
func()
x = 42
func()
```

Listing 5.25 Datei namensraum.py

Die Ausgabe lautet:

```
Fehler
42
```

Zur Erläuterung:

Variable noch unbekannt
▶ Der erste Aufruf von func() führt zu einem Fehler, da in der Funktion der Wert von x ausgegeben werden soll. x ist nicht im lokalen Namensraum vorhanden, aber auch nicht in den bisher bearbeiteten Programmzeilen außerhalb der Funktion.

Variable global bekannt
▶ Der zweite Aufruf von func() führt zu keinem Fehler, denn x hat vorher außerhalb der Funktion einen Wert erhalten und ist somit im globalen Namensraum bekannt.

Unterschiede in Python 2

Die Klammern bei der Anweisung print entfallen.

Unterschiede in IDLE unter Linux

Beim zweiten Aufruf des Programms *namensraum.py* zeigt sich ein Fehler in IDLE: Es wird zweimal 42 ausgegeben, das heißt, IDLE »merkt« sich die Variable aus dem ersten Aufruf des Programms als globale Variable; das ist nicht korrekt. Rufen Sie jedoch das Programm mehrmals nacheinander im Terminal auf, so zeigt es jedes Mal die korrekten Ergebnisse.

5.7.7 Lambda-Funktion

Die Lambda-Funktion bietet die Möglichkeit, eine Funktionsdefinition zu verkürzen. Einer solchen Funktion können Sie Parameter übergeben. Sie liefert ihr Ergebnis als einen Ausdruck zurück, der in der gleichen Zeile stehen muss. In diesem Ausdruck dürfen keine Mehrfachanweisungen, Ausgaben oder Schleifen vorkommen. Ein Beispielprogramm sieht wie folgt aus:

Kürzere Schreibweise

```
# Funktionsdefinitionen
mal = lambda x,y: x*y
plus = lambda x,y: x+y

# Funktionsaufrufe
print(mal(5,3))
print(plus(4,7))
```

Listing 5.26 Datei funktion_lambda.py

Es wird die Ausgabe erzeugt:

```
15
11
```

Zur Erläuterung:

► Es wird die Funktion `mal` definiert. Diese hat zwei Parameter (x und y). Das Ergebnis der Funktion ist die Multiplikation dieser beiden Parameter.

► Die Lambda-Funktion `plus` ist analog nach folgendem Muster aufgebaut: `Ergebnis = lambda Parameterliste: Ausdruck`.

Unterschiede in Python 2

Die Klammern bei der Anweisung `print` entfallen.

5.8 Eingebaute Funktionen

Als Entwickler können Sie eine Reihe von eingebauten Funktionen ohne Einbindung eines Moduls verwenden.

Tabelle 5.1 gibt eine Übersicht über die eingebauten Funktionen, die in diesem Buch behandelt werden.

Name	Beschreibung	Beispiel in Abschnitt
abs()	Liefert den Betrag einer Zahl.	4.1.6
bin()	Liefert eine binäre beziehungsweise duale Zahl.	4.1.1
chr()	Liefert ein Zeichen zu einer Unicode-Zahl.	5.8.3
eval()	Liefert einen ausgeführten Python-Ausdruck.	5.1.5
exec()	Führt eine Anweisung aus.	5.1.5
filter()	Liefert die Elemente eines iterierbaren Objekts, für die eine Funktion True ergibt.	5.4.3
float()	Liefert eine Zahl mit Nachkommastellen.	3.2.3
format()	Formatiert Zahlen und Zeichenketten.	5.2.2
frozenset()	Liefert ein unveränderliches Set.	4.6.4
hex()	Liefert eine hexadezimale Zahl.	4.1.1
input()	Wartet auf eine Eingabe des Benutzers.	3.2.2
int()	Liefert eine ganze Zahl.	3.2.3
len()	Liefert die Anzahl der Elemente.	4.2.3
map()	Liefert Funktionsergebnisse zu einer Reihe von Aufrufen.	5.4.2
max()	Liefert das größte Element.	5.8.2
min()	Liefert das kleinste Element.	5.8.2
oct()	Liefert eine oktale Zahl.	4.1.1
open()	Öffnet eine Datei zum Lesen oder Schreiben.	8.2
ord()	Liefert die Unicode-Zahl zu einem Zeichen.	5.8.3
print()	Erzeugt eine Ausgabe.	5.2.1
range()	Liefert ein iterierbares Objekt über einen Bereich.	3.4.5
reversed()	Liefert ein iterierbares Objekt in umgekehrter Reihenfolge.	5.8.4
round()	Liefert eine gerundete Zahl.	4.1.4
set()	Liefert ein Set.	4.6
sorted()	Liefert eine sortierte Liste.	5.8.4
str()	Liefert eine Zeichenkette.	4.2.6
sum()	Liefert die Summe der Elemente.	5.8.2
type()	Liefert den Typ eines Objekts.	4.1.5
zip()	Verbindet Elemente aus iterierbaren Objekten.	5.4.1

Tabelle 5.1 Einige eingebaute Funktionen

5.8.1 Funktionen »max()«, »min()« und »sum()«

Die Funktionen max() und min() liefern den größten und den kleinsten Wert, falls nur ein iterierbares Objekt angegeben ist. Falls dagegen mehrere iterierbare Objekte angegeben sind, liefern sie das Objekt mit der größten oder der kleinsten Summe. Die Funktion sum() liefert die Summe der Elemente des iterierbaren Objekts. Ein Beispiel:

```
t1 = (3, 12, 9)
print("t1:", t1)
print("Max. Wert:", max(t1))
print("Min. Wert:", min(t1))
print("Summe:", sum(t1))
print()

t2 = (1, 0, 13, 1, 2)
print("t2:", t2)
print("Max. Summe:", max(t1,t2))
print("Min. Summe:", min(t1,t2))
```

Listing 5.27 Datei max_min_sum.py

Die Ausgabe lautet:

```
t1: (3, 12, 9)
Max. Wert: 12
Min. Wert: 3
Summe: 24

t2: (1, 0, 13, 1, 2)
Max. Summe: (3, 12, 9)
Min. Summe: (1, 0, 13, 1, 2)
```

Zur Erläuterung:

▶ Der größte und der kleinste Wert des Tupels t1 werden ausgegeben. Anschließend wird die Summe der Werte ausgegeben.   Ein Parameter

▶ Beim zweiten Aufruf der Funktionen max() und min() ist mehr als ein Parameter angegeben. Dies bedeutet, dass das Tupel mit der größten oder der kleinsten Summe der Werte ermittelt und ausgegeben wird.   Mehr als ein Parameter

Unterschiede in Python 2

Die Klammern bei der Anweisung print entfallen.

5.8.2   Funktionen »chr()« und »ord()«

Unicode-Zahl

Die Funktion chr() liefert das zugehörige Zeichen zu einer Unicode-Zahl. Umgekehrt erhalten Sie mit Hilfe der Funktion ord() die Unicode-Zahl zu einem Zeichen. Ein Beispiel:

```
# Ziffern
for i in range(48,58):
    print(chr(i), end="")
print()

# grosse Buchstaben
for i in range(65,91):
    print(chr(i), end="")
print()

# kleine Buchstaben
for i in range(97,123):
    print(chr(i), end="")
print()

# Codenummern
for z in "Robinson":
    print(ord(z), end=" ")
print()

# Verschoben
for z in "Robinson":
    print(chr(ord(z)+1), end="")
```

Listing 5.28   Datei chr_ord.py

Es wird die Ausgabe erzeugt:

```
0123456789
ABCDEFGHIJKLMNOPQRSTUVWXYZ
abcdefghijklmnopqrstuvwxyz
82 111 98 105 110 115 111 110
Spcjotpo
```

Zur Erläuterung:

Ziffern,
Buchstaben

▶   Die Unicode-Zahlen von 48 bis 57 verweisen auf die Ziffern 0 bis 9. Mit Hilfe der Unicode-Zahlen von 65 bis 90 beziehungsweise von 97 bis 122 erhalten Sie die großen und die kleinen Buchstaben.

▶ Eine Zeichenkette ist ein iterierbares Objekt, daher können die einzelnen Elemente (sprich: Zeichen) in einer `for`-Schleife durchlaufen werden. Für jedes Zeichen der Zeichenkette wird die zugehörige Unicode-Zahl ausgegeben.

▶ Im letzten Teil des Programms wird jedes Zeichen einer Zeichenkette in das codemäßig folgende Zeichen umgewandelt. Die Zeichenkette wird *verschlüsselt*. Dazu werden beide Funktionen eingesetzt.

Verschlüsselung

Unterschiede in Python 2

Die Klammern bei der Anweisung `print` entfallen. Das Weglassen des Zeilenendes wird (wie in Abschnitt 5.2.1, »Funktion print()«) erreicht, indem die Ausgabe stückweise in einer Variablen zusammengesetzt und erst anschließend vollständig ausgegeben wird.

5.8.3   Funktionen »reversed()« und »sorted()«

Die Funktion `reversed()` liefert ein iterierbares Objekt in umgekehrter Reihenfolge. Mit Hilfe der Funktion `sorted()` wird eine sortierte Liste erstellt. Ein Beispiel:

Umdrehen, sortieren

```
# Originale
z = "Robinson"
print(z)
t = [4, 12, 6, -2]
print(t)

# Umgedreht
r = reversed(z)
for x in r:
    print(x, end="")
print()

# Sortierte Listen
s1 = sorted(z)
print(s1)
s2 = sorted(t)
print(s2)
```

Listing 5.29 Datei reversed_sorted.py

Die Ausgabe lautet:

```
Robinson
[4, 12, 6, -2]
```

185

```
nosniboR
['R', 'b', 'i', 'n', 'n', 'o', 'o', 's']
[-2, 4, 6, 12]
```

Zur Erläuterung:

Umdrehen ▶ Die Funktion `reversed()` liefert einen Iterator, der die Elemente in umgekehrter Reihenfolge enthält. Die Elemente können zum Beispiel mit Hilfe einer `for`-Schleife ausgegeben werden.

Sortieren ▶ Mit Hilfe der Funktion `sorted()` wird eine Liste erstellt, die die Elemente einer gegebenen Sequenz in sortierter Reihenfolge enthält. Bei Zahlen ist die Sortierung aufsteigend nach Wert, bei Zeichen aufsteigend nach Codezahl.

Unterschiede in Python 2

Die Klammern bei der Anweisung `print` entfallen. Das Weglassen des Zeilenendes wird (wie in Abschnitt 5.2.1, »Funktion print()«) erreicht, indem die Ausgabe stückweise in einer Variablen zusammengesetzt und erst anschließend vollständig ausgegeben wird.

5.9 Eigene Module

In den bisherigen Beispielen wurden die Funktion und das eigentliche Hauptprogramm in der gleichen Datei definiert. Bei spezifischen Funktionen, die auf ein bestimmtes Programm zugeschnitten wurden, ist dies auch sinnvoll.

Gemeinsame Nutzung
Allerdings werden Sie bald feststellen, dass einige nützliche Funktionen immer wieder und von verschiedenen Programmen aus benötigt werden. Diese Funktionen sollten in eigenen Modulen gespeichert werden. Die Erstellung und Nutzung von Modulen ist in Python sehr einfach und wird in diesem Abschnitt erläutert.

Externe Funktion
5.9.1 Eigene Module erzeugen

Zur Erzeugung eines Moduls speichern Sie die gewünschte Funktion einfach in einer eigenen Datei. Der Name der Datei ist gleichzeitig der Name des Moduls. Die Funktion erstellen Sie wie gewohnt:

```
def quadrat(x):
    erg = x * x
    return erg
```

Listing 5.30 Datei modul_neu.py

Anschließend können Sie die Funktion in jedem Programm nutzen, vorausgesetzt, sie wird aus dem betreffenden Modul importiert. Die Importmöglichkeiten erläutere ich im nächsten Abschnitt.

5.9.2 Eigene Module verwenden

Eine Funktion in einem eigenen Modul können Sie auf mehrere Arten nutzen. Das Modul importieren Sie zunächst wie gewohnt:

```
import modul_neu
z = modul_neu.quadrat(3)
print(z)
```

Listing 5.31 Datei modul_verwenden.py

Zur Erläuterung:

▶ Alle Funktionen des Moduls `modul_neu`, also der Datei *modul_neu.py*, werden mit Hilfe der Anweisung `import` zugänglich gemacht.

import

▶ Die Funktion `quadrat()` wird in der Schreibweise `Modulname.Funktionsname` aufgerufen.

Es folgt der Import mit Hilfe der Anweisung `from`:

```
from modul_neu import quadrat
z = quadrat(3)
print(z)
```

Listing 5.32 Datei modul_from.py

Zur Erläuterung:

▶ Mit `from modul_neu import quadrat` wird die Funktion `quadrat()` aus dem Modul `modul_neu` importiert.

from ... import

▶ Die Funktion `quadrat()` wird dann ohne den Modulnamen aufgerufen, so als ob sie in der gleichen Datei definiert worden wäre.

Unterschiede in Python 2

Die Klammern bei der Anweisung `print` entfallen.

Hinweise

Empfehlung

1. Falls noch weitere Funktionen im Modul `modul_neu` stehen, die alle importiert werden sollen, so können Sie auch die Anweisung `from modul_neu import *` nutzen.

2. Die Schreibweise `from Modulname import` ... hat allerdings Nachteile, falls Sie mehrere Funktionen mit gleichem Namen aus unterschiedlichen Modulen importieren möchten.

3. Auch aus diesem Grund ist die gewohnte Schreibweise mit `import Modulname` (wie in Datei *modul_verwenden.py*) sehr zu empfehlen.

4. Es wird in den Beispielen in den beiden Dateien *modul_verwenden.py* und *modul_from.py* davon ausgegangen, dass sich die Datei *modul_neu.py* im gleichen Verzeichnis befindet.

Übung u_modul

Schreiben Sie das Programm aus Übung *u_rueckgabewert* um: Die Funktion `steuer()` soll in die Datei *u_modul_finanz.py* ausgelagert werden. Das Hauptprogramm in Datei *u_modul.py* soll die Funktion aus dieser Datei importieren und nutzen.

5.10   Parameter der Kommandozeile

Ein Python-Programm kann bekanntlich von der Kommandozeile des Betriebssystems aus aufgerufen werden. In Abschnitt 2.3.2, »Ausführen unter Windows«, und Abschnitt 2.3.3, »Ausführen unter Linux«, wurde beschrieben, wie Sie zur Kommandozeile bzw. zum Terminal gelangen.

sys.argv   Der Aufruf ähnelt dem Aufruf einer Funktion mit Parametern. Die einzelnen Parameter werden durch Leerzeichen voneinander getrennt. Sie stehen innerhalb des Programms in der Liste `sys.argv` zur Verfügung. Die Anzahl der Parameter könnten Sie mit Hilfe der eingebauten Funktion `len()` (Länge der Liste) ermitteln.

5.10.1   Übergabe von Zeichenketten

Dem folgenden Programm wird ein einzelnes Wort als Parameter übergeben. Anschließend werden Elemente der Liste `sys.argv` ausgegeben:

```
import sys
print("Programmname:", sys.argv[0])
print("Erster Parameter:", sys.argv[1])
```

Listing 5.33   Datei kommando_text.py

Wird das Programm von der Kommandozeile aus in folgender Form aufgerufen ...

```
python kommando_text.py hallo
```

... so lautet die Ausgabe:

```
Programmname: kommando_text.py
Erster Parameter: hallo
```

Zur Erläuterung

▸ Das erste Element der Liste ist der Name des Programms.

▸ Die weiteren Elemente sind die einzelnen Parameter.

Unterschiede in Python 2

Die Klammern bei der Anweisung `print` entfallen.

5.10.2 Übergabe von Zahlen

Mit dem folgenden Programm sollen zwei Zahlen addiert werden, die dem Programm als Kommandozeilenparameter übergeben werden. Dazu müssen die beiden Parameter mit Hilfe der Funktion `float()` in Zahlen umgewandelt und eventuell auftretende Ausnahmen abgefangen werden.

Parameter verrechnen

```
import sys

try:
    x = float(sys.argv[1])
    y = float(sys.argv[2])
    z = x + y
    print("Ergebnis:", z)
except:
    print("Parameterfehler")
```

Listing 5.34 Datei kommando_zahl.py

Wird das Programm vom Betriebssystem aus wie folgt aufgerufen ...

```
python kommando_zahl.py 3 6.2
```

... so lautet die Ausgabe:

```
Ergebnis: 9.2
```

Unterschiede in Python 2

Die Klammern bei der Anweisung `print` entfallen.

5.10.3 Beliebige Anzahl von Parametern

Liste der
Parameter

Das folgende Programm soll dazu dienen, eine beliebige Menge von Zahlen zu addieren, die dem Programm als Kommandozeilenparameter übergeben werden.

```
import sys
summe = 0

try:
    for i in sys.argv[1:]:
        summe += float(i)
    print("Ergebnis:", summe)
except:
    print("Parameterfehler")
```

Listing 5.35 Datei kommando_variabel.py

Wird das Programm vom Betriebssystem aus wie folgt aufgerufen:

```
python kommando_variabel.py 3 6.2 5
```

so lautet die Ausgabe:

```
Ergebnis: 14.2
```

Zur Erläuterung:

Slice

▸ Bei `sys.argv` handelt es sich um eine Liste. Das erste Element (der Name des Programms) muss dabei ausgespart werden, daher die Slice-Operation.

▸ Innerhalb der `for`-Schleife werden die einzelnen Parameter umgewandelt und zur Gesamtsumme addiert.

Unterschiede in Python 2

Die Klammern bei der Anweisung `print` entfallen.

6 Objektorientierte Programmierung

Dieses Kapitel bietet Ihnen eine Einführung in die objektorientierte Programmierung. Es erläutert die Möglichkeiten zur Erzeugung einer Klassenhierarchie, mit der Sie große Softwareprojekte anhand von Klassen, Objekten, Eigenschaften, Methoden und dem Prinzip der Vererbung bearbeiten können.

6.1 Was ist OOP?

Die objektorientierte Programmierung (OOP) bietet zusätzliche Möglichkeiten zum verbesserten Aufbau und zur vereinfachten Wartung und Erweiterung von Programmen. Diese Vorteile erschließen sich besonders bei großen Programmierprojekten.

Bei der objektorientierten Programmierung werden Klassen erzeugt, in denen die Eigenschaften von Objekten sowie die Funktionen festgelegt werden, die auf diese Objekte angewendet werden können (sogenannte *Methoden*). Sie können viele verschiedene Objekte dieser Klassen erzeugen, den Eigenschaften unterschiedliche Werte zuweisen und die Methoden anwenden. Die Definitionen aus der Klasse und die zugewiesenen Werte begleiten diese Objekte über ihren gesamten *Lebensweg* während der Dauer des Programms. `Klasse`

Ein Beispiel: Es wird die Klasse `Fahrzeug` erschaffen, in der Eigenschaften und Methoden von verschiedenen Fahrzeugen bestimmt werden. Ein Fahrzeug hat unter anderem die Eigenschaften `Bezeichnung`, `Geschwindigkeit` und `Fahrtrichtung`. Außerdem kann man ein Fahrzeug `beschleunigen` und `lenken`. Innerhalb des Programms können viele unterschiedliche Fahrzeuge erschaffen und eingesetzt werden.

Klassen können ihre Eigenschaften und Methoden außerdem vererben. Sie fungieren dann als Basisklasse, ihre Erben nennt man *abgeleitete Klassen*. Dadurch kann die Definition von ähnlichen Objekten, die über eine Reihe von gemeinsamen Eigenschaften und Methoden verfügen, vereinfacht werden. `Vererbung`

Ein Beispiel: Es werden die Klassen PKW und LKW geschaffen. Beide Klassen sind von der Basisklasse Fahrzeug abgeleitet und erben alle Eigenschaften und Methoden dieser Klasse. Zusätzlich verfügen sie über eigene Eigenschaften und Methoden, die bei der jeweiligen Klasse besonders wichtig sind. Ein PKW hat etwa eine bestimmte Anzahl von Insassen, und man kann einsteigen und aussteigen. Ein LKW hat eine Ladung, man kann ihn beladen und entladen.

6.2   Klassen, Objekte und eigene Methoden

Eigenschaft, Methode

Als Beispiel wird die Klasse Fahrzeug definiert. Zunächst verfügt ein Objekt dieser Klasse nur über die Eigenschaft Geschwindigkeit und die Methoden beschleunigen() und ausgabe(). Die Methode ausgabe() soll dazu dienen, den Anwender über den aktuellen Zustand des jeweiligen Fahrzeugs zu informieren.

Klassendefinition

Die Definition der Klasse sieht wie folgt aus:

```
# Definition der Klasse Fahrzeug
class Fahrzeug:
    geschwindigkeit = 0                 # Eigenschaft
    def beschleunigen(self, wert):      # Methode
        self.geschwindigkeit += wert
    def ausgabe(self):                  # Methode
        print("Geschwindigkeit:", self.geschwindigkeit)
```

Listing 6.1 Datei oop_klasse.py, Klassendefinition

Zur Erläuterung:

class
▶ Die Definition der Klasse wird eingeleitet vom Schlüsselwort class, gefolgt vom Namen der Klasse und einem Doppelpunkt. Eingerückt folgt die eigentliche Definition.

▶ Die Eigenschaft geschwindigkeit wird definiert und auf den Wert 0 gesetzt.

def
▶ Die Methoden sind Funktionen der Klasse, sie werden also mit Hilfe des Schlüsselworts def definiert. Methoden haben immer mindestens einen Parameter, dies ist das Objekt selbst. Häufig wird dieser Parameter self genannt – Sie können aber auch einen anderen Namen wählen.

▶ Die Methode `beschleunigen()` hat insgesamt zwei Parameter: Der erste Parameter ist das Objekt selbst; es wird hier mit `self` bezeichnet. Der zweite Parameter ist der Wert für die Änderung der Geschwindigkeit. Innerhalb der Methode wird dieser Wert genutzt, um die Eigenschaft des Objekts zu ändern.

self

▶ Die Methode `ausgabe()` hat nur einen Parameter: das Objekt selbst. Sie dient zur Ausgabe der Geschwindigkeit des Objektes.

Bisher enthielt das Programm nur eine Klassendefinition, es führte noch nichts aus. Das Hauptprogramm hat folgendes Aussehen:

Hauptprogramm

```
# Objekte der Klasse Fahrzeug erzeugen
opel = Fahrzeug()
volvo = Fahrzeug()

# Objektmethoden
volvo.ausgabe()
volvo.beschleunigen(20)
volvo.ausgabe()

# Objekt betrachten
opel.ausgabe()
```

Listing 6.2 Datei oop_klasse.py, Hauptprogramm

Das Programm erzeugt die Ausgabe:

```
Geschwindigkeit: 0
Geschwindigkeit: 20
Geschwindigkeit: 0
```

Zur Erläuterung:

▶ Nach der bereits beschriebenen Klassendefinition werden zunächst zwei Objekte der Klasse `Fahrzeug` erzeugt, hier mit den Namen `opel` und `volvo` (`opel=Fahrzeug()`, `volvo=Fahrzeug()`). Diesen Vorgang nennt man auch: Instanzen einer Klasse erzeugen.

Objekt erzeugen

▶ Beim anschließenden Aufruf der Methoden (hier `beschleunigen()` und `ausgabe()`) ist zu beachten, dass das Objekt selbst nicht als Parameter angegeben wird. Eine Methode bekommt also beim Aufruf immer einen Parameter weniger übermittelt, als in der Definition angegeben ist. Dies liegt daran, dass die Methode *für* ein bestimmtes Objekt aufgerufen wird. Innerhalb der Methode ist daher bekannt, um welches Objekt es sich handelt.

Methode für Objekt ausführen

▶ Die Geschwindigkeit des Objekts `volvo` wird ausgegeben, einmal vor und einmal nach der Beschleunigung. Die Geschwindigkeit des Objekts `opel` wird nur einmal ausgegeben. Zu Beginn, also nach ihrer Erzeugung, haben die Objekte die Geschwindigkeit 0, wie in der Definition angegeben.

Unterschiede in Python 2

Die Klammern bei der Anweisung `print` entfallen.

Hinweis

Die in diesem Kapitel dargestellten Programme sind ein Kompromiss, denn die Vorteile der objektorientierten Programmierung (OOP) kommen erst bei größeren Programmierprojekten zum Tragen. Bei einem kleineren Problem fragen Sie sich vielleicht, warum Sie für dieses einfache Ergebnis ein verhältnismäßig komplexes Programm schreiben sollten. Anhand der hier vorgestellten Programme können Sie sich aber die Prinzipien der OOP erschließen, ohne den Überblick zu verlieren.

6.3 Konstruktor und Destruktor

Es gibt zwei besondere Methoden, die im Zusammenhang mit einer Klasse definiert werden können:

Konstruktor   ▶ Die Konstruktormethode wird genutzt, um einem Objekt zu Beginn seiner *Lebensdauer* Anfangswerte zuzuweisen.

Destruktor   ▶ Die Destruktormethode wird genutzt, um am Ende der *Lebensdauer* eines Objekts Aktionen auszulösen.

Die Klasse `Fahrzeug` wird wie folgt verändert:

▶ Ein Fahrzeug erhält neben der Eigenschaft `geschwindigkeit` die Eigenschaft `bezeichnung`.

▶ Die Klasse erhält eine Konstruktormethode zur Festlegung von Anfangswerten für `bezeichnung` und `geschwindigkeit`.

Das Programm sieht in seiner veränderten Form wie folgt aus:

```
# Definition der Klasse Fahrzeug
class Fahrzeug:
    def __init__(self, bez, ge):       # Konstruktormethode
        self.bezeichnung = bez
        self.geschwindigkeit = ge
```

```
    def beschleunigen(self, wert):
        self.geschwindigkeit += wert
        self.ausgabe()

    def ausgabe(self):
        print(self.bezeichnung, self.geschwindigkeit, "km/h")

# Objekte der Klasse Fahrzeug erzeugen
opel = Fahrzeug("Opel Admiral", 40)
volvo = Fahrzeug("Volvo Amazon", 45)

# Objekte betrachten
opel.ausgabe()
volvo.ausgabe()

# Objektmethode
volvo.beschleunigen(20)
```

Listing 6.3   Datei oop_konstruktor.py

Die Ausgabe des Programms lautet:

```
Opel Admiral 40 km/h
Volvo Amazon 45 km/h
Volvo Amazon 65 km/h
```

Zur Erläuterung:

▶ Der festgelegte Name __init__() (mit doppeltem Unterstrich davor   __init__()
und danach) bezeichnet die Konstruktormethode. Es werden zwei
Parameter übergeben. Diese beiden Parameter werden genutzt, um
die beiden Eigenschaften mit Anfangswerten zu versorgen.

▶ Die Methode ausgabe() dient zur Ausgabe beider Eigenschaften. Sie   self
wird in diesem Programm sowohl aus dem Hauptprogramm als auch
aus einer Objektmethode heraus aufgerufen. Im zweiten Fall muss,
wie bei der Zuweisung eines Eigenschaftswerts, das Objekt mit self
angegeben werden.

▶ Es werden zwei Objekte erzeugt. Dabei werden die Anfangswerte an
den Konstruktor übergeben, hier die Werte Opel Admiral und 40 für
das Objekt opel, für das Objekt volvo die Werte Volvo Amazon und
45.

▶ Anschließend werden die Eigenschaften der Objekte verändert und
ausgegeben.

Unterschiede in Python 2

Die Klammern bei der Anweisung `print` entfallen.

Hinweise

1. Konstruktoren werden häufig eingesetzt. Sie ermöglichen eine gezieltere Erzeugung von Objekten.
2. Destruktoren werden selten genutzt. Sie kommen zum Einsatz, falls bei der Löschung eines Objekts weitere Arbeiten durchgeführt werden sollen, wie zum Beispiel das Schließen einer Datei. Destruktoren werden mit der Methode `__del__()` definiert.

6.4 Besondere Methoden

Die Methoden `__init__()` und `__del__()` gehören zu einer Reihe von besonderen Methoden, die für die eingebauten Objekttypen bereits vordefiniert sind. Sie können für eigene Objekttypen, also Klassen, selbst definiert werden. Im folgenden Beispiel wird eine dieser Methoden zur Ausgabe eines Objekts genutzt:

```
# Definition der Klasse Fahrzeug
class Fahrzeug:
    def __init__(self, bez, ge):    # Konstruktormethode
        self.bezeichnung = bez
        self.geschwindigkeit = ge
    def __str__(self):              # Ausgabemethode
        return self.bezeichnung + " " \
            + str(self.geschwindigkeit) + " km/h"

# Objekte der Klasse Fahrzeug erzeugen
opel = Fahrzeug("Opel Admiral", 40)
volvo = Fahrzeug("Volvo Amazon", 45)

# Objekte ausgeben
print(opel)
print(volvo)
```

Listing 6.4 Datei oop_besondere.py

Die Ausgabe des Programms lautet:

```
Opel Admiral 40 km/h
Volvo Amazon 45 km/h
```

Zur Erläuterung:

▶ Bei der Ausgabe eines Objekts mit Hilfe der Funktion `print()` wird   `__str__()`
die besondere Methode `__str__()` aufgerufen, falls sie definiert ist.
Diese liefert eine Zeichenkette zur Ausgabe der Eigenschaften. Ist die
Methode für die betreffende Klasse nicht definiert, so ergibt sich
keine sinnvoll nutzbare Ausgabe.

Unterschiede in Python 2

Die Klammern bei der Anweisung `print` entfallen.

6.5   Operatormethoden

Ähnlich wie die besonderen Methoden sind die Operatormethoden für
die eingebauten Objekttypen bereits vordefiniert. Auch die Operatormethoden können Sie für eigene Objekttypen, also Klassen, selbst definieren. Im folgenden Beispiel werden insgesamt drei dieser Methoden zum
Vergleich zweier Objekte und zur Subtraktion zweier Objekte genutzt:

```
# Definition der Klasse Fahrzeug
class Fahrzeug:
    def __init__(self, bez, ge):     # Konstruktormethode
        self.bezeichnung = bez
        self.geschwindigkeit = ge
    def __gt__(self, other):         # 1. Vergleichsmethode
        return self.geschwindigkeit > other.geschwindigkeit
    def __eq__(self, other):         # 2. Vergleichsmethode
        return self.geschwindigkeit == other.geschwindigkeit
    def __sub__(self, other):        # Rechenmethode
        return self.geschwindigkeit - other.geschwindigkeit

# Objekte der Klasse Fahrzeug erzeugen
opel = Fahrzeug("Opel Admiral", 60)
volvo = Fahrzeug("Volvo Amazon", 45)

# Objekte vergleichen
if opel > volvo:
    print("Opel ist schneller")
elif opel == volvo:
    print("Beide sind gleich schnell")
else:
    print("Volvo ist schneller")
```

```
# Objekte subtrahieren
differenz = opel - volvo
print("Geschwindigkeitsdifferenz:", differenz, "km/h")
```

Listing 6.5 Datei oop_operator.py

Die Ausgabe des Programms:

```
Opel ist schneller
Geschwindigkeitsdifferenz: 15 km/h
```

Zur Erläuterung:

Objekte
vergleichen

▶ Die Methoden __gt__() und __eq__() werden beim Objektvergleich durch die Benutzung der Vergleichsoperatoren > und == aufgerufen.

__gt__()

  ▶ Die Methode __gt__() liefert True, falls das Objekt self größer als das Objekt other ist. Für diese Klasse wird definiert: Größer bedeutet höhere Geschwindigkeit.

__eq__()

  ▶ Die Methode __eq__() liefert True, falls die beiden Objekte gleich groß, also gleich schnell sind.

__sub__()

▶ Die Methode __sub__() wird bei der Verwendung des Operators – (Minus) aufgerufen. Zur Ausgabe eines sinnvollen Ergebnisses sollte sie die Differenz der Geschwindigkeiten der beiden Objekte zurückliefern. Sie wird im vorliegenden Programm bei der Berechnung differenz = opel – volvo genutzt.

Vergleichs-
operatoren

Neben den Operatoren > (*greater than*) und == (*equal*) können weitere Vergleichsoperatoren zu Funktionsaufrufen führen:

▶ >= führt zu __ge__(), *greater equal*

▶ < führt zu __lt__(), *lower than*

▶ <= führt zu __le__(), *lower equal*

▶ != führt zu __ne__(), *not equal*

Rechenoperatoren

Neben dem Operator – (Minus) können viele weitere Rechenoperatoren zu Funktionsaufrufen führen, unter anderem:

▶ + führt zu __add__()

▶ * führt zu __mul__()

▶ / führt zu __truediv__()

▶ // führt zu __floordiv__()

▶ % führt zu __mod__()

▶ ** führt zu __pow__()

6.6 Referenz, Identität und Kopie

Wie Sie bereits in Abschnitt 4.8 erfahren haben, ist der Name eines Objekts lediglich eine Referenz auf das Objekt. Bei Objekten von benutzerdefinierten Klassen erzeugt die Zuweisung dieser Referenz an einen anderen Namen lediglich eine zweite Referenz auf das gleiche Objekt.

Zweite Referenz

Echte Kopien von Objekten benutzerdefinierter Klassen können Sie durch Erzeugung eines neuen Objekts erstellen, dem Sie zum Beispiel über den Konstruktor die Werte eines anderen Objekts der gleichen Klasse zuweisen.

Kopie erstellen

Für umfangreiche Objekte können Sie sich auch der Funktion `deepcopy()` aus dem Modul `copy` bedienen, siehe auch Abschnitt 4.8.3, »Objekte kopieren«. Beide Vorgehensweisen werden im folgenden Programm gezeigt. Dort werden erzeugt:

copy.deepcopy()

- ▶ ein Objekt
- ▶ ein zweites Objekt als Kopie des ersten Objekts, mit Hilfe von Wertzuweisungen
- ▶ ein drittes Objekt als Kopie des ersten Objekts, mit `deepcopy()`
- ▶ eine zusätzliche Referenz auf das erste Objekt

```
# Modul copy
import copy

# Definition der Klasse Fahrzeug
class Fahrzeug:
    def __init__(self, bez, ge):        # Konstruktormethode
        self.bezeichnung = bez
        self.geschwindigkeit = ge
    def beschleunigen(self, wert):
        self.geschwindigkeit += wert
    def __str__(self):                  # Ausgabemethode
        return self.bezeichnung + " " \
            + str(self.geschwindigkeit) + " km/h"

# Objekt der Klasse Fahrzeug erzeugen
opel = Fahrzeug("Opel Admiral", 40)
```

```
# Kopie eines Objektes erzeugen
zweit_opel = Fahrzeug(opel.bezeichnung, opel.geschwindigkeit)
zweit_opel.beschleunigen(30)
# Tiefe Kopie eines Objektes erzeugen
dritt_opel = copy.deepcopy(opel)
dritt_opel.beschleunigen(35)

# Zweite Referenz auf Objekt erzeugen
viert_opel = opel
viert_opel.beschleunigen(20)

# Kontrollausgaben
print("Original:", opel)
print("Kopie:", zweit_opel)
print("Kopie:", dritt_opel)
print("zweite Referenz auf Original:", viert_opel)

# Identisch
print("2:", opel is zweit_opel)
print("3:", opel is dritt_opel)
print("4:", opel is viert_opel)
```

Listing 6.6 Datei oop_kopieren.py

Die Ausgabe des Programms:

```
Original: Opel Admiral 60 km/h
Kopie: Opel Admiral 70 km/h
Kopie: Opel Admiral 75 km/h
zweite Referenz auf Original: Opel Admiral 60 km/h
2: False
3: False
4: True
```

Zur Erläuterung:

▶ Das Objekt opel ist das Original.

▶ Das Objekt zweit_opel ist ein eigenes Objekt, das mit Hilfe des Konstruktors und der Daten des Originalobjekts erzeugt wird.

▶ Das Objekt dritt_opel ist ein eigenes Objekt, das mit Hilfe der Funktion copy.deepcopy() erzeugt wird.

▶ viert_opel ist eine zusätzliche Referenz auf das Originalobjekt opel.

▶ Die Änderung einer Eigenschaft über diese Referenz ändert das Originalobjekt, wie die Ausgabe zeigt.

- Die Vergleiche auf Identität mit Hilfe des Operators `is` zeigen, dass nur die Objekte `opel` und `viert_opel` identisch sind. Operator is

Unterschiede in Python 2

Die Klammern bei der Anweisung `print` entfallen.

6.7 Vererbung

Eine Klasse kann ihre Eigenschaften und Methoden an eine andere Klasse vererben. Dieser Mechanismus wird häufig angewendet. Sie erzeugen dadurch eine Hierarchie von Klassen, die die Darstellung von Objekten ermöglicht, die teilweise übereinstimmende, teilweise unterschiedliche Merkmale aufweisen. Klassenhierarchie

Im folgenden Beispiel wird eine Klasse `PKW` definiert, mit deren Hilfe die Eigenschaften und Methoden von Pkws dargestellt werden sollen. Bei der Erzeugung bedient man sich der bereits existierenden Klasse `Fahrzeug`, in der ein Teil der gewünschten Eigenschaften und Methoden bereits verwirklicht wurde. Bei der Klasse `PKW` kommen noch einige Merkmale hinzu. Diese Klasse ist spezialisiert, im Gegensatz zu der allgemeinen Klasse `Fahrzeug`. Erben

Von der Klasse `PKW` aus gesehen ist die Klasse `Fahrzeug` eine Basisklasse. Von der Klasse `Fahrzeug` aus gesehen ist die Klasse `PKW` eine abgeleitete Klasse. Zunächst die Definition der Basisklasse `Fahrzeug`. Sie enthält drei Methoden und zwei Eigenschaften: Basisklasse und abgeleitete Klasse

- die Konstruktormethode `__init__()`
- die eigene Methode `beschleunigen()`
- die Ausgabemethode `__str__()`
- die Eigenschaft `bezeichnung`
- die Eigenschaft `geschwindigkeit`

```
# Definition der Klasse Fahrzeug
class Fahrzeug:
    def __init__(self, bez, ge):
        self.bezeichnung = bez
        self.geschwindigkeit = ge
    def beschleunigen(self, wert):
        self.geschwindigkeit += wert
```

```
        def __str__(self):
            return self.bezeichnung + " " \
                + str(self.geschwindigkeit) + " km/h"
```

Listing 6.7 Datei oop_vererbung.py (Basisklasse Fahrzeug)

Es folgt die Definition der abgeleiteten Klasse PKW. Diese erbt von der Klasse Fahrzeug und enthält fünf Methoden und drei Eigenschaften:

Methode überschreiben
▶ die eigene Konstruktormethode __init__() und die eigene Ausgabemethode __str__(), die jeweils die gleichnamige Methode der Basisklasse überschreiben

▶ die eigenen Methoden einsteigen() und aussteigen()

▶ die von der Klasse Fahrzeug geerbte Methode beschleunigen()

▶ die eigene Eigenschaft insassen

▶ die von der Klasse Fahrzeug geerbten Eigenschaften bezeichnung und geschwindigkeit

```
# Definition der Klasse PKW
class PKW(Fahrzeug):
    def __init__(self, bez, ge, ins):
        Fahrzeug.__init__(self, bez, ge)
        self.insassen = ins
    def __str__(self):
        return Fahrzeug.__str__(self) + " " \
            + str(self.insassen) + " Insassen"
    def einsteigen(self, anzahl):
        self.insassen += anzahl
    def aussteigen(self, anzahl):
        self.insassen -= anzahl
```

Listing 6.8 Datei oop_vererbung.py, abgeleitete Klasse »PKW«

Zur Erläuterung:

class ... (Basisklasse)
▶ Wenn eine Klasse von einer anderen Klasse abgeleitet wird, so wird der Name der Basisklasse in Klammern hinter dem Namen der abgeleiteten Klasse angegeben.

▶ Eine Methode einer Basisklasse kann in einer abgeleiteten Klasse überschrieben werden.

Basisklassen-methode
▶ Um eine Methode der Basisklasse aufzurufen, müssen Sie den Namen dieser Klasse angeben.

Im Hauptprogramm wird ein Objekt der Klasse PKW erzeugt, verändert und ausgegeben:

```
# Objekt der abgeleiteten Klasse PKW erzeugen
fiat = PKW("Fiat Marea", 50, 0)

# eigene Methode anwenden
fiat.einsteigen(3)
fiat.aussteigen(1)

# geerbte Methode anwenden
fiat.beschleunigen(10)

# ueberschriebene Methode anwenden
print(fiat)
```

Listing 6.9 Datei oop_vererbung.py, Hauptprogramm

Die Ausgabe des Programms:

```
Fiat Marea 60 km/h 2 Insassen
```

Zur Erläuterung:

▶ Es wird das Objekt fiat erzeugt, dabei wird der Konstruktor aufgerufen. Er wird unmittelbar in der zugehörigen Klasse PKW gefunden. Dieser Konstruktor ruft wiederum den Konstruktor der Basisklasse auf, der bereits in der Lage ist, die Erzeugung von Objekten der Basisklasse durchzuführen. Diese abgestufte Vorgehensweise ist nicht zwingend vorgeschrieben, aber empfehlenswert. Anschließend wird die verbliebene Eigenschaft der abgeleiteten Klasse initialisiert.

Konstruktor ruft Konstruktor

▶ Es werden die Methoden einsteigen() und aussteigen() aufgerufen. Diese werden unmittelbar in der Klasse PKW gefunden und verändern die Eigenschaft insassen.

▶ Es wird die Methode beschleunigen() aufgerufen. Diese wird nicht unmittelbar in der Klasse PKW gefunden, daher wird in der Basisklasse weitergesucht. Dort wird sie gefunden und dient zur Veränderung der Eigenschaft geschwindigkeit.

Methode suchen

▶ Es wird die Ausgabemethode __str__() aufgerufen. Diese wird unmittelbar in der Klasse PKW gefunden. Sie ruft wiederum die gleichnamige Methode der Basisklasse auf. Das Ergebnis dieses Aufrufs wird mit den restlichen Daten aus der Klasse PKW zusammengesetzt und zurückgeliefert. Dies führt zur Ausgabe aller Daten des Objekts fiat.

Methode ruft Methode

Eigenschaften und Methoden werden zunächst in der Klasse des Objekts gesucht. Sollten sie dort nicht vorhanden sein, so wird die Suche in der zugehörigen Basisklasse fortgesetzt.

> **Unterschiede in Python 2**
>
> Die Klammern bei der Anweisung print entfallen.

6.8 Mehrfachvererbung

Mehrere
Basisklassen

Eine abgeleitete Klasse kann wiederum Basisklasse für eine weitere Klasse sein. Dadurch ergibt sich eine Vererbung über mehrere Ebenen. Eine Klasse kann außerdem von zwei Basisklassen gleichzeitig abgeleitet sein (Mehrfachvererbung), sie erbt dann alle Eigenschaften und Methoden beider Basisklassen.

Im folgenden Beispiel werden die beiden Klassen PKW und LKW von der Klasse Fahrzeug abgeleitet. Außerdem wird die Klasse Lieferwagen erzeugt, die sowohl von der Klasse PKW als auch von der Klasse LKW erbt. Die Definitionen der Klassen Fahrzeug und PKW sind bereits aus dem letzten Abschnitt, »Vererbung«, bekannt.

Klasse LKW

Die abgeleitete Klasse LKW ähnelt im Aufbau der Klasse PKW, erbt von der Klasse Fahrzeug und enthält fünf Methoden und drei Eigenschaften:

- ▶ die eigene Konstruktormethode __init__() und die eigene Ausgabemethode __str__(), die jeweils die gleichnamige Methode der Basisklasse überschreiben
- ▶ die eigenen Methoden beladen() und entladen()
- ▶ die von der Klasse Fahrzeug geerbte Methode beschleunigen()
- ▶ die eigene Eigenschaft ladung
- ▶ die von der Klasse Fahrzeug geerbten Eigenschaften bezeichnung und geschwindigkeit

```
# Definition der Klasse LKW
class LKW(Fahrzeug):
    def __init__(self, bez, ge, la):
        Fahrzeug.__init__(self, bez, ge)
        self.ladung = la
    def __str__(self):
        return Fahrzeug.__str__(self) + " " \
            + str(self.ladung) + " Tonnen Ladung"
```

```
    def beladen(self, wert):
        self.ladung += wert
    def entladen(self, wert):
        self.ladung -= wert
```

Listing 6.10 Datei oop_mehrfach.py, abgeleitete Klasse »LKW«

Die Klasse Lieferwagen erbt von zwei Klassen, die eine gemeinsame Basisklasse haben. Sie enthält sieben Methoden und vier Eigenschaften:

Klasse
Lieferwagen

▶ die eigene Konstruktormethode __init__() und die eigene Ausgabemethode __str__(), die jeweils die geerbten Methoden überschreiben

▶ die von der Klasse PKW geerbten Methoden einsteigen() und aussteigen()

▶ die von der Klasse LKW geerbten Methoden beladen() und entladen()

▶ die von der Klasse Fahrzeug geerbte Methode beschleunigen()

▶ die von der Klasse PKW geerbte Eigenschaft insassen

▶ die von der Klasse LKW geerbte Eigenschaft ladung

▶ die von der Klasse Fahrzeug geerbten Eigenschaften bezeichnung und geschwindigkeit

```
# Definition der Klasse Lieferwagen
class Lieferwagen(PKW, LKW):
    def __init__(self, bez, ge, ins, la):
        PKW.__init__(self, bez, ge, ins)
        LKW.__init__(self, bez, ge, la)
    def __str__(self):
        return PKW.__str__(self) + "\n" \
            + LKW.__str__(self)
```

Listing 6.11 Datei oop_mehrfach.py, abgeleitete Klasse »Lieferwagen«

Im Hauptprogramm wird ein Objekt der Klasse Lieferwagen erzeugt, verändert und ausgegeben:

```
# Objekt der abgeleiteten Klasse Lieferwagen erzeugen
toyota = Lieferwagen("Toyota Allround", 0, 0, 0)
toyota.einsteigen(2)
toyota.beladen(3.5)
```

```
toyota.beschleunigen(30)
print(toyota)
```

Listing 6.12 Datei oop_mehrfach.py, Hauptprogramm

Die Ausgabe des Programms lautet:

```
Toyota Allround 30 km/h 2 Insassen
Toyota Allround 30 km/h 3.5 Tonnen Ladung
```

Zur Erläuterung:

▶ Es wird das Objekt toyota erzeugt, dabei wird der Konstruktor aufgerufen. Er wird unmittelbar in der zugehörigen Klasse Lieferwagen gefunden. Dieser Konstruktor ruft wiederum die beiden Konstruktoren der Basisklassen PKW und LKW auf. Diese rufen jeweils zum einen den Konstruktor der Basisklasse Fahrzeug auf und initialisieren zum anderen eine spezifische Eigenschaft der Klasse (insassen oder ladung).

▶ Es werden die Methoden einsteigen(), beladen() und beschleunigen() aufgerufen. Diese werden in verschiedenen Basisklassen gefunden und verändern die Eigenschaften insassen, ladung und geschwindigkeit.

▶ Es wird die eigene Ausgabemethode __str__() aufgerufen. Ähnlich wie beim Konstruktor ruft diese die gleichnamigen Methoden der Basisklassen auf.

Unterschiede in Python 2

Die Klammern bei der Anweisung print entfallen.

6.9   Spiel, objektorientierte Version

Mehrere Klassen · In diesem Abschnitt stelle ich Ihnen eine objektorientierte Version des Spiels vor. In der Anwendung gibt es ein Objekt der Klasse Spiel. Während der Lebensdauer dieses Objekts werden mehrere Objekte der Klasse Aufgabe erzeugt und genutzt. Zunächst die Import-Anweisung und das kurze Hauptprogramm:

```
import random

# Hauptprogramm
s = Spiel()
```

```
s.spielen()
print(s)
```

Listing 6.13 Datei spiel_oop.py, Hauptprogramm

Zur Erläuterung:

▶ Das Modul ⌐andom wird für den Zufallsgenerator benötigt.

▶ Im Hauptprogramm wird das Objekt s der Klasse Spiel erzeugt.
  Dabei wird ein Spiel initialisiert.

▶ Für dieses Objekt wird die Methode spielen() ausgeführt. Dies ist
  der eigentliche Spielvorgang.

▶ Anschließend werden die Spielergebnisse ausgegeben.

Es folgt die Klasse Spiel: Klasse »Spiel«

```
class Spiel:
    def __init__(self):
        # Start des Spiels
        random.seed()
        self.richtig = 0

        # Anzahl bestimmen
        self.anzahl = -1
        while self.anzahl<0 or self.anzahl>10:
            try:
                print("Wie viele Aufgaben (1 bis 10):")
                self.anzahl = int(input())
            except:
                continue

    def spielen(self):
        # Spielablauf
        for i in range(1,self.anzahl+1):
            a = Aufgabe(i, self.anzahl)
            print(a)
            self.richtig += a.beantworten()

    def __str__(self):
        # Ergebnis
        return "Richtig: " + str(self.richtig) \
            + " von " + str(self.anzahl)
```

Listing 6.14 Datei spiel_oop.py, Klasse »Spiel«

Zur Erläuterung:

Konstruktor,
Eigenschaften

▶ Im Konstruktor der Klasse wird der Zufallsgenerator initialisiert. Der Zähler für die richtig gelösten Aufgaben wird zunächst auf 0 gesetzt. Es wird die Anzahl der zu lösenden Aufgaben ermittelt. Dabei werden zwei Eigenschaften der Klasse Spiel gesetzt: richtig und anzahl.

Methoden

▶ In der Methode spielen() wird die gewünschte Anzahl an Aufgaben erzeugt. Jede Aufgabe ist ein Objekt der Klasse Aufgabe. Die Aufgabe wird ausgegeben, also dem Benutzer gestellt. Anschließend wird die Methode beantworten() aufgerufen, also die Eingabe des Benutzers verarbeitet. Rückgabewert der Methode beantworten() ist 1 oder 0. Entsprechend wird der Zähler von richtig verändert.

▶ In der Ausgabemethode wird das Ergebnis des Spiels veröffentlicht.

Klasse »Aufgabe«   Zu guter Letzt die Klasse Aufgabe:

```
class Aufgabe:
    # Aufgabe initialisieren
    def __init__(self, i, anzahl):
        self.nr = i
        self.gesamt = anzahl

    # Aufgabe stellen
    def __str__(self):
        a = random.randint(10,30)
        b = random.randint(10,30)
        self.ergebnis = a + b
        return "Aufgabe " + str(self.nr) \
            + " von " + str(self.gesamt) + " : " \
            + str(a) + " + " + str(b)

    # Aufgabe beantworten
    def beantworten(self):
        try:
            if self.ergebnis == int(input()):
                print(self.nr, ": ***Richtig ***")
                return 1
            else:
                raise
        except:
            print(self.nr, ": *** Falsch ***")
            return 0
```

Listing 6.15 Datei spiel_oop.py, Klasse »Aufgabe«

Zur Erläuterung:

- ▸ Jedes Objekt der Klasse `Aufgabe` bekommt bei seiner Erzeugung seine eigene Nummer. Außerdem wird die Gesamtanzahl der Aufgaben übermittelt. Dabei werden zwei Eigenschaften der Klasse `Aufgabe` gesetzt: `nr` und `gesamt`.

  Konstruktor, Eigenschaften

- ▸ In der Ausgabemethode wird die Aufgabe zusammengesetzt und veröffentlicht. Das richtige Ergebnis der Aufgabe ist eine Eigenschaft der Klasse `Aufgabe`.

- ▸ In der Methode `beantworten()` wird die Eingabe des Benutzers entgegengenommen und mit dem richtigen Ergebnis der Aufgabe verglichen. Eine falsche oder ungültige Eingabe erzeugt eine Ausnahme, dies führt zur Rückgabe einer 0. Die Eingabe des richtigen Ergebnisses führt zur Rückgabe einer 1.

  Rückgabe

Unterschiede in Python 2

Die Klammern bei der Anweisung `print` entfallen. Die Funktion zur Eingabe heißt `raw_input()`.

7   Verschiedene Module

In diesem Kapitel erläutere ich Programmiertechniken zur Arbeit mit Datums- und Zeitangaben, Collections, die Technik des Multithreadings sowie reguläre Ausdrücke.

7.1   Datum und Zeit

Das Modul `time` enthält Funktionen zur Verarbeitung und Formatierung von Datums- und Zeitangaben.

Modul time

Auf vielen Betriebsystemen gilt der 1. Januar 1970 00:00 Uhr als Nullpunkt für die Verarbeitung von Datums- und Zeitangaben. Die Zeit wird in Sekunden ab diesem Zeitpunkt gerechnet.

Zeitlicher Nullpunkt

7.1.1   Spielen mit Zeitangabe

Das Spiel aus dem Programmierkurs können Sie um Datums- und Zeitangaben erweitern. Beispielsweise könnten Sie eine Zeitmessung einbauen, die feststellt, wie lange ein Benutzer zur Lösung einer oder aller Aufgaben benötigt hat.

Zeit messen

Falls eine Bestleistung erzielt wurde – zum Beispiel eine hohe Anzahl an gelösten Aufgaben im ersten Versuch oder die Lösung der Aufgaben innerhalb besonders kurzer Zeit –, so möchten Sie dies vielleicht mit Datum und Uhrzeit festhalten.

7.1.2   Aktuelle Zeit ausgeben

Zwei Beispielprogramme sollen die Ermittlung und die formatierte Ausgabe der aktuellen Zeit verdeutlichen. Zunächst ein Programm, das die Funktionen `time()` und `localtime()` aus dem Modul `time` nutzt:

time(), localtime()

```
# Modul time
import time

# Zeit in Sekunden
print("Zeit in Sekunden:", time.time())
```

```
# Aktuelle, lokale Zeit als Tupel
lt = time.localtime()

# Entpacken des Tupels
# Datum
jahr, monat, tag = lt[0:3]
print("Es ist der {0:02d}.{1:02d}.{2:4d}".
      format(tag, monat, jahr))

# Uhrzeit
stunde, minute, sekunde = lt[3:6]
print("genau {0:02d}:{1:02d}:{2:02d}".
      format(stunde, minute, sekunde))

# Wochentag
wtage = ["Montag", "Dienstag", "Mittwoch", "Donnerstag",
         "Freitag", "Samstag", "Sonntag"]
wtagnr = lt[6]
print("Das ist ein", wtage[wtagnr])

# Tag des Jahres
tag_des_jahres = lt[7]
print("Der {0:d}. Tag des Jahres".
      format(tag_des_jahres))

# Sommerzeit
dst = lt[8]
if dst == 1:
    print("Die Sommerzeit ist aktiv")
elif dst == 0:
    print("Die Sommerzeit ist nicht aktiv")
else:
    print("Keine Sommerzeitinformation vorhanden")
```

Listing 7.1   Datei zeit_localtime.py

Es wird die Ausgabe erzeugt:

```
Zeit in Sekunden: 1290245919.293
Es ist der 20.11.2010
genau 10:38:39
Das ist ein Samstag
Der 324. Tag des Jahres
Die Sommerzeit ist nicht aktiv
```

Zur Erläuterung:

▶ Die Funktion `time()` liefert die aktuelle Zeit in Sekunden seit dem 1.1.1970.

`time()`

▶ Die Funktion `localtime()` ohne Parameter liefert die aktuelle Zeit als ein Tupel, das aus einer Reihe von Einzelinformationen besteht. Diese Informationen werden sodann ausgewertet:

`localtime()`

▶ Die ersten drei Elemente (0 bis 2) liefern Jahr, Monat und Tag. Monat und Tag sind im Beispiel jeweils mit zwei Ziffern und führender Null formatiert.

Jahr, Monat, Tag

▶ Die nächsten drei Elemente (3 bis 5) liefern Stunde, Minute und Sekunde. Alle drei Angaben sind im Beispiel jeweils mit zwei Ziffern und führender Null formatiert.

Stunde, Minute, Sekunde

▶ Das nächste Element (6) stellt den Wochentag von 0 bis 6 bereit. Montag entspricht dabei der 0, Sonntag der 6.

Wochentag

▶ Die laufende Nummer des Tages innerhalb eines Jahres wird von Element 7 geliefert.

▶ Informationen über den Status der Sommerzeit liefert das letzte Element (8).

Unterschiede in Python 2

Die Klammern bei der Anweisung `print` entfallen. Es wird das Zeichen \ für den Umbruch von langen Programmzeilen eingesetzt.

Funktion »strftime()«

Noch genauere Informationen liefert die Funktion `strftime()`. Sie benötigt zwei Parameter:

`strftime()`

▶ einen Formatierungsstring für die gewünschte Ausgabe

▶ ein Zeittupel, wie es zum Beispiel die Funktion `localtime()` liefert

Über die Möglichkeiten von `localtime()` hinaus werden folgende Informationen bereitgestellt:

▶ Zeit im 12-Stunden-Format, mit der Angabe `AM` oder `PM`

▶ Jahresangabe nur mit zwei Ziffern

▶ Name des Wochentags, abgekürzt oder ausgeschrieben. Der Sonntag entspricht dabei der 0 (!) im Unterschied zu `localtime()`.

Wochentagsname

▶ Name des Monats, abgekürzt oder ausgeschrieben

Monatsname

- Kalenderwoche des Jahres, bezogen auf zwei verschiedene Systeme (Sonntag oder Montag als erster Tag der Woche)

- Angabe der Zeitzone

Ein Beispielprogramm:

```
# Modul time
import time

# Aktuelle Zeit
lt = time.localtime()

print(time.strftime("Tag.Monat.Jahr: %d.%m.%Y", lt))
print(time.strftime("Stunde:Minute:Sekunde: %H:%M:%S", lt))
print(time.strftime("im 12-Stunden-Format:"
                "%I:%M:%S Uhr %p", lt))
print(time.strftime("Datum und Zeit: %c", lt))
print(time.strftime("nur Datum: %x, nur Zeit: %X", lt))
print(time.strftime("Jahr in zwei Ziffern: %y", lt))
print(time.strftime("Tag des Jahres: %j", lt))
print()

# Woche, Monat
print(time.strftime("Wochentag kurz:%a, ganz:%A"
                ", Nr.(Sonntag=0):%w", lt))
print(time.strftime("Monat kurz:%b, ganz:%B", lt))
print()

# Kalenderwoche
print(time.strftime("Woche des Jahres, "
                "Beginn Sonntag: %U", lt))
print(time.strftime("Woche des Jahres, "
                "Beginn Montag: %W", lt))
print()

# Zeitzone
print(time.strftime("Zeitzone: %Z", lt))
```

Listing 7.2 Datei zeit_strftime.py

Die Ausgabe lautet:

```
Tag.Monat.Jahr: 20.11.2010
Stunde:Minute:Sekunde: 10:41:09
im 12-Stunden-Format: 10:41:09 Uhr AM
```

```
Datum und Zeit: 11/20/10 10:41:09
nur Datum: 11/20/10, nur Zeit: 10:41:09
Jahr in zwei Ziffern: 10
Tag des Jahres: 324

Wochentag kurz:Sat, ganz:Saturday, Nr.(Sonntag=0):6
Monat kurz:Nov, ganz:November

Woche des Jahres, Beginn Sonntag: 46
Woche des Jahres, Beginn Montag: 46

Zeitzone: Mitteleuropaeische Zeit
```

Unterschiede in Python 2

Die Klammern bei der Anweisung print entfallen.

Unterschiede in Linux

Für die Zeitzone wird der englische Begriff CET ausgegeben.

7.1.3 Zeitangabe erzeugen

Zur Erzeugung einer beliebigen Zeitangabe wird die Funktion mktime()   mktime()
genutzt. Sie benötigt als Parameter ein Tupel mit allen neun Angaben,
wie sie auch von der Funktion localtime() geliefert werden.

Die Angaben für Wochentag, Tag des Jahres und Sommerzeit kennen Sie
natürlich nur in den wenigsten Fällen. Sie können einfach mit 0 besetzt
werden, sie werden dennoch automatisch korrekt ermittelt, wie das folgende Beispiel zeigt:

```
# Modul time
import time

# Zeitangabe erzeugen
dztupel = 1979, 2, 15, 13, 0, 0, 0, 0, 0
print(time.strftime("%d.%m.%Y %H:%M:%S", dztupel))
damals = time.mktime(dztupel)

# Ausgabe
lt = time.localtime(damals)

# Wochentag
wtage = ["Montag", "Dienstag", "Mittwoch", "Donnerstag",
         "Freitag", "Samstag", "Sonntag"]
```

```
wtagnr = lt[6]
print("Das ist ein", wtage[wtagnr])

# Tag des Jahres
tag_des_jahres = lt[7]
print("Der {0:d}. Tag des Jahres".format(tag_des_jahres))
```

Listing 7.3 Datei zeit_erzeugen.py

Die Ausgabe lautet:

```
15.02.1979 13:00:00
Das ist ein Donnerstag
Der 46. Tag des Jahres
```

Zur Erläuterung:

▶ Das Datum »15. Februar 1979 13:00 Uhr« soll gespeichert werden. Dazu werden die ersten vier Elemente des Tupels mit den gegebenen Werten besetzt. Die Angaben für Minute und Sekunde sowie die drei restlichen Angaben werden mit 0 besetzt.

▶ Wird die Funktion localtime() mit einer Zeitangabe als Parameter aufgerufen, so liefert sie ein Tupel mit den einzelnen Informationen zu dieser Zeitangabe.

Unterschiede in Python 2

Die Klammern bei der Anweisung print entfallen.

7.1.4 Mit Zeitangaben rechnen

Zeitdifferenz | Zur Berechnung eines Zeitraums, also der Differenz zwischen zwei Zeitangaben, müssen beide Zeitangaben einzeln erzeugt werden. Anschließend können Sie die Differenz aus den beiden Zeitangaben in Sekunden berechnen. Aus dieser Differenz lässt sich dann auch die Differenz in Minuten, Stunden und Tagen ermitteln.

Im folgenden Programm wird die Differenz zwischen dem 15. Februar 1979 23:55:00 Uhr und dem 16. Februar 1979 00:05:15 Uhr berechnet.

```
# Modul time
import time

# Zwei Zeitangaben erzeugen
dztupel1 = 1979, 2, 15, 23, 55, 0, 0, 0, 0
damals1 = time.mktime(dztupel1)
```

```
print("Zeit 1:", time.strftime("%d.%m.%Y %H:%M:%S",
                               dztupel1))

dztupel2 = 1979, 2, 16, 0, 5, 15, 0, 0, 0
damals2 = time.mktime(dztupel2)
print("Zeit 2:", time.strftime("%d.%m.%Y %H:%M:%S",
                               dztupel2))
print()

# Differenz berechnen
print("Differenz:")

diff_sek = damals2 - damals1
print(diff_sek, "Sekunden")

diff_min = diff_sek/60
print(diff_min, "Minuten")

diff_std = diff_min/60
print(diff_std, "Stunden")

diff_tag = diff_std/24
print(diff_tag, "Tage")
```

Listing 7.4 Datei zeit_rechnen.py

Folgende Ausgabe wird erzeugt:

```
Zeit 1: 15.02.1979 23:55:00
Zeit 2: 16.02.1979 00:05:15

Differenz:
615.0 Sekunden
10.25 Minuten
0.170833333333 Stunden
0.00711805555556 Tage
```

Zur Erläuterung:

▸ In der Variablen `diff_sek` wird die Differenz zwischen den beiden Zeitangaben `damals1` und `damals2` in Sekunden berechnet.

▸ Zur Ermittlung der Minuten wird diese Zahl durch 60 geteilt.

▸ Zur Ermittlung der Stunden wird wiederum dieses Ergebnis durch 60 geteilt.

▸ Zur Ermittlung der Tage wird das letzte Ergebnis durch 24 geteilt.

Die Klammern bei der Anweisung print entfallen.

Alter berechnen

Alter berechnen

Zur Berechnung des Alters einer Person wird ein anderer Weg beschritten. Dies wird im folgenden Programm gezeigt.

```python
# Modul time
import time

# Geburtstag
dztupel = 1979, 5, 7, 0, 0, 0, 0, 0, 0
print("Geburt:", time.strftime("%d.%m.%Y", dztupel))
geburt = time.mktime(dztupel)
ltgeburt = time.localtime(geburt)
# Aktuell
ltheute = time.localtime()
print("Heute:", time.strftime("%d.%m.%Y"))

# Alter berechnen
alter = ltheute[0] - ltgeburt[0]
if ltheute[1] < ltgeburt[1] or \
        ltheute[1] == ltgeburt[1] and \
        ltheute[2] < ltgeburt[2]:
    alter = alter - 1
print("Alter:", alter)
```

Listing 7.5 Datei zeit_alter.py

Die Ausgabe lautet:

```
Geburt: 07.05.1979
Heute: 20.11.2010
Alter: 31
```

Zur Erläuterung:

▶ Die Zeitangabe für den Geburtstag, zum Beispiel für den 7. Mai 1979, wird mit Hilfe der Funktion mktime() erzeugt.

▶ Die aktuelle Zeitangabe wird mit der Funktion localtime() ohne Parameter erzeugt.

▶ Das Alter wird zunächst aus der Differenz der Jahresangaben errechnet.

▶ Falls die Person in diesem Jahr noch nicht Geburtstag hatte, weil

   ▶ entweder der Geburtsmonat noch nicht erreicht wurde

   ▶ oder innerhalb des Geburtsmonats der Geburtstag noch nicht erreicht wurde,

so wird das Alter um 1 reduziert.

7.1.5 Programm anhalten

Die Funktion `sleep()` aus dem Modul `time` ermöglicht das Anhalten eines Programms für einen bestimmten Zeitraum. In dem folgenden Beispielprogramm wird innerhalb einer Schleife mehrmals die aktuelle Zeit ausgegeben. Nach jedem Ausgabevorgang wird das Programm für zwei Sekunden angehalten. Am Ende wird die Zeitdifferenz zwischen Start und Ende berechnet.

sleep()

```
# Modul time
import time

# Start
startzeit = time.time()
print("Start:", startzeit)

# Zeitangaben, jeweils mit Pause
for i in range(5):
    time.sleep(2)
    print(time.time())

# Ende
endzeit = time.time()
print("Ende:", endzeit)

# Abstand
differenz = endzeit-startzeit
print("Differenz:", differenz)
```

Listing 7.6 Datei zeit_anhalten.py

Es wird die folgende Ausgabe erzeugt:

```
Start: 1290247169.011
1290247171.039
1290247173.052
1290247175.064
1290247177.077
```

```
1290247179.089
Ende: 1290247179.089
Differenz: 10.07800006866455
```

Wie die Ausgabe der Differenz zeigt, lässt sich die Funktion `sleep()` nur für eine zeitliche Steuerung von begrenzter Genauigkeit einsetzen, denn

▶ zum einen benötigen die einzelnen Programmschritte eine eigene, wenn auch kurze, Laufzeit, und

▶ zum anderen unterscheiden sich die Zeitabstände geringfügig.

Einsatzmöglichkeiten

Dennoch können Sie die Funktion `sleep()` für viele Anwendungen sinnvoll einsetzen, unter anderem im Bereich von grafischen Animationen, Simulationen oder der Spieleprogrammierung.

Unterschiede in Python 2

Die Klammern bei der Anweisung `print` entfallen.

7.1.6 Spiel, Version mit Zeitmessung

Zeitmessung

In dieser Spielversion werden fünf Additionsaufgaben mit Zahlen aus dem Bereich von 10 bis 30 gestellt. Der Spieler hat pro Aufgabe nur einen Versuch. Ungültige Eingaben oder falsche Ergebnisse werden einfach mit dem Text `Falsch` kommentiert und bewertet. Am Ende wird die Gesamtzeit angegeben, die der Spieler benötigt hat.

```python
# Module
import random, time

# Initialisierung
random.seed()
richtig = 0
startzeit = time.time()

# 5 Aufgaben
for aufgabe in range(5):
    # Aufgabe mit Ergebnis
    a = random.randint(10,30)
    b = random.randint(10,30)
    c = a + b
    print("Aufgabe", aufgabe+1, "von 5:", a, "+", b)

    # Eingabe
    try:
        zahl = int(input("Bitte eine Zahl eingeben: "))
```

```
        if zahl == c:
            print("Richtig")
            richtig += 1
        else:
            raise
    except:
        print("Falsch")

# Auswertung
endzeit = time.time()
differenz = erdzeit-startzeit
print("Richtig: {0:d} von 5 in {1:.2f} Sekunden".
      format(richtig, differenz))
print("Ergebnis erzielt:",
      time.strftime("%d.%m.%Y %H:%M:%S"))
```

Listing 7.7 Datei spiel_zeit.py

Die Ausgabe lautet:

```
Aufgabe 1 von 5: 14 + 30
Bitte eine Zahl eingeben: 44
Richtig
Aufgabe 2 von 5: 17 + 11
Bitte eine Zahl eingeben: 28
Richtig
Aufgabe 3 von 5: 25 + 19
Bitte eine Zahl eingeben: 44
Richtig
Aufgabe 4 von 5: 23 + 22
Bitte eine Zahl eingeben: 45
Richtig
Aufgabe 5 von 5: 19 + 28
Bitte eine Zahl eingeben: 47
Richtig
Richtig: 5 von 5 in 7.63 Sekunden
Ergebnis erzielt: 20.11.2010 10:57:23
```

Zur Erläuterung:

▶ Am Anfang und am Ende wird die Zeit genommen und anschließend die Differenz berechnet.   Zeitdifferenz

▶ Die Anzahl der richtigen Ergebnisse wird mitgezählt.

▶ Im Fall einer ungültigen Eingabe oder eines falschen Ergebnisses wird eine Ausnahme erzeugt.

Unterschiede in Python 2

Die Klammern bei der Anweisung print entfallen. Die Funktion zur Eingabe heißt raw_input(). Es wird das Zeichen \ für den Umbruch von langen Programmzeilen eingesetzt.

7.1.7 Spiel, objektorientierte Version mit Zeitmessung

Die objektorientierte Version des Spiels mit Zeitmessung basiert auf der objektorientierten Version ohne Zeitmessung, siehe Abschnitt 6.9, »Spiel, objektorientierte Version«. Nachfolgend stelle ich nur die Erweiterungen vor. Zunächst die Import-Anweisung und das kurze Hauptprogramm:

```
import random, time

# Hauptprogramm
s = Spiel()
s.messen(True)
s.spielen()
s.messen(False)
print s
```

Listing 7.8 Datei spiel_zeit_oop.py, Hauptprogramm

Zur Erläuterung:

▶ Es wird zusätzlich das Modul time für die Zeitmessung benötigt.

▶ Vor und nach dem eigentlichen Spielvorgang wird die Methode messen() zur Ermittlung der Spieldauer aufgerufen. Der Parameter vom Typ bool gibt an, ob es sich um den Start des Spiels handelt.

Klasse »Aufgabe« Die Klasse Aufgabe wurde nicht verändert. In der Klasse Spiel wurde die Methode messen() hinzugefügt und die Ausgabemethode verändert:

```
class Spiel:
    . . .
    def messen(self, start):
        # Zeitmessung
        if start:
            self.startzeit = time.time()
        else:
            endzeit = time.time()
            self.zeit = endzeit - self.startzeit
```

```
def __str__(self):
    # Ergebnis
    ausgabe = "Richtig: {0:d} von {1:d} in " \
        "{2:.2f} Sekunden".format(self.richtig, \
        self.anzahl, self.zeit)
    ausgabe += "\nam " + time.strftime("%d.%m.%Y") \
        + " um " + time.strftime("%H:%M:%S")
    return ausgabe
```

Listing 7.9 Datei spiel_zeit_oop.py, Klasse »Spiel«

Zur Erläuterung:

▶ In der Methode `messen()` wird die Startzeit ermittelt, falls der Para-
  meterwert `True` übermittelt wurde. Andernfalls werden die Endzeit
  und die Spieldauer ermittelt. Die Spieldauer (`zeit`) ist eine Eigenschaft der Klasse `Spiel`.

Zeitmessung

▶ In der Ausgabemethode wird das Ergebnis des Spiels zusammen mit
  Spieldauer, Datum und Uhrzeit veröffentlicht.

Unterschiede in Python 2

Die Klammern bei der Anweisung `print` entfallen. Die Funktion zur Eingabe
heißt `raw_input()`.

7.2   Modul »collections«

Das Modul `collections` bietet einige spezialisierte Datentypen, die als
Container dienen können, unter anderem den Datentyp `deque`. Die
Datentypen ähneln teilweise den eingebauten Container-Datentypen
(wie Dictionary, Liste, Set oder Tupel), haben allerdings zusätzliche
Fähigkeiten und bieten einen sehr schnellen Zugriff.

Datentyp deque

Die Bezeichnung des Datentyps `deque` steht für *double-ended Queue*. An
beiden Enden eines Objekts dieses Typs können Sie Elemente hinzufügen oder entfernen. Ein Beispiel:

Double-ended
Queue

```
# Modul
import collections

# Erzeugen
d = collections.deque("abc")
print("Neu:", d)
```

```
# Elemente
for x in d:
    print("Element:", x)

# Hinzu links, rechts
d.appendleft(5)
d.append(25)
print("Hinzu:", d)

# Erweitern links, rechts
d.extendleft([7,9])
d.extend([17,19])
print("Erweitert:", d)

# Entfernen links, rechts
li = d.popleft()
print("Links:", li)
re = d.pop()
print("Rechts:", re)
print("Entfernt:", d)

# Rotieren
d.rotate()
print("Rotiert +1:", d)
d.rotate(-2)
print("Rotiert -2:", d)

# Leeren
d.clear()
print("Geleert:", d)
```

Listing 7.10 Datei modul_collections.py

Die Ausgabe lautet:

```
Neu: deque(['a', 'b', 'c'])
Element: a
Element: b
Element: c
Hinzu: deque([5, 'a', 'b', 'c', 25])
Erweitert: deque([9, 7, 5, 'a', 'b', 'c', 25, 17, 19])
Links: 9
Rechts: 19
Entfernt: deque([7, 5, 'a', 'b', 'c', 25, 17])
Rotiert +1: deque([17, 7, 5, 'a', 'b', 'c', 25])
```

```
Rotiert -2: deque([5, 'a', 'b', 'c', 25, 17, 7])
Geleert: deque([])
```

Zur Erläuterung:

▶ Die Funktion `deque()` liefert ein neues Objekt des Datentyps `deque`. **deque()**
Als Parameter wird ein iterierbares Objekt benötigt, also eine Zeichenkette, eine Liste oder Ähnliches.

▶ Die einzelnen Elemente erreichen Sie mit `for ... in`.

▶ Mit `appendleft()` und `append()` können Sie einzelne Elemente am **append()**
linken oder rechten Ende der double-ended Queue hinzufügen.

▶ `extendleft()` und `extend()` dienen zum Erweitern der double-ended **extend()**
Queue um mehrere Elemente am linken bzw. am rechten Ende.

    ▶ Die Elemente werden nacheinander in der gegebenen Reihenfolge am jeweiligen Ende angefügt.

    ▶ Dies führt dazu, dass die hinzugefügten Elemente bei der Methode `extendleft()` in einer anderen Reihefolge stehen.

▶ Die Methoden `popleft()` und `pop()` entfernen ein Element am linken **pop()**
Ende beziehungsweise am rechten Ende. Dieses Element wird jeweils als Rückgabewert geliefert.

▶ Mit Hilfe der Methode `rotate()` lassen Sie die Elemente innerhalb **rotate()**
der Double-ended Queue zirkular rotieren.

    ▶ Geben Sie keinen Parameter an, so wird um ein Element nach rechts rotiert.

    ▶ Sie können auch negative Wert angeben werden. In diesem Fall wird nach links rotiert.

    ▶ Ein Element, das bei der Rotation *über den Rand geschoben wird*, wird am anderen Ende wieder angefügt.

Unterschiede in Python 2

Die Klammern bei der Anweisung `print` entfallen.

7.3 Multithreading

Der Begriff *Multithreading* bezeichnet die Eigenschaft eines Programms, **Parallele**
mehrere Teile parallel bearbeiten zu lassen. Diese parallel laufenden **Verarbeitung**
Teile eines Programms werden *Threads* genannt. Moderne Betriebssysteme erlauben Multithreading, und die Programmiersprache Python bietet die entsprechenden Routinen.

7.3.1 Wozu dient Multithreading?

Es gibt eine Reihe von Problemstellungen, bei denen sich Multithreading als nützlich erweist, zum Beispiel Simulationen von realen Prozessen, bei denen eine Aktion eine weitere Aktion anstößt, danach aber selbst auch weiterläuft. Die angestoßene Aktion kann wiederum eine dritte Aktion auslösen usw. Alle Aktionen greifen auf die gleichen Umgebungsdaten zu, verändern sie gegebenenfalls, enden zu verschiedenen Zeitpunkten und mit unterschiedlichen Ergebnissen.

Es kann sich auch um GUI-Anwendungen handeln, bei denen rechen-intensive Programmteile im Hintergrund laufen (*ausgelagert werden*) oder grafisch permanent die Ergebnisse von Messwertauswertungen oder anderen Echtzeitprozessen dargestellt werden.

7.3.2 Erzeugung eines Threads

Das Modul _thread bietet eine einfache Möglichkeit zum Multithrea-ding. Zur Erzeugung eines Threads in Python wird die Funktion start_new_thread() benötigt. Diese Funktion verlangt zwei Parameter:

▶ den Namen einer Funktion, die im Thread ausgeführt werden soll

▶ ein Tupel mit Parametern für diese Funktion; hat die Funktion keine Parameter, muss ein leeres Tupel angegeben werden

Im folgenden Programm wird aus dem Hauptprogramm ein neuer Thread gestartet. Anschließend wird das Hauptprogramm für 10 Sekun-den angehalten und dann beendet. Beginn und Ende des Hauptpro-gramms werden angezeigt.

In dem Thread läuft die Funktion show(), in der insgesamt fünfmal die aktuelle Zeit angezeigt wird. Nach jeder Anzeige wird das Programm für 1,5 Sekunden angehalten. Beginn und Ende des Threads werden eben-falls angezeigt.

```
# Module
import time, _thread

# Thread-Funktion
def show():
    print("Start Thread")
    for i in range(5):
        print(i, time.time())
        time.sleep(1.5)
    print("Ende Thread")
    return
```

```
# Hauptprogramm
print("Start Hauptprogramm:", time.time())
_thread.start_new_thread(show,())
time.sleep(10)
print("Ende Hauptprogramm:", time.time())
```

Listing 7.11 Datei thread_erzeugen.py

Es wird die Ausgabe erzeugt:

```
Start Hauptprogramm: 1229952093.11
Start Thread
0 1229952093.13
1 1229952094.64
2 1229952096.16
3 1229952097.66
4 1229952099.16
Ende Thread
Ende Hauptprogramm: 1229952103.13
```

Zur Erläuterung:

▶ Sie erkennen, dass das Hauptprogramm 10 Sekunden gelaufen ist. **Hauptprogramm**

▶ Parallel dazu lief ein Thread, der ungefähr alle 1,5 Sekunden eine Aus- **Thread**
gabe macht.

▶ Bei den hier vorgenommenen Zeitangaben endet das Hauptprogramm erst, nachdem der parallel laufende Thread bereits beendet ist.

Unterschiede in Python 2

Die Klammern bei der Anweisung `print` entfallen. Das Modul heißt `thread`
statt `_thread`, also ohne führenden Unterstrich.

Unterschiede in IDLE unter Linux

Die Ausgaben der im Programm erzeugten Threads werden nicht angezeigt,
nur die des Hauptprogramms. Starten Sie das Programm jedoch im Terminal,
so sind alle Ausgaben zu sehen, und es läuft wie oben beschrieben. Dies gilt
für den gesamten Abschnitt 7.3.

7.3.3 Identifizierung eines Threads

Zur Unterscheidung der Auswirkungen unterschiedlicher Threads hat **get_ident()**
jeder Thread eine eindeutige Identifikationsnummer (ID), die Sie über
die Funktion `get_ident()` ermitteln. Das Hauptprogramm ist ebenfalls
ein Thread – auch dieser *Haupt-Thread* verfügt über eine ID.

Das vorherige Programm wurde erweitert. Aus dem Haupt-Thread werden, zeitlich versetzt, insgesamt zwei Threads mit der Funktion show() gestartet. Für jeden Thread, auch für den Haupt-Thread, wird die ID ermittelt und bei jeder Ausgabe zusätzlich angezeigt.

```python
# Module
import time, _thread

# Thread-Funktion
def show():
    id = _thread.get_ident()
    print("Start Thread", id)
    for i in range(5):
        print(i, "Thread", id)
        time.sleep(1.5)
    print("Ende Thread", id)
    return

# Hauptprogramm
id = _thread.get_ident()
print("Start Hauptprogramm", id)
_thread.start_new_thread(show,())
time.sleep(0.5)
_thread.start_new_thread(show,())
time.sleep(10)
print("Ende Hauptprogramm", id)
```

Listing 7.12 Datei thread_ident.py

Das Programm erzeugt die Ausgabe:

```
Start Hauptprogramm 3752
Start Thread 3136
0 Thread 3136
Start Thread 1612
0 Thread 1612
1 Thread 3136
1 Thread 1612
2 Thread 3136
2 Thread 1612
3 Thread 3136
3 Thread 1612
4 Thread 3136
4 Thread 1612
```

```
Ende Thread 3136
Ende Thread 1612
Ende Hauptprogramm 3752
```

Zur Erläuterung:

▶ Der Haupt-Thread hat im vorliegenden Programmlauf die ID 3752, der erste Unter-Thread die ID 3136, der zweite Unter-Thread die ID 1612. Den parallelen Ablauf der Threads können Sie anhand der IDs beobachten.

Unterschiede in Python 2

Die Klammern bei der Anweisung print entfallen. Das Modul heißt thread statt _thread.

7.3.4 Gemeinsame Objekte

Alle Threads haben Zugriff auf alle globalen Daten und Objekte des über- geordneten Threads. Im folgenden Beispiel wird gezeigt, wie eine Vari- able vom Haupt-Thread und zwei weiteren Threads gemeinsam genutzt und verändert wird. — Globale Variablen

```python
# Module
import time, _thread

# Thread-Funktion
def show():
    global counter
    id = _thread.get_ident()
    for i in range(5):
        counter += 1
        print(i, id, counter)
        time.sleep(1.5)
    return

# Hauptprogramm
id = _thread.get_ident()
counter = 0
print(id, counter)

_thread.start_new_thread(show,())
time.sleep(0.5)
_thread.start_new_thread(show,())
time.sleep(10)
```

```
counter += 1
print(id, counter)
```

Listing 7.13 Datei thread_gemeinsam.py

Die Ausgabe lautet:

```
512 0
0 3876 1
0 2672 2
1 3876 3
1 2672 4
2 3876 5
2 2672 6
3 3876 7
3 2672 8
4 3876 9
4 2672 10
512 11
```

Zur Erläuterung:

- Die Variable counter ist global im Haupt-Thread (hier: ID 512) und wird dort mit 0 vorbesetzt.

- Sie wird mit Hilfe des Schlüsselworts global in der Thread-Funktion bekannt gemacht, um 1 erhöht und angezeigt.

- In beiden Unter-Threads (hier: ID 3876 und ID 2672) ist die Variable bekannt und kann verändert werden.

- Am Ende wird sie auch im Haupt-Thread um 1 erhöht und angezeigt.

Unterschiede in Python 2

Die Klammern bei der Anweisung print entfallen. Das Modul heißt thread statt _thread.

7.3.5 Threads und Exceptions

Laufzeitfehler nur im Thread

Tritt eine unbehandelte Ausnahme auf, so betrifft dies nur den Thread, in dem sie auftritt. Weder der aufrufende Haupt-Thread noch die anderen Threads werden dadurch gestört.

Das vorherige Programm wurde erweitert. Falls die Variable counter den Wert 5 hat, so wird die unbehandelte Ausnahme ZeroDivisionError künstlich hervorgerufen. Der Thread, in dem dies geschieht, wird unmittelbar beendet. Die anderen Threads – auch der Haupt-Thread –

laufen unbeeinflusst zu Ende. Das geänderte Programm sieht wie folgt aus:

```
# Module
import time, _thread

# Thread-Funktion
def show():
    global counter
    id = _thread.get_ident()
    for i in range(5):
        counter += 1
        print(i, id, counter)

        # Division durch 0
        if counter == 5:
            erg = 1/0
        time.sleep(1.5)
    return

# Hauptprogramm
id = _thread.get_ident()
counter = 0
print(id, counter)

_thread.start_new_thread(show,())
time.sleep(0.5)
_thread.start_new_thread(show,())
time.sleep(10)

counter += 1
print(id, counter)
```

Listing 7.14 Datei thread_ausnahme.py

Es wird die Ausgabe erzeugt:

```
1832 0
0 324 1
0 2372 2
1 324 3
1 2372 4
2 324 5
Unhandled exception in thread
started by <function show at 0x012F6F18>
2 2372 6
```

```
3 2372 7
4 2372 8
1832 9
```

Zur Erläuterung:

▶ Der Thread mit der ID 324 endet aufgrund der unbehandelten Ausnahme. Der Thread mit der ID 2372 läuft regulär zu Ende, ebenso der
Haupt-Thread mit der ID 1832.

Unterschiede in Python 2

Die Klammern bei der Anweisung print entfallen. Das Modul heißt thread
statt _thread.

7.4 Reguläre Ausdrücke

Suchen und
Ersetzen

Reguläre Ausdrücke erleichtern das Suchen und Ersetzen von bestimmten Texten oder Teiltexten oder von einzelnen Zeichen. Sie kommen zum
Beispiel bei der Kontrolle und Auswertung von Benutzereingaben oder
bei der Suche nach Dateien zum Einsatz.

Modul re

Wenn festgestellt wird, dass ein Benutzer eine falsche oder unvollstän-
dige Eingabe gemacht hat, so kann dies zu einer Hilfestellung und einer
erneuten Eingabeaufforderung führen. In Python wird das Modul re
zum Arbeiten mit regulären Ausdrücken benötigt.

Die beiden folgenden Programmbeispiele sollen einen Teil der umfangreichen Möglichkeiten von regulären Ausdrücken verdeutlichen.

7.4.1 Suchen von Teiltexten

findall()

Zum Suchen von Teiltexten wird hier die Methode findall() eingesetzt. Sie findet alle Teiltexte, die zum regulären Ausdruck passen, und
liefert eine Liste dieser Teiltexte zur weiteren Auswertung zurück.

```
# Modul
import re

# 1: Exakter Text
tx = "Haus und Maus und Laus"
print(tx)
erg = re.findall("Maus",tx)
print("1: ", erg)
```

```
# 2: Wahl zwischen bestimmten Zeichen
erg = re.findall("[HM]aus",tx)
print("2: ", erg)

# 3: Alle Buchstaben aus Bereich
erg = re.findall("[L-M]aus",tx)
print("3: ", erg)

# 4: Alle Buchstaben nicht aus Bereich
erg = re.findall("[^L-M]aus",tx)
print("4: ", erg)

# 5: Beliebiges Zeichen
erg = re.findall(".aus",tx)
print("5: ", erg)

# 6: Suchbegriff nur am Anfang des Textes
erg = re.findall("^.aus",tx)
print("6: ", erg)

# 7: Suchbegriff nur am Ende des Textes
erg = re.findall(".aus$",tx)
print("7: ", erg)
print()

# 8: alle Ziffern aus Bereich
tx = "0172-445633"
print(tx)
erg = re.findall("[0-2]",tx)
print("8: ", erg)

# 9: alle Zeichen nicht aus Ziffernbereich
erg = re.findall("[^0-2]",tx)
print("9: ", erg)

# 10: alle Zeichen oder Ziffern, die angegeben sind
erg = re.findall("[047-]",tx)
print("10: ", erg)
print()

# 11: Wiederholung, beliebig oft
tx = "aa und aba und abba und abbba und aca"
print(tx)
erg = re.findall("ab*a",tx)
print("11: ", erg)
```

```
# 12: Wiederholung, 1 oder mehr
erg = re.findall("ab+a",tx)
print("12: ", erg)

# 13: Wiederholung, 0 oder 1
erg = re.findall("ab?a",tx)
print("13: ", erg)

# 14: Wiederholung, m bis n
erg = re.findall("ab{2,3}a",tx)
print("14: ", erg)

# 15: Wiederholung der max. Menge von Zeichen
tx = "aa und aba und abba und aca und addda"
erg = re.findall("a.*a",tx)
print("15: ", erg)

# 16: Wiederholung der min. Menge von Zeichen
erg = re.findall("a.*?a",tx)
print("16: ", erg)
```

Listing 7.15 Datei regexp_suchen.py

Die Ausgabe dieses Programms:

```
Haus und Maus und Laus
1:  ['Maus']
2:  ['Haus', 'Maus']
3:  ['Maus', 'Laus']
4:  ['Haus']
5:  ['Haus', 'Maus', 'Laus']
6:  ['Haus']
7:  ['Laus']

0172-445633
8:  ['0', '1', '2']
9:  ['7', '-', '4', '4', '5', '6', '3', '3']
10:  ['0', '7', '-', '4', '4']

aa und aba und abba und abbba und aca
11:  ['aa', 'aba', 'abba', 'abbba']
12:  ['aba', 'abba', 'abbba']
13:  ['aa', 'aba']
14:  ['abba', 'abbba']
15:  ['aa und aba und abba und aca und addda']
16:  ['aa', 'aba', 'abba', 'aca', 'addda']
```

Zur Erläuterung:

1. Basis für die ersten sieben regulären Ausdrücke ist der Text Haus und Maus und Laus. Im ersten Beispiel wird der exakte Begriff Maus gesucht. Alle Vorkommen dieses Begriffs werden geliefert.

2. Es werden die Teiltexte gesucht, die mit einem H oder einem M beginnen und mit aus enden. In den eckigen Klammern steht: Suche wahlweise H oder M. Gefunden werden Haus und Maus, aber nicht Laus.

   Eckige Klammern

3. Es werden die Teiltexte gesucht, die mit einem der Zeichen von L bis M beginnen und mit aus enden. Die eckigen Klammern geben einen Bereich an. Gefunden werden Maus und Laus, aber nicht Haus.

4. Es werden die Teiltexte gesucht, die *nicht* mit einem der Zeichen von L bis M beginnen, aber mit aus enden. Das Zeichen ^ bedeutet im Zusammenhang mit einem Bereich eine logische Verneinung. Gefunden wird Haus, aber nicht Maus und Laus.

   Zeichen ^, nicht

5. Es werden die Teiltexte gesucht, die mit einem beliebigen Zeichen beginnen und mit aus enden. Das Zeichen . (Punkt) bedeutet: beliebiges Zeichen. Gefunden werden Haus, Maus und Laus.

   Zeichen .

6. Es werden die Teiltexte gesucht, die mit einem beliebigen Zeichen beginnen und mit aus enden. Dies gilt allerdings nur für Teiltexte, die *zu Beginn* des untersuchten Textes stehen. Das Zeichen ^ bedeutet in diesem Zusammenhang: zu Beginn. Gefunden wird nur Haus.

   Zeichen ^, Beginn

7. Es werden die Teiltexte gesucht, die mit einem beliebigen Zeichen beginnen und mit aus enden. Dies gilt allerdings nur für Teiltexte, die *am Ende* des untersuchten Textes stehen. Das Zeichen $ bedeutet in diesem Zusammenhang: am Ende. Gefunden wird nur Laus.

   Zeichen $

8. Basis für die nächsten drei regulären Ausdrücke ist der Text 0172-445633. Es wird als Teiltext eine der Ziffern von 0 bis 2 gesucht. Zusammenhängende Bereiche können sich also auch auf Ziffern beziehen. Gefunden werden die Ziffern 0, 1 und 2.

   Suche nach Ziffern

9. Es wird als Teiltext ein Zeichen gesucht, das *nicht* im Ziffernbereich von 0 bis 2 liegt. Gefunden werden alle Ziffern außerhalb von 0 bis 2 sowie alle Nichtziffern.

10. Es wird als Teiltext eines der Zeichen aus der angegebenen Menge von Zeichen gesucht. Gefunden werden alle Zeichen sowie Ziffern aus dem Bereich 0, 4, 7 oder -.

11. Basis für die letzten sechs regulären Ausdrücke ist der Text aa und aba und abba und abbba und aca. An diesem Text soll im Vergleich das Verhalten bei Wiederholungen von Zeichen verdeutlicht werden. Gefun-

    *Zeichen ***

den werden alle Teiltexte, die aus folgender Zeichenfolge bestehen: ein a, eine beliebige Anzahl (auch 0 möglich) des Zeichens b, wiederum ein a. Der * (Stern) bedeutet: beliebige Wiederholungszahl.

Zeichen + 12. Gefunden werden alle Teiltexte, die aus folgender Zeichenfolge bestehen: ein a, mindestens ein b, wiederum ein a. Das + (Plus) bedeutet: beliebige Anzahl von Wiederholungen, mindestens eine.

Zeichen ? 13. Gefunden werden alle Teiltexte, die aus folgender Zeichenfolge bestehen: ein a, kein oder ein b, wiederum ein a. Das Fragezeichen ? bedeutet in diesem Zusammenhang: keine oder eine Wiederholung.

Geschweifte Klammern 14. Gefunden werden alle Teiltexte, die aus folgender Zeichenfolge bestehen: ein a, zweimal oder dreimal das Zeichen b, wiederum ein a. Die geschweiften Klammern bieten die Möglichkeit, die gewünschte Anzahl an Wiederholungen anzugeben.

15. Gefunden werden alle Teiltexte, die aus folgender Zeichenfolge bestehen: ein a, anschließend so viele beliebige Zeichen wie möglich, wiederum ein a. Da der durchsuchte Text mit einem a beginnt und einem a endet, wird genau eine Zeichenfolge gefunden.

16. Gefunden werden alle Teiltexte, die aus folgender Zeichenfolge bestehen: ein a, anschließend so wenig beliebige Zeichen wie möglich, wiederum ein a. Es wird eine ganze Reihe von Zeichenfolgen gefunden, die dazu passen.

Unterschiede in Python 2

Die Klammern bei der Anweisung print entfallen.

7.4.2 Ersetzen von Teiltexten

sub() Die Methode sub() ersetzt alle Teiltexte, die zum regulären Ausdruck passen, durch einen anderen Text. Zur deutlicheren Darstellung werden in diesem Programm die gleichen regulären Ausdrücke eingesetzt wie im vorherigen Programm. Alle Teiltexte, die gemäß dem Ausdruck gefunden werden, werden durch x ersetzt.

```
# Modul
import re

# 1: Exakter Text
tx = "Haus und Maus und Laus"
print(tx)
txneu = re.sub("Maus","x",tx)
print("1: ", txneu)
```

```
# 2: Wahl zwischen bestimmten Zeichen
txneu = re.sub("[H|M]aus","x",tx)
print("2: ", txneu)

# 3: alle Buchstaben aus Bereich
txneu = re.sub("[L-M]aus","x",tx)
print("3: ", txneu)

# 4: alle Buchstaben nicht aus Bereich
txneu = re.sub("[^L-M]aus","x",tx)
print("4: ", txneu)

# 5: Beliebiges Zeichen
txneu = re.sub(".aus","x",tx)
print("5: ", txneu)

# 6: Suchbegriff nur am Anfang des Textes
txneu = re.sub("^.aus","x",tx)
print("6: ", txneu)

# 7: Suchbegriff nur am Ende des Textes
txneu = re.sub(".aus$","x",tx)
print("7: ", txneu)
print()

# 8: alle Ziffern aus Bereich
tx = "0172-445633"
print(tx)
txneu = re.sub("[0-2]","x",tx)
print("8: ", txneu)

# 9: alle Zeichen nicht aus Ziffernbereich
txneu = re.sub("[^0-2]","x",tx)
print("9: ", txneu)

# 10: alle Zeichen oder Ziffern, die angegeben sind
txneu = re.sub("[047-]","x",tx)
print("10: ", txneu)
print()

# 11: Wiederholung, beliebig oft
tx = "aa und aba und abba und abbba und aca"
print(tx)
txneu = re.sub("ab*a","x",tx)
print("11: ", txneu)
```

```
# 12: Wiederholung, 1 oder mehr
txneu = re.sub("ab+a","x",tx)
print("12: ", txneu)

# 13: Wiederholung, 0 oder 1
txneu = re.sub("ab?a","x",tx)
print("13: ", txneu)

# 14: Wiederholung, m bis n
txneu = re.sub("ab{2,3}a","x",tx)
print("14: ", txneu)

# 15: Wiederholung der max. Menge von Zeichen
tx = "aa und aba und abba und aca und addda"
txneu = re.sub("a.*a","x",tx)
print("15: ", txneu)

# 16: Wiederholung der min. Menge von Zeichen
txneu = re.sub("a.*?a","x",tx)
print("16: ", txneu)
```

Listing 7.16   Datei regexp_ersetzen.py

Die Ausgabe dieses Programms sieht wie folgt aus:

```
Haus und Maus und Laus
1:   Haus und x und Laus
2:   x und x und Laus
3:   Haus und x und x
4:   x und Maus und Laus
5:   x und x und x
6:   x und Maus und Laus
7:   Haus und Maus und x

0172-445633
8:   xx7x-445633
9:   01x2xxxxxxx
10:  x1x2xxx5633

aa und aba und abba und abbba und aca
11:  x und x und x und x und aca
12:  aa und x und x und x und aca
13:  x und x und abba und abbba und aca
14:  aa und aba und x und x und aca
15:  x
16:  x und x und x und x und x
```

Unterschiede in Python 2

Die Klammern bei der Anweisung print entfallen.

8 Dateien

Die dauerhafte Speicherung von Daten kann in einfachen Dateien oder in Datenbanken erfolgen. In diesem Abschnitt lernen Sie verschiedene Methoden zur Speicherung von Daten in Dateien kennen.

Abschließend stelle ich Ihnen das bereits bekannte Spiel in einer Version vor, die das Abspeichern von Spielergebnissen in einer Highscore-Datei ermöglicht.

Highscore speichern

8.1 Dateitypen

Bei der Ein- und Ausgabe von Daten in Dateien sollten Sie wissen, welcher Dateityp vorliegt und welche Zugriffsart Sie verwenden können. Wir unterscheiden zwischen folgenden Zugriffsarten:

- ▶ Sequentieller Zugriff: Diese Möglichkeit wird bei einer Datei bevorzugt, deren einzelne Zeilen unterschiedlich lang sind und jeweils mit einem Zeilenumbruch beendet werden. Der Inhalt der Datei kann mit einem einfachen Editor bearbeitet werden. Die Zeilen werden rein sequentiell gelesen und geschrieben. Der direkte Zugriff auf eine bestimmte Zeile ist nicht möglich, da die Länge der Vorgängerzeilen nicht bekannt ist.

Sequentiell

- ▶ Wahlfreier Zugriff: Diese Möglichkeit haben Sie bei einer Datei, die Datensätze enthält. Zeilenumbrüche können, müssen aber nicht existieren. Die Länge und Struktur eines Datensatzes sollte bekannt sein oder innerhalb der Datei an einer vereinbarten Stelle stehen. Die Zeilen können direkt gelesen und verändert werden, da man den Ort jedes Datensatzes berechnen kann.

Wahlfrei

- ▶ Binärer Zugriff: Diese Zugriffsmöglichkeit steht für alle Dateitypen zur Verfügung. Sie arbeiten mit den reinen Bytefolgen; diese können Sie mit Hilfe eines darauf angepassten Python-Programms lesen oder verändern. Allerdings kann dies zur Folge haben, dass die Dateien nicht mehr mit den zugehörigen Anwendungsprogrammen gelesen werden können. Überschreiben Sie beispielsweise in einer Oracle-Datenbank die Stelle, an der die Anzahl der Datensätze einer

Binär

bestimmten Tabelle steht, so kann dies dazu führen, dass diese Tabelle oder mehrere Tabellen zerstört werden.

Dateistruktur bekannt Ohne Kenntnis der Struktur einer Datei ist es daher nicht möglich, sie korrekt zu bearbeiten. Außer den genannten Typen gibt es auch Mischformen.

8.2   Öffnen und Schließen einer Datei

open() Eine Datei, die bearbeitet werden soll, muss vorher geöffnet werden. Dies geschieht mit Hilfe der eingebauten Funktion open(). Dabei werden der Name der Datei (eventuell mit Pfadangabe) und der Öffnungsmodus angegeben.

Pfad zur Datei Es wird davon ausgegangen, dass sich die zu öffnende Datei im gleichen Verzeichnis wie das Python-Programm befindet. Anderenfalls müssen Sie den absoluten oder relativen Pfad zur Datei angeben. Der relative Pfad kann wie folgt angegeben werden:

Beschreibung	Pfad
zur Datei *ein.txt* im Unterverzeichnis *unt*	unt/ein.txt
zur Datei *ein.txt* im übergeordneten Verzeichnis	../ein.txt
zur Datei *ein.txt* im parallelen Verzeichnis *neb*	../neb/ein.txt

Tabelle 8.1   Relativer Pfad

Pfad mit /

Hinweis
Bei Python unter Windows sind sowohl der Forward-Slash (/) als auch der Back-Slash (\) zum Verzeichniswechsel erlaubt. Häufig wird ein Dateizugriff im Zusammenhang mit Internet-Server-Programmierung genutzt. Im Internet herrschen Unix-Server vor, daher stelle ich hier die Unix-freundliche Variante mit / (Forward-Slash) vor.

Einige Öffnungsmodi:

Modus	Erläuterung
r	Öffnen zum Lesen (kann auch weggelassen werden, Standard)
w	Öffnen zum (Über-)Schreiben
a	Öffnen zum zusätzlichen Schreiben (Anhängen) am Ende der Datei
r+	Öffnen zum Lesen und Schreiben, aktuelle Position am Anfang

Tabelle 8.2   Öffnungsmodi

Modus	Erläuterung
w+	Öffnen zum Lesen und Schreiben, Datei wird geleert
a+	Öffnen zum Lesen und Schreiben, aktuelle Position am Ende
b	Eine zusätzliche Angabe, sie dient zum Öffnen einer Datei, die gelesen oder geschrieben werden soll; im Binärmodus; siehe auch Abschnitt 8.5, »Serialisierung«.

Tabelle 8.2 Öffnungsmodi (Forts.)

Rückgabewert der Funktion `open()` ist ein Dateiobjekt, das für den weiteren Zugriff auf die Datei verwendet wird.

Dateiobjekt

In jedem Dateiobjekt ist die aktuelle Zugriffsposition gespeichert. Dies ist die Position, an der aktuell gelesen oder geschrieben wird. Sie verändert sich mit jedem Lese- oder Schreibvorgang. Außerdem kann sie mit der Funktion `seek()` verändert werden, ohne lesen und schreiben zu müssen.

seek()

Nach der Bearbeitung der Datei muss diese mit der Funktion `close()` geschlossen werden. Wird die Datei nicht geschlossen, ist sie eventuell für weitere Zugriffe gesperrt.

close()

8.3 Sequentielle Dateien

Dateien können sequentiell beschrieben oder gelesen werden.

8.3.1 Sequentielles Schreiben

Zum Schreiben in eine Datei muss die Datei zunächst mit der Funktion `open()` und dem Öffnungsmodus `"w"` geöffnet werden. Wenn die Datei noch nicht existiert, wird sie in diesem Moment erzeugt. Achtung: Wenn sie bereits existiert, wird sie ohne Vorwarnung überschrieben!

Modus »w«

Beim Öffnen einer Datei im Schreibmodus kann ein Laufzeitfehler auftreten (zum Beispiel beim Schreiben auf ein schreibgeschütztes Medium oder ein nicht vorhandenes Laufwerk). Daher sollten Sie hier eine Ausnahmebehandlung durchführen.

Datei schreiben

Anschließend können Sie mit der Funktion `write()` einzelne Strings und mit der Funktion `writelines()` eine Liste von Strings in die Datei schreiben. Zahlen können Sie mit Hilfe der Funktion `str()` in einen String umwandeln. Das Zeichen `\n` (*new line*) für das Zeilenende müssen Sie jeweils hinzufügen.

write(), writelines()

```
import sys

# Zugriffsversuch
try:
    d = open("schreiben.txt","w")
except:
    print("Dateizugriff nicht erfolgreich")
    sys.exit(0)

# Schreiben von einzelnen Strings, mit Zeilenende
d.write("Die erste Zeile\n")
for i in range(2,11,2):
    d.write(str(i) + " ")
d.write("\n")

# Schreiben einer Liste
x = ["abc\n", str(12/7.5)+"\n", "xyz\n"]
d.writelines(x)

# Schliessen der Datei
d.close()
```

Listing 8.1 Datei schreiben.py

Die Datei *schreiben.txt* hat anschließend den folgenden Inhalt:

```
Die erste Zeile
2 4 6 8 10
abc
1.6
xyz
```

Zur Erläuterung:

write()
- ▶ Zunächst wird eine einzelne Textzeile mit der Funktion write() in die Datei geschrieben.

- ▶ Anschließend werden die Zahlen von 2 bis 10 in Schritten von 2 in Strings umgewandelt und in die Datei geschrieben.

- ▶ Nach jeder Ausgabezeile wird ein Zeilenende zusätzlich ausgegeben.

writelines()
- ▶ Die Liste x wird erzeugt. Die Elemente sind Strings, die mit dem Zeilenende-Zeichen enden. Diese Liste wird mit der Funktion writelines() in die Datei geschrieben.

Unterschiede in Python 2

Die Klammern bei der Anweisung print entfallen.

> **Hinweis**
>
> Verwenden Sie beim Öffnen der Datei den Öffnungsmodus "a" statt "w" (d
> = open("schreiben.txt","a")), so werden die Ausgaben an den bisheri-
> gen Dateiinhalt angehängt. Die Datei wird also immer größer.

8.3.2 Sequentielles Lesen

Die Zeilen einer sequentiellen Datei können Sie mit den Funktionen readlines(), readline() oder read() lesen:

Datei lesen

▶ Die Funktion readlines() liest alle Zeilen der Datei in eine Liste von Strings.

readlines()

▶ Die Funktion readline() liest jeweils eine einzelne Zeile einer Datei in einen String.

readline()

▶ Die Funktion read() liest alle Zeilen der Datei in einen String.

read()

Beispiel 1

Zunächst werden alle Zeilen einer Datei mit Hilfe der Funktion read-lines() in eine Liste gelesen:

```
import sys

# Zugriffsversuch
try:
    d = open("lesen.txt")
except:
    print("Dateizugriff nicht erfolgreich")
    sys.exit(0)

# Lesen aller Zeilen in eine Liste
allezeilen = d.readlines()

# Schliessen der Datei
d.close()

# Ausgabe und Summierung der Listenelemente
summe = 0
for zeile in allezeilen:
    print(zeile, end="")
    summe += float(zeile)

# Ausgabe der Summe
print("Summe:", summe)
```

Listing 8.2 Datei lesen_alle_zeilen.py

Die Datei *lesen.txt* hat folgenden Inhalt:

```
6
2.5
4
```

Die Ausgabe des Programms lautet:

```
6
2.5
4
Summe: 12.5
```

Zur Erläuterung:

open() ▶ Zunächst müssen Sie die Datei mit Hilfe der Funktion `open()` zum Lesen öffnen. Den Öffnungsmodus können Sie in diesem Fall weglassen.

▶ Gelingt das Öffnen der Datei nicht, so tritt eine Ausnahme auf. Dies geschieht beispielsweise, wenn

   ▶ die Datei nicht existiert,

   ▶ der Name der Datei falsch geschrieben wurde oder

   ▶ sich die Datei in einem anderen Verzeichnis befindet.

readlines() ▶ Die Funktion `readlines()` wird auf das Dateiobjekt angewendet und ergibt eine Liste von Strings. Jeder String enthält eine Zeile inklusive dem Zeichen für Zeilenende. Die Strings können unterschiedlich lang sein.

close() ▶ Nach dem Lesen wird die Datei mit `close()` geschlossen.

▶ Alle Elemente der Liste können mit einer `for`-Schleife bearbeitet werden. Im vorliegenden Beispiel werden sie auf dem Bildschirm ausgegeben und in Zahlen umgewandelt. Da das Zeichen für das Zeilenende bereits vorhanden ist, sollte bei der Ausgabe kein zusätzliches Zeilenende-Zeichen ausgegeben werden, da sonst unnötige Leerzeilen entstehen.

▶ Die Elemente der Liste werden mit Hilfe der Funktion `float()` in Zahlen umgewandelt und anschließend summiert.

▶ Die Summe wird ausgegeben.

Unterschiede in Python 2

Die Klammern bei der Anweisung `print` entfallen. Da jede Zeile bereits das Zeilenende-Zeichen enthält, muss dieses abgeschnitten werden. Die entsprechende Programmzeile lautet daher: `print zeile[0:len(zeile)-1]` statt `print(zeile, end="")`.

Beispiel 2

Im folgenden Programm werden einzelne Zeilen einer Datei mit Hilfe der Funktion readline()gelesen:

```
import sys

# Zugriffsversuch
try:
    d = open("lesen.txt")
except:
    print("Dateizugriff nicht erfolgreich")
    sys.exit(0)

# Lesen und Ausgabe einzelner Zeilen
zeile1 = d.readline()
print(zeile1, end="")
zeile2 = d.readline()
print(zeile2, end="")

# Summierung und Ausgabe
summe = float(zeile1) + float(zeile2)
print("Summe:", summe)

# Schliessen der Datei
d.close()
```

Listing 8.3 Datei lesen_einzelzeile.py

Die Ausgabe des Programms lautet:

```
6
2.5
Summe: 8.5
```

Zur Erläuterung:

▶ Nach dem erfolgreichen Öffnen der Datei ist die aktuelle Leseposition der Anfang der ersten Zeile.

▶ Die Funktion readline() ergibt einen String, der eine Zeile inklusive dem Zeichen für Zeilenende enthält.

readline()

▶ Nach einem Aufruf von readline() ist die aktuelle Leseposition der Anfang der nächsten Zeile. Daher wird beim zweiten Aufruf die zweite Zeile gelesen usw.

> **Unterschiede in Python 2**
>
> Die Klammern bei der Anweisung `print` entfallen. Da jede Zeile bereits das Zeilenende-Zeichen enthält, muss dieses abgeschnitten werden. Die entsprechende Programmzeile lautet daher: `print zeile1[0:len(zeile1)-1]` statt `print(zeile1, end="")`. Entsprechendes gilt für `zeile2`.

Beispiel 3

Auch mit der Funktion `readline()` können Sie alle Zeilen einer Datei lesen. Dazu ist es notwendig, das Ende der Datei zu erkennen. Zu diesem Zweck können Sie den von `readline()` zurückgelieferten String untersuchen. Ein Beispielprogramm:

```
import sys

# Zugriffsversuch
try:
    d = open("lesen.txt")
except:
    print("Dateizugriff nicht erfolgreich")
    sys.exit(0)

# Lesen, Ausgabe und Summierung aller Zeilen
summe = 0
zeile = d.readline()
while zeile:
    summe += float(zeile)
    print(zeile, end="")
    zeile = d.readline()

# Ausgabe der Summe
print("Summe:", summe)

# Schliessen der Datei
d.close()
```

Listing 8.4 Datei lesen_ende.py

Die Ausgabe des Programms:

```
6
2.5
4
Summe: 12.5
```

Zur Erläuterung:

▸ Über eine `while`-Schleife wird das Lesen der Zeilen gesteuert.

▸ Wenn das Dateiende noch nicht erreicht wurde, ist der String z nicht leer. Die Bedingung `while z` ist somit wahr, und die Schleife wird weiter ausgeführt.

Dateiende erkennen

▸ Wurde das Dateiende erreicht, so ist der String z leer. Die Bedingung `while z` ist somit falsch, und das Programm beendet die Schleife.

Unterschiede in Python 2

Die Klammern bei der Anweisung `print` entfallen. Da jede Zeile bereits das Zeilenende-Zeichen enthält, muss dieses abgeschnitten werden. Die entsprechende Programmzeile lautet daher `print zeile[0:len(zeile)-1]` statt `print(zeile, end="")`.

Beispiel 4

Die Funktion `read()` liest den gesamten Inhalt einer Datei in einen String. Dieser muss anhand des Zeilenende-Zeichens in einzelne Zeilen zerlegt werden. Ein Beispielprogramm:

```
import sys

# Zugriffsversuch
try:
    d = open("lesen.txt")
except:
    print("Dateizugriff nicht erfolgreich")
    sys.exit(0)

# Lesen des gesamten Texts
gesamtertext = d.read()

# Schliessen der Datei
d.close()

# Umwandeln in eine Liste
zeilenliste = gesamtertext.split(chr(10))

# Summieren und Ausgeben
summe = 0
for zeile in zeilenliste:
    if zeile:
        summe += float(zeile)
    print(zeile)
```

```
# Summe ausgeben
print("Summe:", summe)
```

Listing 8.5 Datei lesen_alles.py

Die Ausgabe des Programms:

```
6
2.5
4

Summe: 12.5
```

Zur Erläuterung:

read()   ▶ Alle Zeilen werden mit Hilfe der Funktion read() in einen String gelesen.

split() ▶ Der String wird anhand des Zeilenende-Zeichens (Unicode-Zahl 10) mit Hilfe der Funktion split() in einzelne Zeilen zerlegt.

▶ Über eine while-Schleife wird das Lesen der Zeilen gesteuert.

▶ Die Zeilen werden summiert und ausgegeben, anschließend wird die Summe ausgegeben.

Unterschiede in Python 2

Die Klammern bei der Anweisung print entfallen.

8.3.3   CSV-Datei schreiben

Comma-separated Values
CSV-Dateien (CSV = *Comma-separated Values*) sind Textdateien, in denen ein Datensatz pro Zeile steht. Die Daten des Datensatzes sind durch festgelegte Zeichen (wie Semikolon) voneinander getrennt. Solche Dateien haben meist die Dateiendung *.csv*. Sie können auch von anderen Programmen (zum Beispiel Microsoft Excel oder OpenOffice.org Calc) erkannt und richtig genutzt werden.

Spiel mit CSV
Neben den Beispielen in diesem Abschnitt finden Sie in Abschnitt 8.10, »Spiel, objektorientierte Version mit Highscore-Datei«, eine weitere Version des bereits bekannten Spiels. Darin werden die Daten des Spielers (Name und Zeit) in einer CSV-Datei dauerhaft gespeichert, so dass Sie eine Highscore-Liste führen können.

Ein Beispiel, in dem eine einfache Liste und eine zweidimensionale Liste als CSV-Datensätze in eine Datei geschrieben werden:

```
import sys

# Zugriffsversuch
try:
    d = open("daten.csv","w")
except:
    print("Dateizugriff nicht erfolgreich")
    sys.exit(0)

# Schreiben einer Liste als CSV-Datensatz
li = [42, "Maier", 3524.52]
d.write(str(li[0]) + ";" + li[1] + ";"
    + str(li[2]).replace(".",",") + "\n")

# Schreiben einer zweidim. Liste als Datensatztabelle
dli = [[55, "Warner", 3185.00], [57, "Schulz", 2855.20]]
for element in dli:
    d.write(str(element[0]) + ";"
        + element[1] + ";"
        + str(element[2]).replace(".",",") + "\n")

# Schliessen der Datei
d.close()
```

Listing 8.6   Datei schreiben_csv.py

Die Ausgabedatei *daten.csv* hat anschließend den folgenden Inhalt:

```
42;Maier;3524,52
55;Warner;3185,0
57;Schulz;2855,2
```

Zur Erläuterung:

▶ Nach dem erfolgreichen Öffnen werden die einzelnen Elemente der einfachen Liste mit Hilfe der Funktion write() in die Datei geschrieben.   write()

▶ Zwischen den einzelnen Elementen wird jeweils ein Semikolon eingefügt.   Semikolon

▶ Handelt es sich bei einem Element um eine Zahl, so wird diese mit Hilfe der Funktion str() in eine Zeichenkette umgewandelt.

▶ Bei Zahlen mit Nachkommastellen wird anschließend der Dezimalpunkt mit Hilfe der Funktion replace() in ein Komma verwandelt. Damit können diese Zahlen problemlos von einer deutschen Version von Microsoft Excel eingelesen werden.   Dezimalpunkt

▶ Die Struktur der Daten muss also bekannt sein. Darüber hinaus müssen die Daten der verschiedenen Datentypen unterschiedlich verarbeitet werden, um einen korrekten Export zu gewährleisten.

Microsoft Excel Falls Excel unter Windows installiert ist, genügt ein Doppelklick auf die Ausgabedatei *daten.csv*, um den Inhalt als Excel-Tabelle darzustellen, siehe Abbildung 8.1.

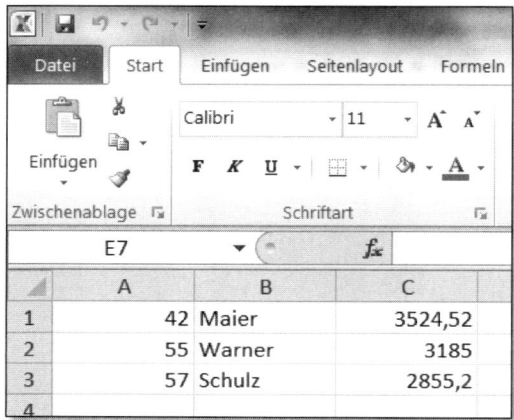

Abbildung 8.1 CSV-Datei in Excel

Unterschiede in Python 2

Die Klammern bei der Anweisung print entfallen.

Unterschiede unter Linux

In Ubuntu können Sie die Datei mit OpenOffice.org *Calc* öffnen. Dies geschieht auch automatisch nach einem Doppelklick auf den Dateinamen in der Verzeichnisanzeige. Es wird das Dialogfeld Text-Import dargestellt. Die Standardeinstellungen können Sie übernehmen; betätigen Sie also einfach den Button OK. Anschließend werden die Daten korrekt dargestellt, wie in Excel unter Windows.

8.3.4 CSV-Datei lesen

Um den Inhalt einer CSV-Datei zu importieren, müssen auch Struktur und Datentypen der Daten bekannt sein. Die CSV-Datei aus dem vorherigen Beispiel wird in Excel ergänzt und abgespeichert, siehe Abbildung 8.2.

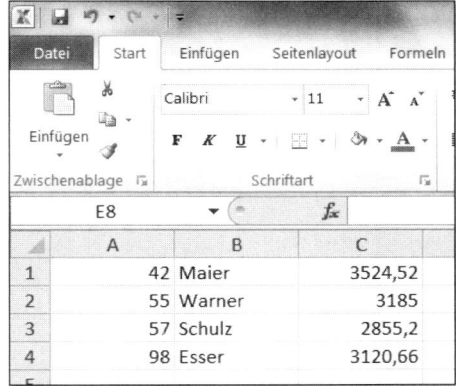

Abbildung 8.2 CSV-Datei in Excel, ergänzt

Die Datei wird mit dem folgenden Programm gelesen. Die Datensätze werden in einer zweidimensionalen Liste abgelegt:

```
import sys

# Zugriffsversuch
try:
    d = open("daten.csv")
except:
    print("Dateizugriff nicht erfolgreich")
    sys.exit(0)

# Lesen des gesamten Texts
gesamtertext = d.read()

# Schliessen der Datei
d.close()

# Umwandeln in eine Liste von Zeilen
zeilerliste = gesamtertext.split(chr(10))

# Jede Zeile umwandeln in Liste von int, string, float
li = []
for zeile in zeilenliste:
    if zeile:
        zwliste = zeile.split(";")
        li.append([int(zwliste[0]),
            zwliste[1],
            float(zwliste[2].replace(",", "."))])
```

```
# Ausgabe
for p in li:
    print("{0:d} {1} {2:.2f}".format(p[0], p[1], p[2]))
```

Listing 8.7 Datei lesen_csv.py

Das Programm erzeugt die Ausgabe:

```
42 Maier 3524.52
55 Warner 3185.00
57 Schulz 2855.20
98 Esser 3120.66
```

Zur Erläuterung:

read() ▸ Zunächst wird der gesamte Text der Datei mit Hilfe der Funktion `read()` in einen String eingelesen.

split() ▸ Dieser String wird mit Hilfe der Funktion `split()` und dem Zeilenende-Zeichen (Unicode-Zahl 10) in eine Liste von Zeilen zerlegt. Diese Liste enthält das Zeilenende-Zeichen nicht mehr.

▸ Jedes Element der Liste, also jede Zeile, wird mit Hilfe der Funktion `split()` und dem Semikolon-Zeichen in eine Zwischenliste (`zwliste`) mit den einzelnen Daten zerlegt. Diese Zerlegung wird nur durchgeführt, wenn die Zeile nicht leer ist.

▸ Handelt es sich bei einem Element der Zwischenliste um eine Zahl, so wird diese mit Hilfe der Funktion `int()` oder mit der Funktion `float()` umgewandelt.

Dezimalpunkt ▸ Bei Zahlen mit Nachkommastellen wurde vorher das Komma mit Hilfe der Funktion `replace()` in einen Dezimalpunkt verwandelt. Damit kann diese Zahl, die aus einer deutschen Version von Excel kommt, problemlos weiterverarbeitet werden.

▸ Zuletzt wird die zweidimensionale Liste zeilenweise formatiert ausgegeben.

Unterschiede in Python 2

Die Klammern bei der Anweisung `print` entfallen.

Unterschiede unter Linux

OpenOffice.org Calc bettet Texte bei der Speicherung in einer CSV-Datei in Anführungsstriche ein. Falls Sie diese in der Ausgabe nicht haben möchten, schneiden Sie sie ab. Bei Aufruf der Methode `append()` lautet der Ausdruck dann `zwliste[1][1:len(zwliste[1])-1]` statt einfach nur `zwliste[1]`.

8.4 Dateien mit festgelegter Struktur

Wenn eine Datei formatiert beschrieben wird, ist ihre Struktur festge- Lesen
legt. Es ist genau bekannt, an welcher Stelle welche Information steht.
Somit können die gewünschten Informationen direkt aus der Datei gelesen werden, ohne die gesamte Datei Zeile für Zeile einlesen zu müssen.

Außerdem ist es möglich, bestimmte Informationen *punktuell* zu verän- Schreiben
dern, ohne den restlichen Inhalt der Datei zu beeinflussen. Beide Möglichkeiten werden in den folgenden Abschnitten vorgeführt.

8.4.1 Formatiertes Schreiben

Das formatierte Schreiben in eine Datei geschieht auf die gleiche Art und Formatieren
Weise wie die formatierte Ausgabe. Es werden Datensätze gleicher Länge
und gleichen Aufbaus gebildet.

Optional fügen Sie nach jedem Datensatz ein Zeilenende ein, um die Editor
Datei in einem Editor leichter lesbar zu machen. Sie können die Datei
auch mit Hilfe eines Editors verändern, solange Sie sich an die festgelegte
Struktur halten. Ein Beispiel:

```python
import sys

# Zugriffsversuch
try:
    d = open("obst.txt","w")
except:
    print("Dateizugriff nicht erfolgreich")
    sys.exit(0)

# Tabelle mit verschiedenen Objekten
fm = "{0:04d}{1:>12}{2:4d}{3:8.2f} Euro{4:8.2f} Euro\n"
artname = {23:"Apfel", 8:"Banane", 42:"Pfirsich"}
anzahl = {23:1, 8:3, 42:5}
epreis = {23:2.95, 8:1.45, 42:3.05}

d.write("{0:>4}{1:>12}{2:>4}{3:>13}{4:>13}\n".format
        ("Nr","Name","Anz","EP","GP"))
for x in 23, 8, 42:
    d.write(fm.format(x, artname[x], anzahl[x],
            epreis[x], anzahl[x] * epreis[x]))

# Schliessen der Datei
d.close()
```

Listing 8.8 Datei schreiben_formatiert.py

Anschließend sieht die Datei *obst.txt* wie folgt aus:

```
Nr         Name Anz        EP         GP
0023      Apfel   1    2.95 Euro    2.95 Euro
0008     Banane   3    1.45 Euro    4.35 Euro
0042   Pfirsich   5    3.05 Euro   15.25 Euro
```

Zur Erläuterung:

▶ Die Datei wird zum Schreiben geöffnet.

format() ▶ Die einzelnen Datensätze werden mit Hilfe der Funktion `format()` formatiert, wie in Abschnitt 5.2.2, »Formatierte Ausgabe«, beschrieben. Zusätzlich wird jeweils ein \n als Zeilenende angefügt.

> **Unterschiede in Python 2**
>
> Die Klammern bei der Anweisung `print` entfallen.

8.4.2 Lesen an beliebiger Stelle

seek() Die Funktion `seek()` ermöglicht die Veränderung der aktuellen Lese- oder Schreibposition innerhalb der Datei. Sie kann mit einem oder zwei Parametern aufgerufen werden. Wird sie mit einem Parameter aufgerufen, so ist dies der Abstand in Byte, gemessen vom Dateianfang. Der Dateianfang entspricht dem Wert 0, der Aufruf lautet dann: `d.seek(0)`.

Diese Position wird direkt erreicht, ohne Lesen der Informationen vor der Position. Ausgehend von der erreichten Position kann gelesen oder geschrieben werden.

read (<Byteanzahl>) Die Funktion `seek()` wird im vorliegenden Beispiel zusammen mit einer Variante der Funktion `read()` eingeführt. Diese Funktion gestattet neben dem Einlesen einer ganzen Datei (wie am Anfang dieses Kapitels gezeigt) auch das Einlesen einer bestimmten Anzahl von Byte, falls die Funktion mit der entsprechenden Zahl als Parameter angegeben wird. Ein Beispiel:

```python
import sys, os

# Zugriffsversuch
try:
    d = open("obst.txt")
except:
    print("Dateizugriff nicht erfolgreich")
    sys.exit(0)
```

```
# Gezieltes Lesen
for i in range(1,4):
    # Nr Lesen
    d.seek(48*i)
    nr = int(d.read(4))

    # EP Lesen
    d.seek(20 + 48*i)
    ep = float(d.read(8))

    # Ausgabe
    print("Artikel Nr:", nr, ", EP:", ep)

# Schliessen der Datei
d.close()
```

Listing 8.9 Datei lesen_beliebig.py

Die Ausgabe lautet:

```
Artikel Nr: 23 , EP: 2.95
Artikel Nr: 8 , EP: 1.45
Artikel Nr: 42 , EP: 3.05
```

Die Datei ist wie folgt aufgebaut:

▸ Jeder Datensatz (also jede Zeile) hat eine Gesamtlänge von 48 Byte, inklusive der zwei Zeichen, die durch das \n erzeugt werden.

Datensatz

▸ Die erste Zeile beginnt an Position 0 und enthält die Überschrift, die zweite Zeile an Position 48 und enthält den ersten Datensatz, die dritte Zeile an Position 96 und enthält den zweiten Datensatz usw.

Zur Erläuterung des Programms:

▸ Die Datei wird zum Lesen geöffnet.

▸ In einer for-Schleife werden mit Hilfe der Funktion seek() nacheinander Positionen im ersten, zweiten und dritten Datensatz erreicht. Dies sind

seek(<Position>)

   ▸ die Positionen 48, 96 und 144 für den Anfang jedes Datensatzes zum Lesen der Artikelnummer und

   ▸ die Positionen (48 + 20) = 68, (96 + 20) = 116 und (144 + 20) = 164 zum Lesen des Einzelpreises.

▸ An diesen Positionen werden die nächsten 4 Byte (die Artikelnummer) beziehungsweise die nächsten 8 Byte (der Einzelpreis) gelesen.

read (<Byteanzahl>)

Es handelt sich dabei jeweils um Zeichenketten, die mit Hilfe von int() und float() in Zahlen umgewandelt werden.

▶ Anschließend werden die Zahlen ausgegeben.

Unterschiede in Python 2

Die Klammern bei der Anweisung print entfallen.

Unterschiede unter Linux

Das Zeichen \n für das Zeilenende erzeugt beim Schreiben der Datensätze nur ein Zeichen, nicht zwei Zeichen wie unter Windows. Daher ist ein Datensatz 47 statt 48 Zeichen lang. Die drei Datensätze beginnen an den Positionen 47, 94 und 141. Entsprechend müssen Sie im Programm bei der Methode seek() jeweils mit 47 * i statt mit 48 * i arbeiten.

8.4.3 Schreiben an beliebiger Stelle

Modus r+ Sie können eine Datei im Modus r+ öffnen. Anschließend können Sie sie lesen und beschreiben. Im folgenden Programm werden der aktuelle Einzelpreis und der zugehörige Gesamtpreis eines bestimmten Artikels gelesen, verändert und wieder in die Datei geschrieben.

```
import sys, os

# Zugriffsversuch
try:
    d = open("obst.txt", "r+")
except:
    print("Dateizugriff nicht erfolgreich")
    sys.exit(0)

# Lesen des Einzelpreises
d.seek(68)
ep_str = d.read(8)
ep = float(ep_str)

# Schreiben des Einzelpreises
d.seek(68)
ep = ep + 0.2
d.write("{0:8.2f}".format(ep))

# Lesen des Gesamtpreises
d.seek(81)
gp_str = d.read(8)
gp = float(gp_str)
```

```
# Schreiben des Gesamtpreises
d.seek(81)
gp = gp + 0.2
d.write("{0:8.2f}".format(gp))

# Schliessen der Datei
d.close()
```

Listing 8.10   Datei schreiben_beliebig.py

Anschließend sieht die Datei *obst.txt* wie folgt aus:

```
  Nr       Name Anz          EP          GP
0023      Apfel   1    3.15 Euro    3.15 Euro
0008     Banane   3    1.45 Euro    4.35 Euro
0042   Pfirsich   5    3.05 Euro   15.25 Euro
```

Der Einzelpreis des Artikels 23 im ersten Datensatz wurde von 2,95 € auf 3,15 € erhöht.

Zur Erläuterung:

▶ Die Datei wird im Modus r+ geöffnet.

▶ Der Einzelpreis steht als Zeichenkette in den 8 Byte ab der Position   Lesen
  68. Die Zeichenkette wird gelesen und in eine Zahl umgewandelt.

▶ Diese Zahl wird verändert, als Zeichenkette mit einer Breite von 8   Schreiben
  Byte formatiert und ab der Position 68 in die Datei geschrieben.

▶ Das Gleiche geschieht mit dem Gesamtpreis ab Position 81.

Unterschiede in Python 2

Die Klammern bei der Anweisung print entfallen.

Unterschiede unter Linux

Der Datensatz für den ersten Artikel beginnt an Position 47 statt 48. Daher steht der Einzelpreis ab Position 67 statt 68 und der Gesamtpreis ab Position 80 statt 81.

8.5   Serialisierung

Das Modul pickle dient zur Serialisierung und Deserialisierung von Objekten. Dies können Objekte der eingebauten Objekttypen oder Objekte eigener Klassen sein.

(De-)Seriali-
sierung

Mit Hilfe der (De-)Serialisierung können Objekte aus Programmen als Bytefolge auf einfache Art und Weise in Dateien gespeichert oder aus Dateien wieder in Programme geladen werden.

Beim Speichern wird der Typ des Objekts mitgespeichert, so dass beim Laden der Typ bekannt ist.

Spiel mit Seriali-
sierung

Neben den Beispielen in diesem Abschnitt finden Sie in Abschnitt 8.9, »Spiel, Version mit Highscore-Datei«, eine weitere Version des bereits bekannten Spiels. Darin werden die Daten des Spielers (Name und Zeit) mit Hilfe der Serialisierung dauerhaft gespeichert, so dass eine High-score-Liste geführt werden kann.

8.5.1   Objekte in Datei schreiben

pickle.dump()

Zum Schreiben (Serialisieren) von Objekten dient die Methode dump(). Im folgenden Beispiel werden das Objekt eines eingebauten Objekttyps und das Objekt einer eigenen Klasse nacheinander in einer Datei gespeichert.

```
import pickle

# Definition der Klasse Fahrzeug
class Fahrzeug:
    def __init__(self, bez, ge):
        self.bezeichnung = bez
        self.geschwindigkeit = ge
    def __str__(self):
        return self.bezeichnung + " " \
            + str(self.geschwindigkeit) + " km/h"

# Zugriffsversuch
try:
    d = open("objekt.bin", "wb")

except:
    print("Dateizugriff nicht erfolgreich")
    sys.exit(0)

# Eingebautes Objekt
x = ([4,"abc",8], "xyz")
print(x)
pickle.dump(x, d)
```

```
# Objekt der eigenen Klasse
opel = Fahrzeug("Opel Admiral", 40)
print(opel)
pickle.dump(opel, d)

# Variable Anzahl an Objekten
pickle.dump(3, d)
pickle.dump("Berlin", d)
pickle.dump("Hamburg", d)
pickle.dump("Dortmund", d)

# Datei schliessen
d.close()
```

Listing 8.11 Datei objekt_schreiben.py

Die Ausgabe lautet:

```
([4, 'abc', 8], 'xyz')
Opel Acmiral 40 km/h
```

Zur Erläuterung:

▶ Das Programm beginnt mit der Definition der eigenen Klasse Fahrzeug, die Sie bereits aus Kapitel 6 zur objektorientierten Programmierung kennen.

▶ Die Datei wird im Modus wb geöffnet, also zum Schreiben im Binärmodus. Als zusätzlicher Hinweis auf den Binärmodus wird die Dateiendung *.bin* gewählt.

Modus »wb«

▶ Es wird eine zweidimensionale Liste erzeugt. Diese wird zur Kontrolle auf dem Bildschirm ausgegeben.

▶ Mit Hilfe der Funktion dump() aus dem Modul pickle wird die Liste binär in der geöffneten Datei gespeichert. Der erste Parameter der Funktion ist der Name des Objekts, der zweite Parameter ist das Dateiobjekt.

pickle.dump()

▶ Es wird ein Objekt der Klasse Fahrzeug erzeugt. Dieses Objekt wird zur Kontrolle auf dem Bildschirm ausgegeben. Anschließend wird es binär in der geöffneten Datei gespeichert.

▶ Zur Speicherung einer variablen Anzahl von Objekten (hier: drei Zeichenketten) muss zunächst die Anzahl der Objekte gespeichert werden. Anschließend können die Objekte selbst gespeichert werden. Damit ist für ein Programm zum Laden der Objekte die Anzahl bekannt (siehe nächster Abschnitt).

Variable Anzahl von Objekten

Modus »ab«

> **Unterschiede in Python 2**
>
> Die Klammern bei der Anweisung print entfallen.

> **Hinweis**
>
> Ein potentieller Inhalt der Datei wird überschrieben. Es könnten auch
> Objekte an vorhandene Objekte angehängt werden. Zu diesem Zweck hät-
> ten Sie die Datei im Öffnungsmodus ab öffnen müssen.

8.5.2 Objekte aus Datei lesen

pickle.load() Objekte, die mit der Funktion dump() in einer Datei gespeichert wurden,
können Sie mit load() wieder in der gleichen Reihenfolge aus der Datei
in ein Programm übernehmen. Handelt es sich um ein Objekt einer eigenen Klasse, muss die Definition dieser Klasse bekannt sein.

Es folgt ein Beispiel, in dem die beiden Objekte, die mit dem Programm
aus dem vorherigen Abschnitt serialisiert wurden, wieder deserialisiert
und in ein Programm übernommen werden.

```
import pickle

# Definition der Klasse Fahrzeug
class Fahrzeug:
    def __init__(self, bez, ge):
        self.bezeichnung = bez
        self.geschwindigkeit = ge
    def __str__(self):
        return self.bezeichnung + " " \
            + str(self.geschwindigkeit) + " km/h"

# Zugriffsversuch
try:
    d = open("objekt.bin", "rb")
except:
    print("Dateizugriff nicht erfolgreich")
    sys.exit(0)

# Eingebautes Objekt
x = pickle.load(d)
print(x)

# Objekt der eigenen Klasse
opel = pickle.load(d)
print(opel)
```

```
# Variable Anzahl an Objektes
anzahl = pickle.load(d)
for i in range(anzahl):
    print(pickle.load(d))

# Datei schliessen
d.close()
```

Listing 8.12 Datei objekt_lesen.py

Es wird die Ausgabe erzeugt:

```
([4, 'abc', 8], 'xyz')
Opel Admiral 40 km/h
Berlin
Hamburg
Dortmund
```

Zur Erläuterung:

▶ Sie erkennen, dass die Objekte wieder *originalgetreu* geladen werden.

▶ Das Programm beginnt mit der Definition der eigenen Klasse `Fahrzeug`.

▶ Die Datei wird im Modus `rb` geöffnet, also zum Lesen im Binärmodus.

▶ Mit Hilfe der Funktion `load()` aus dem Modul `pickle` werden nacheinander die Liste und das Objekt der Klasse `Fahrzeug` geladen.

      pickle.load()

▶ Anschließend wird die Anzahl der folgenden Objekte als Zahl geladen (hier: 3). Damit ist für die folgende Schleife die Anzahl der zu ladenden Objekte bekannt.

      Variable Anzahl

▶ Alle Objekte werden zur Kontrolle auf dem Bildschirm ausgegeben.

Unterschiede in Python 2

Die Klammern bei der Anweisung `print` entfallen.

8.6 Bearbeitung mehrerer Dateien

Bisher wurde immer eine einzelne Datei bearbeitet, deren Name bekannt war. Häufig stellt sich aber die Aufgabe, eine ganze Reihe von Dateien aus einem Verzeichnis zu bearbeiten, deren genauer Name und deren Anzahl unbekannt sind.

glob.glob()
Zu diesem Zweck können Sie sich der Funktion glob() aus dem Modul glob bedienen. Diese Funktion erzeugt eine Liste von Strings. Jeder dieser Strings enthält einen Dateinamen.

Dateiliste
Im folgenden Beispiel werden zunächst mit der Funktion glob() bestimmte Dateien aus dem aktuellen Verzeichnis in einer Liste gespeichert. Anschließend werden diese Dateien der Reihe nach geöffnet und durchsucht. Wird ein bestimmter Suchtext gefunden, so wird der Name der betreffenden Datei ausgegeben.

```python
import glob

# Liste der Dateien
dateiliste = glob.glob("schr*.py")

# Jedes Element der Liste durchsuchen
for datei in dateiliste:
    # Zugriffsversuch
    try:
        d = open(datei)
    except:
        print("Dateizugriff nicht erfolgreich")
        continue

    # Text einlesen
    gesamtertext = d.read()

    # Zugriff beenden
    d.close()

    # Suchtext suchen
    if gesamtertext.find("obst") != -1:
        print(datei)
```

Listing 8.13 Datei datei_liste.py

Die Ausgabe lautet:

```
schreiben_beliebig.py
schreiben_formatiert.py
```

Zur Erläuterung:

Platzhalter * ?
▶ Der Parameter der Funktion glob() ist eine Zeichenkette, die als Filter dient. Sie können unter anderem die Platzhalter * (für mehrere beliebige Zeichen) und ? (für ein einzelnes beliebiges Zeichen) einsetzen.

▶ Es wird nur nach Dateien gesucht, deren Name mit `schr` beginnt und mit `.py` endet.

▶ Jedes Element der erzeugten Liste ist ein Dateiname. Jede dieser Dateien wird geöffnet. Falls das Öffnen nicht erfolgreich war, wird mit der nächsten Datei fortgefahren.

▶ Der Inhalt der Datei wird mit Hilfe der Funktion `read()` vollständig in eine Zeichenkette eingelesen. Anschließend wird die Datei geschlossen.

`read()`

▶ Diese Zeichenkette wird mit Hilfe der Funktion `find()` durchsucht. Wird der Suchtext (hier »obst«) gefunden, so wird der Dateiname ausgegeben.

`find()`

Unterschiede in Python 2

Die Klammern bei der Anweisung `print` entfallen.

8.7   Informationen über Dateien

Die Funktion `stat()` aus dem Modul `os` liefert eine Reihe von Informationen über Dateien in Form eines Tupels.

`os.stat()`

Ein Beispiel:

```
import os, time

# Informationstupel
tu = os.stat("obst.txt")

# Elemente des Tupels
groesse = tu[6]
print("Byte:", groesse)

zugr = time.localtime(tu[7])
print("Letzter Zugriff:",
      time.strftime("%d.%m.%Y %H:%M:%S", zugr))


mod = time.localtime(tu[8])
print("Letzte Modifikation:",
      time.strftime("%d.%m.%Y %H:%M:%S", mod))
```

Listing 8.14   Datei datei_info.py

Die Ausgabe lautet:

```
Byte: 192
Letzter Zugriff: 19.11.2010 07:56:04
Letzte Modifikation: 19.11.2010 08:03:42
```

Zur Erläuterung:

Dateigröße ▸ Das Element 6 des Tupels gibt die Größe der Datei in Byte an.

Zugriffszeitpunkt ▸ Die Elemente 7 und 8 liefern den Zeitpunkt des letzten Zugriffs auf die Datei und der letzten Änderung der Datei.

▸ Beide Zeitangaben werden mit Hilfe der Funktionen `localtime()` und `strftime()` formatiert ausgegeben.

> **Unterschiede in Python 2**
>
> Die Klammern bei der Anweisung `print` entfallen. Es wird das Zeichen \ für den Umbruch von langen Programmzeilen eingesetzt.

8.8 Dateien und Verzeichnisse verwalten

Module os, shutil Die Module `os` und `shutil` bieten weitere Funktionen zur Verwaltung von Dateien und Verzeichnissen. Im folgenden Beispiel werden Dateien kopiert und umbenannt (Linux) bzw. gelöscht (Windows).

```python
import shutil, os, glob

# Status 1
print(glob.glob("le*.txt"))

# Datei kopieren
shutil.copyfile("lesen.txt","lesen_kopie.txt")

# Status 2
print(glob.glob("le*.txt"))

# Datei umbenennen
try:
    os.rename("lesen_kopie.txt","lesen.txt")
except:
    print("Fehler beim Umbenennen")

# Status 3
print(glob.glob("le*.txt"))
```

```
# Datei entfernen
try:
    os.remove("lesen_kopie.txt")
except:
    print("Fehler beim Entfernen")

# Status 4
print(glob.glob("le*.txt"))
```

Listing 8.15 Datei datei_verwalten.py

Die Ausgabe dieses Programms lautet:

```
['lesen.txt']
['lesen.txt', 'lesen_kopie.txt']
Fehler beim Umbenennen
['lesen.txt', 'lesen_kopie.txt']
['lesen.txt']
```

Zur Erläuterung:

▶ Die erste Zeile der Ausgabe gibt den Status 1 wieder: die ursprüngliche Liste der Dateien, die mit le beginnen und mit .txt enden.

▶ Anschließend wird mit Hilfe der Funktion copyfile() aus dem Modul shutil die Datei *lesen.txt* kopiert. Die Kopie heißt *lesen_kopie.txt*. Falls die Datei *lesen_kopie.txt* bereits existiert, so wird sie ohne Vorwarnung (!) überschrieben.

shutil.copyfile()

▶ Die zweite Zeile der Ausgabe gibt den Status 2 wieder: die geänderte Liste der Dateien nach dem Kopiervorgang.

▶ Anschließend wird mit Hilfe der Funktion rename() aus dem Modul os die Datei *lesen_kopie.txt* umbenannt in *lesen.txt*. Da die Datei *lesen.txt* bereits existiert, tritt (unter Windows) ein Laufzeitfehler auf, und die Umbenennung findet nicht statt.

os.rename()

▶ Die nächste Zeile der Ausgabe gibt den Status 3 wieder: die Liste der Dateien nach dem (hier fehlgeschlagenen) Umbenennen.

▶ Anschließend wird mit Hilfe der Funktion remove() aus dem Modul os die Datei *lesen_kopie.txt* gelöscht.

os.remove()

▶ Die nächste Zeile der Ausgabe gibt den Status 4 wieder: die Liste der Dateien nach dem Löschen.

Unterschiede in Python 2

Die Klammern bei der Anweisung print entfallen.

> **Unterschiede unter Linux**
>
> Das Umbenennen ist möglich, obwohl die Zieldatei bereits vorhanden ist; daher tritt hier kein Laufzeitfehler auf. Dagegen tritt später ein Laufzeitfehler auf, wenn versucht wird, eine Datei zu löschen, die nicht existiert.

8.9 Spiel, Version mit Highscore-Datei

Serialisierung Es folgt eine weitere Version des bereits bekannten Spiels. Darin werden die Daten des Spielers (Name und Zeit) mit Hilfe der Serialisierung (siehe Abschnitt 8.5, »Serialisierung«) dauerhaft gespeichert, so dass eine Highscore-Liste geführt werden kann.

Zeit messen Es wird zunächst nach dem Namen des Spielers gefragt. Anschließend bekommt der Spieler fünf Additionsaufgaben mit Zahlen aus dem Bereich von 10 bis 30 gestellt. Pro Aufgabe hat er nur einen Versuch. Ungültige Eingaben oder falsche Ergebnisse werden einfach mit dem Text Falsch kommentiert und bewertet. Zuletzt wird die Gesamtzeit angegeben, die der Spieler für die Lösungsversuche benötigt hat.

Highscore in Datei Wenn der Spieler alle fünf Aufgaben richtig löst, werden sein Name und die Zeit in eine Highscore-Liste aufgenommen, die in einer Datei abgespeichert wird.

8.9.1 Eingabebeispiel

Die folgende Ausgabe zeigt einen typischen Durchlauf durch das Programm:

```
Bitte eingeben (0: Ende, 1: Highscores, 2: Spielen): 1
 P. Name            Zeit
 1. Bernd        8.59 sec
 2. Marc         8.92 sec
Bitte eingeben (0: Ende, 1: Highscores, 2: Spielen): 2
Bitte geben Sie Ihren Namen ein (max. 10 Zeichen): Paul
Aufgabe 1 von 5: 26 + 21 : 47
*** Richtig ***
Aufgabe 2 von 5: 26 + 24 : 50
*** Richtig ***
Aufgabe 3 von 5: 27 + 22 : 49
*** Richtig ***
Aufgabe 4 von 5: 10 + 29 : 39
*** Richtig ***
```

```
Aufgabe 5 von 5: 19 + 28 : 47
*** Richtig ***
Ergebnis: 5 von 5 in 10.02 Sekunden, Highscore
 P. Name           Zeit
 1. Bernd        8.59 sec
 2. Marc         8.92 sec
 3. Paul        10.02 sec
Bitte eingeben (0: Ende, 1: Highscores, 2: Spielen): 0
```

Zur Erläuterung:

▶ Der Benutzer (Paul) schaut sich zuerst die Highscores an. Dort gibt es bereits zwei Einträge (Bernd und Marc).

▶ Anschließend spielt er eine Runde, löst alle fünf Aufgaben richtig und erscheint nun auch selbst im Highscore.

▶ Er verlässt das Programm wieder.

8.9.2 Aufbau des Programms

Das Programm enthält ein Hauptprogramm und vier Funktionen. Im Hauptprogramm wird innerhalb einer Endlosschleife ein Hauptmenü aufgerufen. Der Spieler hat in diesem Hauptmenü die folgenden Möglichkeiten:

Endlosschleife

▶ Anzeige der Highscores

▶ Spielen

▶ Programm beenden

Die vier Funktionen des Programms sind:

▶ Funktion hs_lesen(): Lesen der Highscores aus der Datei in eine Liste

▶ Funktion hs_anzeigen(): Anzeigen der Highscore-Liste auf dem Bildschirm

▶ Funktion hs_schreiben(): Schreiben der Highscore-Liste in die Datei

▶ Funktion spiel(): Stellen der Aufgaben, Lösen, ermittelte Zeit gegebenenfalls in Highscore-Liste einfügen

8.9.3 Code des Programms

Das folgende Listing zeigt zunächst den Beginn des Programms mit der Funktion zum Lesen der Highscore-Daten aus der Datei:

Daten lesen

```
# Module
import random, time, glob, pickle
```

```
# Funktion Highscore lesen
def hs_lesen():
    # Liste wird hier erzeugt
    global hs_liste

    # Kein Highscore vorhanden, leere Liste
    if not glob.glob("highscore.bin"):
        hs_liste = []
        return

    # Highscore vorhanden, laden
    d = open("highscore.bin", "rb")
    hs_liste = pickle.load(d)
    d.close()
```

Listing 8.16 Datei spiel_datei.py, Teil 1 von 5

Zur Erläuterung:

▶ Es werden die Module random (für den Zufallsgenerator), time (für die Zeitmessung) und glob (für die Prüfung der Datei) benötigt.

Globale Liste ▶ In der Liste hs_liste stehen nach dem Einlesen aus der Datei die Namen und Ergebniszeiten der Spieler. Da die Liste in dieser Funktion erstmalig benutzt wird, aber im gesamten Programm benötigt wird, muss sie hier mit global im globalen Namensraum bekannt gemacht werden.

▶ Falls die Datei mit den Highscores nicht vorhanden ist, wird eine leere Liste erzeugt.

▶ Ist die Datei vorhanden, so wird der gesamte Inhalt mit Hilfe der Funktion load() aus dem Modul pickle in die Liste hs_liste gelesen.

Es folgt die Funktion zum Anzeigen des Highscores:

```
# Funktion Highscore anzeigen
def hs_anzeigen():
    # Highscore nicht vorhanden
    if not hs_liste:
        print("Keine Highscores vorhanden")
        return

    # Ausgabe Highscore
    print(" P. Name            Zeit")
    for i in range(len(hs_liste)):
        print("{0:2d}. {1:10} {2:5.2f} sec".format
            (i+1, hs_liste[i][0], hs_liste[i][1]))
```

```
    if i >= 9:
        break
```

Listing 8.17 Datei spiel_datei.py, Teil 2 von 5

Zur Erläuterung:

▶ Falls die Highscore-Liste leer ist, wird eine entsprechende Meldung angezeigt.

▶ Ist die Liste nicht leer, so werden nach einer Überschrift die folgenden Informationen formatiert ausgegeben: *Platzierung*, *Name*, *Ergebniszeit*.

▶ Es werden maximal 10 Highscores angezeigt.

Die Funktion zum Schreiben der Highscore-Liste in die Datei sieht wie folgt aus:

```
# Funktion Highscore schreiben
def hs_schreiben():
    # Zugriff
    d = open("highscore.bin","wb")
    pickle.dump(hs_liste,d)
    d.close()
```

Listing 8.18 Datei spiel_datei.py, Teil 3 von 5

Zur Erläuterung:

▶ Die gesamte Liste wird mit Hilfe der Funktion dump() aus dem Modul pickle in die Datei geschrieben.

Es folgt die Funktion zum Spielen:

```
# Funktion Spiel
def spiel():
    # Eingabe des Namens
    name = input("Bitte geben Sie Ihren "
                "Namen ein (max. 10 Zeichen): ")
    name = name[0:10]

    # Initialisierung Counter und Zeit
    richtig = 0
    startzeit = time.time()

    # 5 Aufgaben
    for aufgabe in range(5):
        # Aufgabe mit Ergebnis
        a = random.randint(10,30)
```

```
        b = random.randint(10,30)
        c = a + b

        # Eingabe
        try:
            zahl = int(input("Aufgabe "
                + str(aufgabe+1) + " von 5: "
                + str(a) + " + " + str(b) + " : "))
            if zahl == c:
                print("*** Richtig ***")
                richtig += 1
            else:
                raise
        except:
            print("* Falsch *")

    # Auswertung
    endzeit = time.time()
    differenz = endzeit-startzeit
    print("Ergebnis: {0:d} von 5 in {1:.2f} Sekunden".
        format(richtig, differenz), end = "")
    if richtig == 5:
        print(", Highscore")
    else:
        print(", leider kein Highscore")
        return

    # Mitten in Liste schreiben
    gefunden = False
    for i in range(len(hs_liste)):
        # Einsetzen in Liste
        if differenz < hs_liste[i][1]:
            hs_liste.insert(i, [name, differenz])
            gefunden = True
            break

    # Ans Ende der Liste schreiben
    if not gefunden:
        hs_liste.append([name, differenz])

    # Highscoreliste anzeigen
    hs_anzeigen()
```

Listing 8.19   Datei spiel_datei.py, Teil 4 von 5

Zur Erläuterung:

▶ Nach der Eingabe des Namens wird dieser Name zur einheitlichen
  Ausgabe auf maximal 10 Zeichen verkürzt.

▶ Es folgen einige Programmteile, die bereits aus früheren Versionen des Spiels bekannt sind: Stellen der fünf Aufgaben, Eingabe der Lösungen, Bewerten der Lösungen, Messen der Zeit.

▶ Es ist zu beachten, dass die Zahlenvariablen `aufgabe`, `a` und `b` für die Funktion `input()` in Zeichenketten umgewandelt werden müssen.

▶ Wenn nicht alle fünf Aufgaben richtig gelöst wurden, kann kein Eintrag in die Highscore-Liste erfolgen.

▶ Die Highscore-Liste wird Element für Element durchsucht. Wird ein Element gefunden, in dem eine größere als die neue Ergebniszeit eingetragen ist, so wird die neue Ergebniszeit mit Hilfe der Funktion `insert()` an dieser Stelle in die Highscore-Liste eingefügt.

▶ Falls kein Eintrag durch Einfügen erfolgte, wird die neue Ergebniszeit mit Hilfe der Funktion `append()` ans Ende der Liste angefügt.

▶ Auf diese Weise ist dafür gesorgt, dass die Highscore-Liste immer aufsteigend nach Ergebniszeit sortiert ist.

▶ Die Highscore-Liste wird unmittelbar nach jeder Änderung angezeigt.

Das folgende Listing zeigt schließlich das Hauptprogramm mit dem Hauptmenü:

```
# Hauptprogramm

# Initialisierung Zufallsgenerator
random.seed()

# Highscore aus Datei in Liste lesen
hs_lesen()

# Endlosschleife
while True:
    # Hauptmenue, Auswahl
    try:
        menu = int(input("Bitte eingeben "
            "(0: Ende, 1: Highscores, 2: Spielen): "))
    except:
        print("Falsche Eingabe")
        continue

    # Aufruf einer Funktion oder Ende
    if menu == 0:
        break
    elif menu == 1:
        hs_anzeigen()
```

```
    elif menu == 2:
        spiel()
    else:
        print("Falsche Eingabe")

# Highscore aus Liste in Datei schreiben
hs_schreiben()
```

Listing 8.20   Datei spiel_datei.py, Teil 5 von 5

Zur Erläuterung:

▶ Nach der Initialisierung des Zufallsgenerators wird die Highscore-Datei eingelesen.

▶ Es beginnt die Endlosschleife mit dem Hauptmenü. Der Benutzer kann »0«, »1« oder »2« eingeben. Alle anderen Eingaben werden als falsch gewertet.

▶ Nach der Eingabe von »1« wird die Highscore-Liste angezeigt, anschließend erscheint wieder das Hauptmenü.

▶ Nach der Eingabe von »2« beginnt das Spiel, anschließend erscheint wieder das Hauptmenü.

▶ Nach der Eingabe von »0« wird die Endlosschleife verlassen. Die Highscore-Liste wird in die Datei geschrieben, und das Programm endet.

Unterschiede in Python 2

Die Klammern bei der Anweisung print entfallen. Die Funktion zur Eingabe heißt raw_input(). Es wird das Zeichen \ für den Umbruch von langen Programmzeilen eingesetzt.

8.10   Spiel, objektorientierte Version mit Highscore-Datei

CSV-Datei   Es folgt eine weitere objektorientierte Version des Spiels. Diesmal werden die Daten des Spielers (Name und Zeit) in einer CSV-Datei gespeichert. Diese CSV-Datei können Sie sich mit Hilfe von Microsoft Excel unter Windows oder mit OpenOffice.org Calc unter Linux ansehen.

Neben den beiden Klassen Spiel und Aufgabe benötigen Sie die Klasse Highscore. Zunächst die Import-Anweisung und das Hauptprogramm:

```
import random, time, glob

# Hauptprogramm
while True:
    # Hauptmenue, Auswahl
    try:
        menu = int(input("Bitte eingeben "
            "(0: Ende, 1: Highscores, 2: Spielen): "))
    except:
        print("Falsche Eingabe")
        continue

    # Anlegen eines Objekts oder Ende
    if menu == 0:
        break
    elif menu == 1:
        hs = Highscore()
        print(hs)
    elif menu == 2:
        s = Spiel()
        s.messen(True)
        s.spielen()
        s.messen(False)
        print(s)
    else:
        print("Falsche Eingabe")
```

Listing 8.21 Datei spiel_datei_oop.py, Hauptprogramm

Zur Erläuterung:

▸ Die Module random, time und glob werden für Zufallsgenerator, Zeitmessung und eine Dateiprüfung benötigt.

▸ Falls der Benutzer die Highscore-Liste sehen möchte, so wird ein
Objekt der Klasse Highscore erzeugt und ausgegeben.

▸ Falls der Benutzer spielen möchte, so wird ein Objekt der Klasse
Spiel erzeugt. Nach der Messung der Zeit und dem eigentlichen
Spielvorgang werden die Ergebnisse ausgegeben.

Es folgt die Klasse Spiel: Klasse »Spiel«

```
class Spiel:
    def __init__(self):
        # Start des Spiels
        random.seed()
        self.richtig = 0
```

```
        self.anzahl = 5
        s = input("Bitte geben Sie Ihren "
            "Namen ein (max. 10 Zeichen): ")
        self.spieler = s[0:10]

    def spielen(self):
        # Spielablauf
        for i in range(1,self.anzahl+1):
            a = Aufgabe(i, self.anzahl)
            print(a)
            self.richtig += a.beantworten()

    def messen(self, start):
        # Zeitmessung
        if start:
            self.startzeit = time.time()
        else:
            endzeit = time.time()
            self.zeit = endzeit - self.startzeit

    def __str__(self):
        # Ergebnis
        ausgabe = "Richtig: {0:d} von {1:d} in " \
            "{2:.2f} Sekunden".format(self.richtig, \
            self.anzahl, self.zeit)
        if self.richtig == self.anzahl:
            ausgabe += ", Highscore"
            hs = Highscore()
            hs.speichern(self.spieler, self.zeit)
            print(hs)
        else:
            ausgabe += ", leider kein Highscore"
        return ausgabe
```

Listing 8.22 Datei spiel_datei_oop.py, Klasse »Spiel«

Zur Erläuterung:

Konstruktor, Eigenschaften
▶ Im Konstruktor der Klasse wird der Zufallsgenerator initialisiert. Der Zähler für die richtig gelösten Aufgaben wird zunächst auf 0, die Anzahl der Aufgaben auf 5 gesetzt. Es wird der Name des Spielers ermittelt. Dabei werden drei Eigenschaften der Klasse Spiel gesetzt: richtig, anzahl und spieler.

Methoden
▶ In der Methode spielen() werden insgesamt fünf Aufgaben gestellt und beantwortet. Die Methode messen() dient zur Zeitmessung. Es wird die Eigenschaft zeit der Klasse Spiel gesetzt.

▶ Falls der Spieler alle Aufgaben richtig gelöst hat, wird in der Ausgabemethode ein Objekt der Klasse Highscore erzeugt. Der Highscore wird gespeichert. Anschließend wird die Liste ausgegeben.

Die Klasse Aufgabe hat sich gegenüber der Version in der Datei *spiel_oop.py* nicht verändert.

Die neue Klasse Highscore sieht wie folgt aus:

Klasse
»Highscore«

```python
class Highscore:
    # Liste aus Datei lesen
    def __init__(self):
        self.liste = []
        if not glob.glob("highscore.csv"):
            return
        d = open("highscore.csv")
        zeile = d.readline()
        while(zeile):
            teil = zeile.split(";")
            name = teil[0]
            zeit = teil[1][0:len(teil[1])-1]
            zeit = zeit.replace(",", ".")
            self.liste.append([name, float(zeit)])
            zeile = d.readline()
        d.close()

    # Liste aendern
    def aendern(self, name, zeit):
        # Mitten in Liste schreiben
        gefunden = False
        for i in range(len(self.liste)):
            # Einsetzen in Liste
            if zeit < self.liste[i][1]:
                self.liste.insert(i, [name, zeit])
                gefunden = True
                break

        # Ans Ende der Liste schreiben
        if not gefunden:
            self.liste.append([name, zeit])

    # Liste aendern, in Datei speichern
    def speichern(self, name, zeit):
        self.aendern(name, zeit)
        d = open("highscore.csv", "w")
        for element in self.liste:
            name = element[0]
            zeit = str(element[1]).replace(".", ",")
```

```
        d.write(name + ";" + zeit + "\n")
    d.close()

# Liste anzeigen
def __str__(self):
    # Highscore nicht vorhanden
    if not self.liste:
        return "Keine Highscores vorhanden"

    # Ausgabe Highscore
    ausgabe = " P. Name            Zeit\n"
    for i in range(len(self.liste)):
        ausgabe += "{0:2d}. {1:10} {2:5.2f} sec\n". \
            format(i+1, self.liste[i][0], \
            self.liste[i][1])
        if i >= 9:
            break
    return ausgabe
```

Listing 8.23 Datei spiel_datei_oop.py, Klasse »Highscore«

Zur Erläuterung:

Konstruktor, Eigenschaft
▶ Im Konstruktor der Klasse wird die wichtigste Eigenschaft gesetzt: die Highscore-Liste mit dem Namen `liste`. Sie ist zunächst leer. Falls keine CSV-Datei existiert, bleibt sie leer. Falls es eine CSV-Datei gibt, so werden alle Zeilen daraus gelesen. Anschließend werden die Zeilen zerlegt. Aus dem Dezimalkomma (für Excel oder OpenOffice.org Calc) wird ein Dezimalpunkt. Die beiden Bestandteile werden der Highscore-Liste als Unterliste angehängt.

Liste ändern
▶ Die Methode `aendern()` wird klassenintern von der Methode `speichern()` benötigt. Ein neu ermittelter Highscore wird entweder in die Liste eingefügt oder der Liste angehängt.

Dezimalzeichen
▶ In der Methode `speichern()` wird zunächst die Highscore-Liste geändert. Anschließend wird aus dem Dezimalpunkt ein Dezimalkomma, für Excel oder OpenOffice.org Calc. Die gesamte Liste wird dann in der CSV-Datei gespeichert.

▶ In der Ausgabemethode wird die gesamte Liste veröffentlicht, falls sie nicht leer ist.

Unterschiede in Python 2

Die Klammern bei der Anweisung `print` entfallen. Die Funktion zur Eingabe heißt `raw_input()`.

9 Internet

Dieses Kapitel beschäftigt sich mit dem Laden und dem Senden von Internetdaten und mit der Erstellung von Programmen, die auf einem Webserver laufen. Sie können mit Hilfe von Python auf Daten im Internet zugreifen, Daten ins Internet senden und Daten anderen Benutzern im Internet zur Verfügung stellen.

Am Ende dieses Kapitels wird das bereits bekannte Spiel in einer Version vorgestellt, die das Spielen im Internet ermöglicht. Dabei werden Aufgabendaten aus dem Internet abgerufen, Benutzereingaben ins Internet gesendet und Spielergebnisse auf einem Webserver im Internet gespeichert.

9.1 Laden und Senden von Internetdaten

Das Modul `urllib` mit den Untermodulen `urllib.request` und `urllib.parse` kann zum Laden von Daten aus dem Internet und zum Senden von Daten in das Internet verwendet werden.

Modul urllib

Bei existierender Verbindung zu einem Webserver, ob lokal oder im Internet, haben Sie folgende Möglichkeiten:

▶ Öffnen einer Verbindung zu einer URL mit der Funktion `urlopen()` und anschließendes Einlesen der Inhalte in die Variable eines Python-Programms

urlopen()

▶ direktes Kopieren der Daten von einer URL in eine Datei auf der Festplatte mit der Funktion `urlretrieve()`

urlretrieve()

Mit Hilfe der Funktion `urlopen()` können Sie auch Daten an eine URL zur weiteren Verarbeitung auf dem Webserver senden.

Daten senden

Unterschiede in Python 2

Die benötigten Funktionen haben dieselben Namen wie in Python 3, stehen aber im Modul `urllib` und nicht in den Untermodulen `urllib.request` und `urllib.parse`.

9.1.1 Lokaler Webserver unter Windows

Lokaler Webserver   Zum Testen der Programme dieses Abschnitts wird ein lokaler Webserver benötigt. Ein solcher Webserver wird beispielsweise mit dem frei verfügbaren Paket *XAMPP* zur Verfügung gestellt. Sie können XAMPP unter *http://www.apachefriends.org* herunterladen. Die Installationsdatei *xampp-win32–1.8.1-VC9-installer.exe* der Version 1.8.1 von XAMPP für Windows liegt auch der Buch-CD bei.

XAMPP   XAMPP ist ein vorkonfiguriertes und einfach zu installierendes Paket, das neben einem *Apache*-Webserver weitere Software umfasst, zum Beispiel die Webserver-Sprache *PHP* und das Datenbanksystem *MySQL*.

XAMPP starten   Nach der Installation von XAMPP unter Windows, zum Beispiel in das Verzeichnis *C:\xampp*, müssen Sie den lokalen Webserver über das XAMPP CONTROL PANEL starten, siehe Abbildung 9.1.

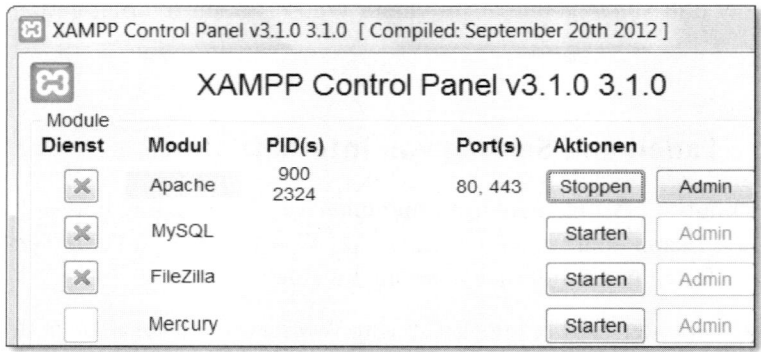

Abbildung 9.1 XAMPP Control Panel, nach Start des Webservers

http://localhost   Anschließend starten Sie einen Browser und geben dort die URL *http://localhost* in der Adresszeile ein. Damit erreichen Sie das Basisverzeichnis des lokalen Webservers. Bei einer Standardinstallation von XAMPP im oben angegebenen Installationspfad befindet sich das Basisverzeichnis des lokalen Webservers im Festplattenverzeichnis *C:\xampp\ htdocs*. Darunter wird für die Beispiele dieses Buchs das Unterverzeichnis *Python33* (bzw. *Python27*) angelegt.

9.1.2 Lokaler Webserver unter Linux

Lokaler Webserver   Zum Testen der Programme dieses Abschnitts benötigen Sie einen lokalen Webserver. Der Webserver Apache und die Webserver-Sprache PHP können Sie über das Ubuntu Software Center installieren. Eine weitere

Möglichkeit bietet das Paketverwaltungssystem APT. Dabei starten Sie die Installation (inklusive Legitimation) wie folgt:

```
sudo apt-get install apache2 php5
```

Anschließend ist der Webserver bereits gestartet. Falls er gestartet, gestoppt oder neu gestartet werden soll, so geht dies mit:

```
sudo /etc/init.d/apache2 {start|stop|restart}
```

Anschließend starten Sie einen Browser und geben dort die URL *http://localhost* in der Adresszeile ein. Damit erreichen Sie das Basisverzeichnis des lokalen Webservers. Dieses Basisverzeichnis entspricht dem Festplattenverzeichnis */var/www*. Darunter wird für die Beispiele dieses Buchs das Unterverzeichnis *Python33* (bzw. *Python27*) angelegt.

http://localhost

9.1.3   Daten lesen

Im folgenden Programm wird mit Hilfe der Funktion `urlopen()` aus dem Modul `urllib.request` der Inhalt der Internetseite *http://localhost/Python33/url_lesen.htm* in eine Liste gelesen. Diese Liste wird anschließend ausgegeben.

HTML-Datei lesen

Bei der Datei *url_lesen.htm* handelt es sich um eine einfache HTML-Datei. Zunächst wird der Inhalt dieser Datei aufgeführt:

```
<html>

<head>
<title>Titelzeile</title>
</head>

<body>
<b>Hallo Python</b>
</body>

</html>
```

Listing 9.1 Datei url_lesen.htm

Zur Erläuterung:

Speicherort

▶ Die Datei sollten Sie im Festplattenverzeichnis *C:\xampp\htdocs\Python33* speichern; dies setzt eine Standardinstallation von XAMPP voraus.

HTML lernen ▶ Es werden nur einfache HTML-Codebeispiele gegeben, da eine tiefer-gehende Einführung in HTML nicht Gegenstand dieses Buchs ist. Wenn Sie sich diesbezüglich genauer informieren möchten, so finden Sie ein empfehlenswertes Online-Buch unter *http://de.selfhtml.org*.

Aufruf über Browser | Geben Sie *http://localhost/Python33/url_lesen.htm* in einem Webbrow-ser ein, so erscheint die in Abbildung 9.2 gezeigte Ansicht.

Abbildung 9.2 Erstes HTML-Dokument

Das Python-Programm zum Lesen dieser Internetseite sieht wie folgt aus:

```python
import sys, urllib.request

# Verbindung zu einer URL
try:
    u = urllib.request.urlopen \
        ("http://localhost/Python33/url_lesen.htm")
except:
    print("Fehler")
    sys.exit(0)

# Liest alle Zeilen in eine Liste
li = u.readlines()

# Schliesst die Verbindung
u.close()

# Ausgabe der Liste
for element in li:
    print(element)
```

Listing 9.2 Datei url_lesen.py

Die Ausgabe lautet:

```
b'<html>\r\n'
b'\r\n'
b'<head>\r\n'
```

```
b'<title>Titelzeile</title>\r\n'
b'</head>\r\n'
b'\r\n'
b'<body>\r\n'
b'<b>Hallo Python</b>\r\n'
b'</body>\r\n'
b'\r\n'
b'</html>\r\n'
```

Zur Erläuterung:

▶ Erscheint eine Fehlermeldung, so haben Sie eventuell vergessen, den lokalen Webserver zu starten (siehe Abschnitte 9.1.1 und 9.1.2). `Webserver gestartet?`

▶ Mit Hilfe der Funktion urlopen() wird die Verbindung zur URL geöffnet. Der Rückgabewert der Funktion ähnelt einem Dateiobjekt. Sie können lesend auf die Inhalte der geöffneten Datei zugreifen, wie in Abschnitt 8.3.2, »Sequentielles Lesen«, beschrieben. `urlopen()`

▶ Die Funktion readlines() liefert eine Liste. Jedes Listenelement umfasst eine Zeile des HTML-Codes der Internetseite. `readlines()`

▶ Nach dem Abspeichern in der Liste können Sie die Datei mit der Funktion close() wieder schließen. `close()`

▶ Jedes Element der Liste ist eine Zeichenkette, die als Byte-Literal ausgegeben wird. Byte-Literale sind Zeichenketten des Datentyps bytes (siehe Abschnitt 4.2.7, »Datentyp bytes«). `Byte-Literale`

Unterschiede in Python 2

Die Klammern bei der Anweisung print entfallen. Die Funktion urlopen() steht im Modul urllib und nicht im Untermodul urllib.request. Die Ausgabe erfolgt in »normaler« Textform und nicht als Folge von Byte-Literalen. Der Ablauf der Ausgabe wurde verändert, da ansonsten jeder Zeilenumbruch verdoppelt würde. Das Programm in Python 2:

```
import sys, urllib

# Verbindung zu einem URL
try:
    u = urllib.urlopen \
        ("http://localhost/Python27/url_lesen.htm")
except:
    print "Fehler"
    sys.exit(0)
```

```
# Liest alle Zeilen in eine Liste
li = u.readlines()

# Schliesst die Verbindung
u.close()

# Ausgabe der Liste
ausgabe = ""
for element in li:
    ausgabe += element
print ausgabe
```

Listing 9.3   Datei url_lesen.py in Python 2

Die Ausgabe lautet:

```
<html>

<head>
<title>Titelzeile</title>
</head>

<body>
<b>Hallo Python</b>
</body>

</html>
```

9.1.4   Daten kopieren

HTML-Datei
kopieren

Das folgende Programm kopiert den Inhalt der Internetseite *http://local-host/Python33/url_lesen.htm* direkt in eine Datei auf der Festplatte.

```
import urllib.request

# Liest Inhalt von URL in eine Datei
urllib.request.urlretrieve \
    ("http://localhost/Python33/url_lesen.htm",
     "url_kopieren.htm")
```

Listing 9.4   Datei url_kopieren.py

Zur Erläuterung:

urlretrieve()

▶ Die Funktion `urlretrieve()` hat zwei Parameter: die URL und den Namen der Datei, in der der Quellcode gespeichert werden soll (hier *url_kopieren.htm*).

▶ Diese Datei kann anschließend beispielsweise offline mit einem Browser gelesen oder mit einem Editor bearbeitet werden.

Offline browsen

> **Unterschiede in Python 2**
>
> Die Klammern bei der Anweisung `print` entfallen. Die Funktion `urlretrieve()` steht im Modul `urllib` und nicht im Untermodul `urllib.request`.

9.1.5 Daten senden per GET

Sie können dem Betrachter einer Webseite auch ermöglichen, spezifische Daten an den Webserver zu senden. Dies geschieht über Formulare, die der Betrachter ausfüllt und an den Webserver sendet.

Formular

Auf dem Webserver werden dann häufig zwei Vorgänge gestartet:

▶ Weiterverarbeitung oder Speicherung der Daten (zum Beispiel in einer Datenbank)

▶ Senden einer individuellen Antwort an den Benutzer

HTML-PHP-Variante

Im folgenden Beispiel soll der Betrachter seinen Vor- und Nachnamen eingeben und diese Informationen an den Webserver senden. Er erhält daraufhin eine Bestätigung. Dies wird, zunächst für die Ein- und Ausgabe in einem Browser, mit Hilfe einer HTML-Datei und einem zugehörigen PHP-Programm realisiert. Abbildung 9.3 zeigt zunächst das Formular.

HTML-PHP-
Variante

Abbildung 9.3 Formular mit Beispieleingabe

Die Antwort des Webservers sehen Sie in Abbildung 9.4.

283

Abbildung 9.4 Antwort des PHP-Programms

Der Quellcode des Formulars lautet:

```
<html>
<body>
<b>Bitte senden Sie Ihre Daten:</b><p>

<form action="senden_get.php" method="get">
<input name="nn"> Nachname<p>
<input name="vn"> Vorname<p>
<input type="submit">
</form>

</body>
</html>
```

Listing 9.5 Datei senden_get.htm

Zur Erläuterung:

▶ Das Formular wird mit form markiert, ein Eingabefeld mit input.

GET-Methode ▶ Die im Formular verwendete GET-Methode ist wichtig für das Senden und Empfangen der Daten, sowohl für die HTML-PHP-Variante als auch für die später gezeigte Python-PHP-Variante.

Es folgt der PHP-Quellcode der zugehörigen Antwort:

```
<html>
<body>
<b>Ihre folgenden Daten wurden registriert:</b><p>

<?php
echo "Nachname: " . $_GET["nn"] . "<br />";
echo "Vorname: " . $_GET["vn"];
?>
```

```
</body>
</html>
```

Listing 9.6 Datei senden_get.php

Zur Erläuterung:

▶ Die aus dem Formular übernommenen Daten stehen in PHP im glo-   Array $_GET
balen Array $_GET zur Verfügung, weil sie mit der GET-Methode
gesendet wurden.

Python-PHP-Variante

Mit Hilfe des folgenden Python-Formulars können diese Daten ebenfalls   Python-PHP-
gesendet werden. Dabei wird wiederum das oben angegebene PHP-Pro-   Variante
gramm *senden_get.php* auf dem Webserver angesprochen.

```
import urllib.request

# Eingabedaten
pnn = input("Bitte den Nachnamen eingeben: ")
pvn = input("Bitte den Vornamen eingeben: ")

# sendet Daten
u = urllib.request.urlopen \
    ("http://localhost/Python33/senden_get.php?nn="
    + pnn + "&vn=" + pvn)
# Empfang der Antwort und Ausgabe
li = u.readlines()
u.close()
for element in li:
    print(element)
```

Listing 9.7 Datei senden_get.py

Zur Erläuterung:

▶ Zunächst werden die Eingabedaten vom Benutzer erfragt und in den
beiden Variablen pvn und pnn gespeichert.

▶ Mit Hilfe der Funktion urlopen() wird die betreffende URL ange-   urlencoded-
sprochen. Die Eingabeinformationen werden im Format *urlencoded*   Format
angehängt. Dazu werden nach einem Fragezeichen (?) ein oder mehrere Paare nach dem Muster key=value angehängt. Die einzelnen

Paare werden jeweils durch ein Ampersand (&) voneinander getrennt. Der Schlüssel (key) entspricht der Variablen, der value dem Wert der Variablen.

▶ Anschließend wird der Code der Antwort des Webservers wie im ersten Programm gelesen und ausgegeben.

Die Ausgabe (für das gleiche Beispiel) lautet nun:

```
Bitte den Nachnamen eingeben: Maier
Bitte den Vornamen eingeben: Werner
b'<html>\r\n'
b'<body>\r\n'
b'<b>Ihre folgenden Daten wurden registriert:</b><p>\r\n'
b'\r\n'
b'Nachname: Maier<br />Vorname: Werner\r\n'
b'</body>\r\n'
b'</html>\r\n'
```

Zur Erläuterung:

Daten zum Webserver gesendet

▶ Wie Sie sehen, sind die Daten auf dem Webserver angekommen und wurden vom PHP-Programm weiterverarbeitet.

▶ In diesem Fall hätte man zum Beispiel Nachname und Vorname in einer Datenbank auf dem Webserver speichern können.

Unterschiede in Python 2

Die Klammern bei der Anweisung print entfallen. Die Funktion zur Eingabe heißt raw_input(). Die Funktion urlopen() steht im Modul urllib und nicht im Untermodul urllib.request. Die Ausgabe erfolgt in »normaler« Textform und nicht als Folge von Byte-Literalen. Der Ablauf der Ausgabe wurde verändert, da ansonsten jeder Zeilenumbruch verdoppelt würde.

Python 2-Version

Das Programm in Python 2:

```
import urllib

# Eingabedaten
pnn = raw_input("Bitte den Nachnamen eingeben: ")
pvn = raw_input("Bitte den Vornamen eingeben: ")

# sendet Daten
u = urllib.urlopen \
    (http://localhost/Python27/senden_get.php?nn=
     + pnn + "&vn=" + pvn)
```

```
# Empfang der Antwort und Ausgabe
li = u.readlines()
u.close()
ausgabe = ""
for element in li:
    ausgabe += element
print ausgabe
```

Listing 9.8 Datei senden_get.py in Python 2

Die Ausgabe lautet:

```
Bitte den Nachnamen eingeben: Maier
Bitte den Vornamen eingeben: Werner
<html>
<body>
<b>Ihre folgenden Daten wurden registriert:</b><p>

Nachname: Maier<br />Vorname: Werner
</body>
</html>
```

9.1.6   Daten senden per POST

Eine andere Möglichkeit bietet die Funktion urlencode(). Sie dient zur
Codierung der Sendedaten und benötigt als Parameter ein Dictionary mit
den zu sendenden Daten. Rückgabewert ist eine Zeichenkette im Format
urlencoded, die an die URL angehängt wird.

urlencode()

HTML-PHP-Variante

Im folgenden Beispiel sehen Ein- und Ausgabe wie im vorherigen
Abschnitt aus. Das HTML-Formular gestaltet sich wie folgt:

HTML-PHP-
Variante

```
<html>
<body>
<b>Bitte senden Sie Ihre Daten:</b><p>

<form action="senden_post.php" method="post">
<input name="nn"> Nachname<p>
<input name="vn"> Vorname<p>
<input type="submit">
</form>

</body>
</html>
```

Listing 9.9 Datei senden_post.htm

Zur Erläuterung:

▶ Im Unterschied zum vorherigen Beispiel wurde hier die sogenannte POST-Methode verwendet. Dies ist wichtig für das Senden und Empfangen der Daten, sowohl für die HTML-PHP-Variante als auch für die Python-PHP-Variante.

Es folgt der PHP-Quellcode der zugehörigen Antwort:

```
<html>
<body>
<b>Ihre folgenden Daten wurden registriert:</b><p>

<?php
echo "Nachname: " . $_POST["nn"] . "<br />";
echo "Vorname: " . $_POST["vn"];
?>

</body>
</html>
```

Listing 9.10 Datei senden_post.php

Zur Erläuterung:

▶ Die aus dem Formular übernommenen Daten stehen in PHP im globalen Array $_POST zur Verfügung, weil sie mit der POST-Methode gesendet wurden.

Python-PHP-Variante

Mit Hilfe des folgenden Python-Programms können diese Daten ebenfalls gesendet werden. Dabei wird auch das obige PHP-Programm *senden_post.php* auf dem Webserver angesprochen.

```
import urllib.request, urllib.parse

# Eingabedaten
pnn = input("Bitte den Nachnamen eingeben: ")
pvn = input("Bitte den Vornamen eingeben: ")

# Dictionary mit Sendedaten, Codierung
dc = {"nn":pnn, "vn":pvn}
data = urllib.parse.urlencode(dc)
```

```
# sendet Daten
u = urllib.request.urlopen \
    ("http://localhost/Python33/senden_post.php", data)

# Empfang der Antwort und Ausgabe
li = u.readlines()
u.close()
for element in li:
    print(element)
```

Listing 9.11   Datei senden_post.py

Zur Erläuterung:

▶ Aus den eingegebenen Daten wird ein Dictionary erzeugt. Schlüssel   **Dictionary**
  ist jeweils der Name der Variablen, Wert ist der Eingabewert des
  Benutzers.

▶ Dieses Dictionary wird mit Hilfe der Funktion `urlencode()` in ein   **Sendedaten**
  Format umgewandelt, das zum Senden geeignet ist.

▶ Der zweite, optionale Parameter der Funktion `urlopen()` enthält
  diese Sendedaten.

Unterschiede in Python 2

Die Klammern bei der Anweisung `print` entfallen. Die Funktion zur Eingabe
heißt `raw_input()`. Die Funktionen stehen im Modul `urllib` und nicht in
den Untermodulen `urllib.request` und `urllib.parse`. Die Ausgabe
erfolgt in »normaler« Textform und nicht als Folge von Byte-Literalen. Der
Ablauf der Ausgabe wurde verändert, da ansonsten jeder Zeilenumbruch
verdoppelt würde.

Das Programm in Python 2:   **Python 2-Version**

```
import urllib

# Eingabedaten
pnn = raw_input("Bitte den Nachnamen eingeben: ")
pvn = raw_input("Bitte den Vornamen eingeben: ")

# Dictionary mit Sendedaten, Codierung
dc = {"nn":pnn, "vn":pvn}
data = urllib.urlencode(dc)

# sendet Daten
u = urllib.urlopen \
    ("http://localhost/Python27/senden_post.php", data)
```

```
# Empfang der Antwort und Ausgabe
li = u.readlines()
u.close()
ausgabe = ""
for element in li:
    ausgabe += element
print ausgabe
```

Listing 9.12 Datei senden_post.py in Python 2

9.2   Webserver-Programmierung

CGI-Skript

Das Modul `cgi` wird zur Webserver-Programmierung verwendet. Mit seiner Hilfe können Sie sogenannte CGI-Skripte erzeugen, die auf einem Webserver ausgeführt werden und ihre Ergebnisse an den Betrachter senden.

Basis für die gesendeten, dynamisch erzeugten Ergebnisse sind unter anderem Benutzereingaben, Inhalte von Dateien und Datenbanken, die auf dem Webserver liegen und mit Hilfe der CGI-Skripte gelesen und bearbeitet werden.

Lokaler Webserver

Voraussetzung für die Entwicklung und den Test der folgenden Programme ist ein lokaler Webserver, wie er bereits für die Programme im vorherigen Abschnitt benötigt wurde.

Verzeichnis
cgi-bin

Die CGI-Skripte werden im Browser über das Verzeichnis mit der Adresse *http://localhost/cgi-bin/Python33* (bzw. *http://localhost/cgi-bin/Python27*) abgerufen. Dieses Verzeichnis entspricht bei einer Standardinstallation von XAMPP unter Windows dem Festplattenverzeichnis *C:\xampp\cgi-bin\Python33 (bzw. C:\xampp\cgi-bin\Python27)*.

9.2.1   Erstes Programm

Statisches
CGI-Skript

Im Folgenden wird zunächst ein einfaches, statisches CGI-Skript mit Python vorgeführt. Das Modul `cgi` wird hier noch nicht benötigt. In diesem Beispiel sollen nur der Python-Programmaufbau und der HTML-Dokumentaufbau gezeigt werden:

```
#!C:\Python33\python.exe
print("Content-type: text/html")
print()
print("<html>")
print("<body>")
```

```
print("<h1>Hallo Python 3.3</h1>")
print("</body>")
print("</html>")
```

Listing 9.13   Datei server_hallo.cgi

Zur Erläuterung:

▶ In der ersten Zeile wird dem Webserver (unter Windows) die Information gegeben, dass die folgenden Zeilen mit Hilfe von Python ausgeführt werden sollen. Der Webserver weiß damit, dass er keine normale HTML-Datei vor sich hat, deren Daten einfach an den Browser des Benutzers gesendet werden sollen, sondern dass der Dateiinhalt erst von Python vorverarbeitet werden muss. Erst Python erstellt dann die HTML-Daten. *(Python auf dem Webserver)*

▶ Gleichzeitig wird der Ort mitgeteilt, an dem sich der Python-Interpreter auf dem Rechner befindet, auf dem auch der Webserver läuft. Im vorliegenden Fall handelt es sich um die Datei *C:\Python33\ python.exe*, also lautet die Zeile: `#!C:\Python33\python.exe`. *(python.exe)*

▶ In der nächsten Zeile wird im sogenannten Header das Format des Dokumentinhalts (`Content-type: text/html`) festgelegt. Anschließend muss eine Leerzeile ausgegeben werden! *(Header)*

▶ Es folgt die Ausgabe der Zeilen des eigentlichen HTML-Quellcodes.

Die Ausgabe im Browser, nach Eingabe der Adresse *http://localhost/cgi-bin/Python33/server_hallo.cgi*, sehen Sie in Abbildung 9.5.

Abbildung 9.5   Erstes Python-HTML-Dokument

Falls eine Python-Datei Umlaute oder Eszetts enthält, kann es passieren, dass beim Aufruf der Datei ein Fehler gemeldet wird. Um dies zu vermeiden, geben Sie als zweite Zeile in der Datei ein: *(encoding / decoding)*

```
# -*- coding: cp1252 -*-
```

Dadurch wird eine Codepage eingestellt, die die richtige Darstellung und Nutzung der Umlaute und Eszetts ermöglicht.

> **Unterschiede in Python 2**
>
> Die Klammern bei der Anweisung `print` entfallen. Die erste Zeile lautet `#!C:\Python27\python.exe`. Der ausgegebene Text lautet `Hallo Python 2.7`.

9.2.2 Beantworten einer Benutzereingabe

Dynamisches
CGI-Skript

Im folgenden Beispiel soll der Betrachter seinen Vor- und Nachnamen eingeben und diese Informationen an den Webserver senden. Er erhält daraufhin eine Bestätigung. Abbildung 9.6 zeigt das Formular.

Abbildung 9.6 Formular mit Beispieleingabe

Die Antwort des Webservers sehen Sie in Abbildung 9.7.

Abbildung 9.7 Antwort des Python-Programms

HTML-Python-
Variante

Unser bekanntes Beispiel realisieren wir nun mit Hilfe einer HTML-Datei und einem zugehörigen Python-Programm als CGI-Skript.

Zunächst der Code der HTML-Datei mit dem Formular:

```
<html>
<body>
<b>Bitte senden Sie Ihre Daten:</b><p>

<form action="/cgi-bin/Python33/server_antworten.cgi">
<input name="nn"> Nachname<p>
<input name="vn"> Vorname<p>
<input type="submit">
</form>

</body>
</html>
```

Listing 9.14 Datei server_antworten.htm

Zur Erläuterung:

▶ In der `form`-Markierung ist der Name des Python-Programms angege-   **Formularziel**
ben, das die Antwort zu diesem Formular sendet. Es handelt sich um
die Datei *server_antworten.cgi* im Unterverzeichnis *Python33* des
Standardverzeichnisses für CGI-Skripte (*cgi-bin*) auf dem Webserver.

Das zugehörige CGI-Skript sieht wie folgt aus:

```
#!C:\Python33\python.exe

# Modul cgi
import cgi, cgitb
# Ausgabe bei Fehler
cgitb.enable()

# Objekt der Klasse FieldStorage
form = cgi.FieldStorage()

# Einzelne Elemente des Objekts
if "nn" in form:
    nn = form["nn"].value
if "vn" in form:
    vn = form["vn"].value

# HTML-Dokument mit Variablen
print("Content-type: text/html")
print()
```

```
print("<html>")
print("<body>")

print("<p><b>Registrierte Daten:</b></p>")
print("<p>Nachname:", nn, "</p>")
print("<p>Vorname:", vn, "</p>")

print("</body>")
print("</html>")
```

Listing 9.15 Datei server_antworten.cgi

Zur Erläuterung:

Module cgi, cgitb ▶ Es werden die Module `cgi` und `cgitb` eingebunden.

▶ Das Modul `cgi` wird für die eigentliche Datenübermittlung benötigt. Das Modul `cgitb` können Sie während der Entwicklungszeit zur Fehlersuche nutzen.

cgitb.enable() ▶ Die Funktion `enable()` des Moduls `cgitb` sorgt dafür, dass Fehler während der Entwicklung des Python-Programms mit Kommentar im Browser ausgegeben werden. Ein Beispiel sehen Sie am Ende des Abschnitts. Nach Fertigstellung eines Programms sollten Sie die Zeile mit `cgitb.enable()` wieder auskommentieren.

FieldStorage ▶ Es wird ein Objekt (hier mit dem Namen `form`) der Klasse `FieldStorage` des Moduls `cgi` erzeugt. Dieses Objekt ähnelt einem Dictionary und enthält alle ausgefüllten Elemente des Formulars mit ihren jeweiligen Werten.

Formularelement prüfen ▶ Es muss zunächst geprüft werden, ob der Benutzer einen Wert für ein bestimmtes Formularelement eingegeben hat oder nicht. Dies geschieht mit Hilfe des Operators `in` (Beispiel: `if "nn" in form`). Formularelemente ohne Wert werden nicht an das CGI-Programm übermittelt. Ihre Verwendung würde dann zu einem Laufzeitfehler führen.

Wert des Formularelements ▶ Die Anweisung `nn = form["nn"].value` weist daraufhin der Python-Variablen `nn` den Wert des Formularelements `nn` zu, das in dem Objekt `form` gespeichert wurde.

Header ▶ Es folgt die Ausgabe des HTML-Codes, in dem die ermittelten Python-Variablen eingesetzt werden. Der Code wird eingeleitet durch die Header-Zeile, in der das Format des Dokumentinhalts (`text/html`) festgelegt wird. Anschließend folgt eine Leerzeile.

Unterschiede in Python 2

Die Klammern bei der Anweisung print entfallen. Die erste Zeile lautet #!C:\Python27\python.exe. Das Ziel des HTML-Formulars ist */cgi-bin/ Python27/server_antworten.cgi*.

Ergänzend zum Einsatz des Moduls cgitb veranschaulicht das Beispiel in Abbildung 9.8 ein fehlerhaftes Python-Programm und die Ausgabe des Fehlers über den Browser.

Fehlerausgabe

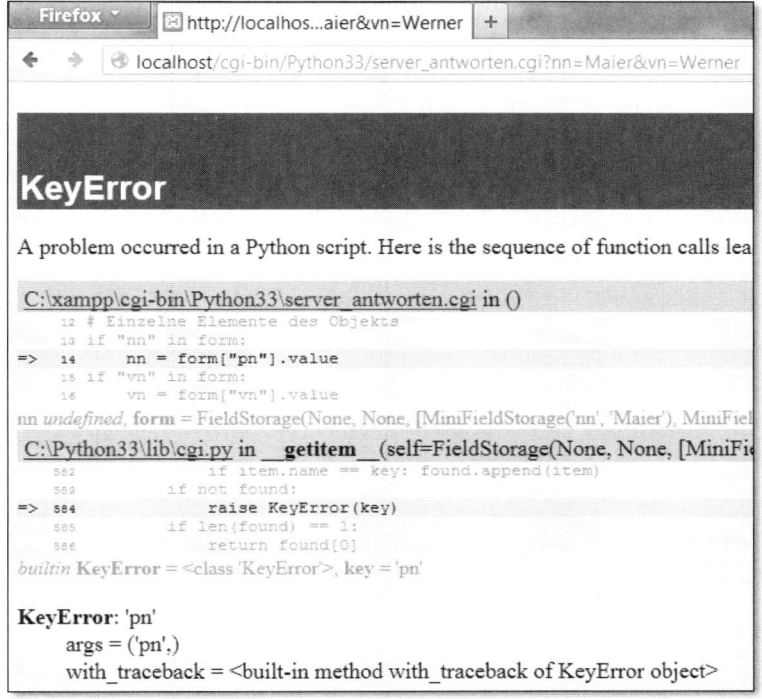

Abbildung 9.8 Fehlermeldung im Browser

Zur Erläuterung:

▶ Statt der Variablen vn für den Vornamen wurde versehentlich die Variable pn gewählt.

9.2.3   Formularelemente mit mehreren Werten

Formularelemente können mehrere verschiedene Werte enthalten. Dies ist zum Beispiel bei einem Auswahlmenü vom Typ multiple der Fall, in dem der Benutzer mehrere Werte markieren kann.

Zur vereinfachten Formularauswertung können aber auch mehrere Formularelemente den gleichen Namen tragen. Auch in diesem Fall wird zu einem Namen mehr als ein Wert übermittelt.

Auswertung | Wird nur ein Wert zu einem solchen Formularelement übermittelt, so geschieht die Auswertung in der bereits bekannten Form. Falls mehrere Werte zu einem Formularelement übermittelt wurden, so stehen diese Werte in einer Liste zur Verfügung. Bei der Auswertung muss also zunächst festgestellt werden, ob

▸ überhaupt ein Wert vorhanden ist oder

▸ genau ein Wert vorhanden ist oder

▸ mehrere Werte vorhanden sind.

Das Beispielformular in Abbildung 9.9 enthält drei gleichnamige Textfelder.

Abbildung 9.9   Formular mit Beispieleingabe

Die Antwort des Webservers zeigt Abbildung 9.10.

Abbildung 9.10   Antwort des Python-Programms

Der HTML-Code des Formulars:

```
<html>
<body>
<b>Bitte senden Sie Ihre Daten:</b><p>

<form action="/cgi-bin/Python33/server_werte.cgi">
<input name="nn"> Nachname 1<p>
<input name="nn"> Nachname 2<p>
<input name="nn"> Nachname 3<p>

<input type="submit">
</form>

</body>
</html>
```

Listing 9.16 Datei server_werte.htm

Zur Erläuterung:

▶ Das Formular wird zur Auswertung an *server_werte.cgi* gesendet. Es enthält dreimal das Formularelement nn. Es können also bis zu drei verschiedene Nachnamen eingegeben werden.

Das zugehörige CGI-Skript sieht wie folgt aus:

```
#!C:\Python33\python.exe

# Modul cgi
import cgi, cgitb

# Ausgabe bei Fehler
cgitb.enable()

# Objekt der Klasse FieldStorage
form = cgi.FieldStorage()

# HTML-Dokument mit Variablen
print("Content-type: text/html")
print()

# Auswertung Formularfeld
if "nn" in form:
    print("<p><b>Registrierte Daten:</b></p>")
    print("<p>Nachnamen:<br />")
    try:
        print(form["nn"].value)
```

297

```
    except:
        for element in form["nn"]:
            print(element.value, "<br />")
    print("</p>")
else:
    print("<p><b>Keine Daten gesendet</b></p>")

print("</body>")
print("</html>")
```

Listing 9.17 Datei server_werte.cgi

Zur Erläuterung:

▶ Zunächst wird mit Hilfe des Operators `in` festgestellt, ob überhaupt ein Nachname eingegeben wurde.

Kein Wert ▶ Ist dies nicht der Fall, so wird ausgegeben: `Keine Daten gesendet`.

Ein Wert ▶ Innerhalb eines `try-except`-Blocks wird versucht, einen einzelnen Nachnamen auszugeben. Falls mehrere Nachnamen übermittelt wurden, schlägt dies fehl.

Mehrere Werte ▶ In diesem Fall werden alle Elemente der übermittelten Liste von Nachnamen ausgegeben.

Unterschiede in Python 2

Die Klammern bei der Anweisung `print` entfallen. Die erste Zeile lautet `#!C:\Python27\python.exe`. Das Ziel des HTML-Formulars ist */cgi-bin/ Python27/server_werte.cgi*.

9.2.4   Typen von Formularelementen

Online-Formular Im Folgenden demonstriere ich die Auswertung verschiedener Typen von Formularelementen an einem größeren Beispiel – einer Online-Bestellung beim Python Pizza Service (siehe Abbildung 9.11).

Elementtypen Das Formular enthält die folgenden Typen von Formularelementen:

▶ zwei Radiobuttons für den Kundentyp

▶ ein Eingabefeld vom Typ `password` für den Stammkunden-Code

▶ sechs einzeilige Eingabefelder für die Adresse

▶ ein einfaches Auswahlmenü für die Pizzasorte

▶ ein mehrfaches Auswahlmenü für die Zusätze zur Pizza

▶ ein Kontrollkästchen (`checkbox`) für den Express-Service

▶ ein mehrzeiliges Eingabefeld (textarea) für Bemerkungen

▶ je einen Button zum Absenden und zum Zurücksetzen der Bestellung

Abbildung 9.11 Python Pizza Service, Bestellung

Die Formularelemente, die eine einfache Auswahl verlangen, sind schon mit einem Standardwert vorbesetzt. Darauf sollten Sie beim Formularentwurf unbedingt achten, damit der Benutzer nur sinnvolle Inhalte absenden kann. Gleichzeitig muss im auswertenden Programm nicht mehr geprüft werden, ob für diese Elemente ein Wert vorhanden ist.

Vorbesetzung

Das HTML-Formular sieht folgendermaßen aus:

HTML-Formular

```
<html>
<body>
<p><b>Python Pizza Service</b></p>

<form action="/cgi-bin/Python33/server_pizza.cgi">

<p><input type="radio" name="ku" value="S" checked="checked">
Stammkunde (5% Rabatt)
<input type="password" name="kc" size="6" maxlength="6">
Code<br />
```

```
<input type="radio" name="ku" value="N"> Neukunde</p>

<table>
<tr>
   <td><input name="nn" size="12"> Nachname</td>
   <td><input name="vn" size="12"> Vorname</td>
</tr>
<tr>
   <td><input name="st" size="12"> Stra&szlig;e</td>
   <td><input name="hn" size="12"> Hausnr.</td>
</tr>
<tr>
   <td><input name="pz" size="12"> PLZ</td>
   <td><input name="or" size="12"> Ort</td>
</tr>
</table>

<p>Sorte:
<select name="pt">
<option value="Salami">
Pizza Salami (6.00 &euro;)</option>
<option value="Thunfisch">
Pizza Thunfisch (6.50 &euro;)
<option value="Quattro Stagioni">
Pizza Quattro Stagioni (7.50 &euro;)</option>
<option value="Python" selected="selected">
Pizza Python (8.50 &euro;)</option>
</select></p>

<p>Zus&auml;tze:
<select name="zu" multiple size="2">
<option value="Pepperoni">Extra Pepperoni (1.00 &euro;)</option>
<option value="Oliven">Extra Oliven (1.20 &euro;)</option>
<option value="Sardellen">Extra Sardellen (1.50 &euro;)</option>
</select></p>

<p><input type="checkbox" name="ex">
Express-Service (max. 30 Minuten, 1.50 &euro; extra)</p>

<p>Bemerkung:
<textarea name="bm" rows="3" cols="25"></textarea></p>

<p><input type="submit"> <input type="reset"></p>
</form>
```

```
</body>
</html>
```

Listing 9.18 Datei server_pizza.htm

Zur Erläuterung:

▶ Eingabefelder vom Typ `radio` (Radiobuttons), die den gleichen Namen haben (im vorliegenden Beispiel `"ku"`), bieten eine einfache Auswahl zwischen zwei Alternativen, hier zwischen *Stammkunde* und *Neukunde*. Die Vorauswahl wird durch `checked` gekennzeichnet.
    Radiobuttons

▶ Eingaben in Eingabefeldern vom Typ `password` sind nicht erkennbar.
    Passwortfeld

▶ Einfache Auswahlmenüs mit `select` dienen zur einfachen Auswahl zwischen verschiedenen Möglichkeiten, hier zwischen den unterschiedlichen Pizzasorten. Die Vorauswahl wird durch `selected` gekennzeichnet.
    Einfaches Auswahlmenü

▶ Mehrfache Auswahlmenüs mit `select` und `multiple` bieten eine mehrfache Auswahl zwischen den verschiedenen Möglichkeiten, hier den unterschiedlichen Zusätzen zu den Pizzen. Eine mehrfache Auswahl erfolgt mit Hilfe der Tasten ⌂ und Strg vorgenommen.
    Mehrfaches Auswahlmenü

▶ Ein Kontrollkästchen (engl.: *checkbox*) dient zur Übermittlung einer zusätzlichen Information, hier dem Wunsch nach Express-Service.
    Checkbox

▶ Ein mehrzeiliges Eingabefeld (Textarea) bietet die Möglichkeit, längere Texte einzutragen und zu übermitteln.
    Textarea

Die Antwort des Webservers auf die obige Bestellung (siehe Abbildung 9.12) erfolgt mit einem Python-CGI-Skript.

Abbildung 9.12 Python Pizza Service, Bestätigung der Bestellung

Das zugehörige CGI-Skript sieht wie folgt aus:

```
#!C:\Python33\python.exe

# Modul cgi
import cgi, cgitb

# Allgemeine Check-Funktion
def chk(element):
        global form
        if element in form:
                erg = form[element].value
        else:
                erg = ""
        return erg

# Ausgabe bei Fehler
cgitb.enable()

# Objekt der Klasse FieldStorage
form = cgi.FieldStorage()

print("Content-type: text/html")
print()
print("<html>")
print("<body>")

# Anrede
print("<p>Guten Tag", chk("vn"), chk("nn"), "</p>")

# Adresse
print("<p>Ihre Adresse:", chk("st"), chk("hn"),
      "in", chk("pz"), chk("or"), "</p>")

# Pizza-Typ
print("<p>Ihre Bestellung: Pizza", chk("pt"))

# Beginn Berechnung Preis
preisliste = {"Salami":6, "Thunfisch":6.5,
              "Quattro Stagioni":7.5, "Python":8.5}
preis = preisliste[form["pt"].value]

# Zusatz
zusatzliste = {"Pepperoni":1, "Oliven":1.2,
               "Sardellen":1.5}
if "zu" in form:
    try:
```

```
            print("mit", form["zu"].value)
            preis += zusatzliste[form["zu"].value]

    except:
        for element in form["zu"]:
            print(", mit", element.value)
            preis += zusatzliste[element.value]
print("</p>")

# Express-Service
if "ex" in form:
    print("<p>Mit Express-Service</p>")
    preis += 1.5

# Bemerkung
if "bm" in form:
    print("<p>Bemerkung:", form["bm"].value, "</p>")

# Rabatt
if "kc" in form:
    if form["ku"].value == "S"
            and form["kc"].value == "Bingo":
        preis = preis * 0.95;
        print("<p>Rabatt 5%</p>")
# Preis
print("Preis (ohne Bemerkung): {0:.2f} &euro;".format(preis))
print("</body>")
print("</html>")
```

Listing 9.19 Datei server_pizza.cgi

Zur Erläuterung:

▶ Es wird zunächst eine allgemeine Check-Funktion für alle Formulare-
lemente definiert, die maximal einen Wert übermitteln können. Diese
Funktion liefert den Wert des überprüften Elements oder eine leere
Zeichenkette zurück.

Allgemeine
Check-Funktion

▶ Nach der Überschrift folgt die Anrede. Für die Angabe von Vorname
und Nachname wird die Check-Funktion genutzt.

Eingabefelder

▶ Es folgt die Bestätigung der Adresse, ebenfalls mit Nutzung der Check-
Funktion.

▶ Die Pizzasorte wird angegeben, und der zugehörige Preis wird über
ein Dictionary berechnet. Die Existenz des Elements muss nicht überprüft werden, da bereits eine Vorauswahl getroffen wurde.

Einfaches
Auswahlmenü

9 | Internet

Mehrfaches Auswahlmenü
▶ Die optionalen Zusätze für die Pizza werden in der Ausgabe und bei der Berechnung des Preises (über ein Dictionary) hinzugefügt. Hier muss überprüft werden, ob der Benutzer Zusätze gewählt hat.

Checkbox, Textarea
▶ Es erfolgt die Prüfung und gegebenenfalls Ausgabe bzw. Preisberechnung für Express-Service und die Ausgabe der Bemerkung.

Passwortfeld
▶ Nach Berechnung eines eventuell zu gewährenden Rabatts für Stammkunden wird der Preis ausgegeben. Dies geschieht allerdings nur, falls der Code »Bingo« im Passwortfeld eingegeben wurde.

Unterschiede in Python 2
Die Klammern bei der Anweisung print entfallen. Es wird das Zeichen \ für den Umbruch von langen Programmzeilen eingesetzt. Die erste Zeile lautet #!C:\Python27\python.exe. Das Ziel des HTML-Formulars ist /cgi-bin/Python27/server_pizza.cgi.

9.3 Browser aufrufen

webbrowser.open()
Das Modul webbrowser enthält Funktionen, um Internetseiten über einen Browser abzurufen. Es genügt, die Funktion open() aufzurufen. Als Parameter geben Sie die URL der gewünschten Internetseite an:

```
import webbrowser
webbrowser.open("http://www.galileo-press.de")
print("Ende")
```

Listing 9.20 Datei browser.py

Zur Erläuterung:

▶ Der Standard-Webbrowser des Systems wird als unabhängiges Programm aufgerufen. Danach läuft das Python-Programm weiter.

Unterschiede in Python 2
Die Klammern bei der Anweisung print entfallen.

9.4 Spiel, Version für das Internet

Aufgaben im Browser
In dieser Spielversion kann der Spieler in einem HTML-Formular auf einer Internetseite zunächst seinen Namen eingeben. Anschließend werden ihm, wiederum in einem HTML-Formular, fünf Additionsaufgaben mit Zahlen aus dem Bereich von 10 bis 30 gestellt.

304

Der Spieler gibt seine Lösungen in die fünf zugehörigen Eingabefelder ein. Pro Aufgabe hat er nur einen Versuch. Am Ende wird die Gesamtzeit ermittelt, die er für seine Lösungsversuche benötigt hat.

Löst der Spieler alle fünf Aufgaben richtig, so werden sein Name und die benötigte Zeit in eine Highscore-Liste aufgenommen, die in einer Datei auf dem Webserver abgespeichert wird.

Highscore speichern

9.4.1 Eingabebeispiel

Es folgt ein typischer Durchlauf durch das Programm. Abbildung 9.13 zeigt zunächst das Formular für die Eingabe des Namens.

Abbildung 9.13 Beginn des Spiels

Es folgen die fünf Aufgaben, siehe Abbildung 9.14.

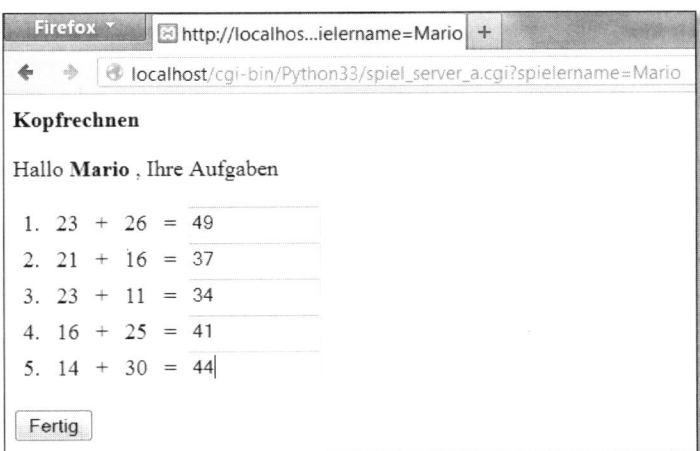

Abbildung 9.14 Fünf Aufgaben mit Lösungsversuchen

Die Bewertung des Ergebnisses und die Highscore-Liste sehen Sie in Abbildung 9.15.

Abbildung 9.15 Bewertung, Highscore

Zur Erläuterung:

▶ Der Spieler gibt seinen Namen ein (»Mario«) und betätigt den Button UND LOS ...

▶ Er bekommt fünf Aufgaben gestellt, gibt seine Lösungen für die Aufgaben ein und betätigt den Button FERTIG.

▶ Die Eingaben werden bewertet, und es erscheint die Highscore-Liste, gegebenenfalls mit einem neuen Eintrag für den aktuellen Spieler.

▶ Das Programm hat einen kleinen Schönheitsfehler: Es misst nicht die Zeit, die der Spieler zum Lösen der Aufgaben tatsächlich benötigt, sondern die Zeit, die zwischen dem Erscheinen der fünf Aufgaben und dem Erscheinen der Auswertungsseite verstreicht. Somit fließt neben der Schnelligkeit des Spielers auch die Qualität der Internetverbindung in das Ergebnis ein. Eine aufwendigere Lösung würde dieses Problem umgehen.

9.4.2 Aufbau des Programms

Das Programm besteht aus drei Dateien:

Erstes Formular

Eingabe Name ▶ Bei der ersten Datei handelt es sich um eine reine HTML-Datei (*http://localhost/Python33/spiel_server.htm*). Darin steht das Formular mit dem Feld zur Eingabe des Namens.

Zweites Formular

▶ Bei der zweiten Datei handelt es sich um ein Python-CGI-Skript *(http://localhost/cgi-bin/Python33/spiel_server_a.cgi)*. In diesem CGI-Skript wird der Eingabewert aus dem ersten Formular entgegengenommen, und das zweite Formular wird dynamisch aufgebaut. Das zweite Formular enthält fünf Eingabefelder für die Lösungsversuche der fünf Aufgaben.

Fünf Aufgaben

▶ Außerdem enthält das zweite Formular insgesamt sieben versteckte Felder. In diesen Feldern werden die fünf richtigen Lösungen der Aufgaben, der Name des Spielers aus dem ersten Formular und die ermittelte Startzeit unsichtbar an die dritte Datei übermittelt.

Versteckte Felder

Auswertung

▶ Die dritte Datei ist wiederum ein Python-CGI-Skript *(http://localhost/cgi-bin/Python33/spiel_server_b.cgi)*. In diesem Skript werden insgesamt zwölf Werte aus dem zweiten Formular entgegengenommen. Dies sind:

  ▸ der Spielername

  ▸ die ermittelte Startzeit

  ▸ die fünf richtigen Lösungen

  ▸ die fünf Eingaben des Benutzers

▶ Es wird die Endzeit festgestellt. Aus Startzeit und Endzeit wird die Ergebniszeit ermittelt, die der Benutzer benötigt hat.

Ergebniszeit

▶ Die fünf richtigen Lösungen und die fünf Eingaben des Benutzers werden miteinander verglichen. Sind alle Lösungen richtig, werden Name und Zeit in die Highscore-Liste eingetragen. Die Liste wird anschließend angezeigt.

Auswertung

▶ Zuletzt wird ein Hyperlink angezeigt, mit dem der Benutzer wieder zum Start des Programms gelangt.

9.4.3　Code des Programms

Erstes Formular

```
<html>
<body>
<p><b>Kopfrechnen</b></p>
```

```
<form action="/cgi-bin/Python33/spiel_server_a.cgi">
<p><input name="spielername" size="12"> Ihr Name</p>
<p><input type="submit" value="Und los ..."></p>
</form>

</body>
</html>
```

Listing 9.21 Datei spiel_server.htm

Zur Erläuterung:

▶ Dieses erste Formular verweist auf das zweite Formular. Es enthält
  das Element spielername und den Button zum Absenden.

Zweites Formular

```
#!C:\Python33\python.exe

# Module
import cgi, cgitb, sys, random, time

# Ausgabe bei Fehler
cgitb.enable()
# Initialisierung Zufallsgenerator
random.seed()

# Objekt der Klasse FieldStorage
form = cgi.FieldStorage()

# Header
print("Content-type: text/html")
print()

# HTML-Dokumentbeginn
print("<html>")
print("<body>")
print("<p><b>Kopfrechnen</b></p>")

# Falls kein Name eingetragen
if not "spielername" in form:
    print("<p>Kein Name, kein Spiel</p>")
    print("<a href='http://localhost/Python33/"
        "spiel_server.htm'>Zur&uuml;ck</a>")
```

```
    print("</body>")
    print("</html>")
    sys.exit(0)

# Formularbeginn
print("<form action='spiel_server_b.cgi'>")

# Spielername
print("<p>Hallo <b>", form["spielername"].value,
      "</b>, Ihre Aufgaben</p>")
print("<td><input name='spielername' type='hidden' "
      "value='" + form["spielername"].value + "'>")

# Startzeit
startzeit = time.time()
print("<td><input name='startzeit' type='hidden' "
      "value='" + str(startzeit) + "'>")

# Tabellenbeginn
print("<table border='0'>")

# 5 Aufgaben
for aufgabe in range(5):
    # Aufgabe mit Ergebnis
    a = random.randint(10,30)
    b = random.randint(10,30)
    c = a + b

    # Tabellenzeile
    print("<tr>")
    print("<td> " + str(aufgabe+1)
          + ". </td>")
    print("<td> " + str(a) + " </td>")
    print("<td> + </td>")
    print("<td> " + str(b) + " </td>")
    print("<td> = </td>")
    print("<td><input name='ein" + str(aufgabe)
          + "' size='12'></td>")
    print("</tr>")

    # Richtiges Ergebnis senden
    print("<input name='erg" + str(aufgabe) + "'"
          + "type='hidden' value='" + str(c) + "'>")
```

```
# Tabellenende
print("</table>")

# Absenden
print("<p><input type='submit' value='Fertig'></p>")

# HTML-Dokumentende
print("</form>")
print("</body>")
print("</html>")
```

Listing 9.22   Datei spiel_server_a.cgi

Zur Erläuterung:

Python-Interpreter
▶ Dem Webserver wird mitgeteilt, wo er den Python-Interpreter findet. Nach Einbindung einiger Module wird der Zufallsgenerator initialisiert.

▶ Eingaben aus dem ersten Formular werden in die Python-Variable form übernommen.

HTML-Dokument
▶ Nach dem HTML-Header beginnt das eigentliche HTML-Dokument.

Hyperlink
▶ Falls im ersten Formular kein Spielername eingegeben wurde, wird nur noch ein Hyperlink angeboten, der zurück zum ersten Formular führt. Ohne Spielername geht es nicht weiter, das HTML-Dokument und das Python-CGI-Skript enden.

Versteckte Felder
▶ Der übermittelte Spielername wird angezeigt und für die spätere Auswertung versteckt (type='hidden') im Formular eingetragen.

▶ Die Startzeit wird aufgezeichnet und für die spätere Auswertung ebenfalls versteckt im Formular eingetragen.

HTML-Tabelle
▶ Es wird eine HTML-Tabelle aufgebaut. Darin werden in einer for-Schleife die fünf Aufgaben und die fünf Eingabefelder für die Lösungsversuche eingetragen. Der Name der fünf Eingabefelder wird dynamisch zusammengesetzt: ein0 bis ein4.

▶ Parallel dazu werden die fünf richtigen Lösungen für die spätere Auswertung versteckt im Formular eingetragen. Die Felder erhalten die Namen erg0 bis erg4.

▶ Es folgen das Ende der Tabelle, der Button zum Absenden und das Ende des HTML-Dokuments.

Auswertungsseite

Die Auswertungsseite enthält ein Hauptprogramm und vier Funktionen:

Modularer Aufbau

▶ Funktion hs_lesen(): Lesen der Highscores aus der Datei in eine Liste

▶ Funktion hs_schreiben(): Schreiben der Highscore-Liste in die Datei

▶ Funktion hs_anzeigen(): Anzeigen der Highscore-Liste im Browser

▶ Funktion hs_hinzu(): ermittelte Zeit in Highscore-Liste einfügen

Die ersten beiden Funktionen stimmen mit den entsprechenden Funktionen der letzten Spielversion überein. Das Lesen und Schreiben der Datei haben sich nicht geändert, daher wird der Code hier nicht eigens abgebildet.

Das Anzeigen der Highscore-Liste wurde an die Ausgabe im Browser angepasst. Statt einer formatierten Aufgabe auf dem Bildschirm wird eine HTML-Tabelle erzeugt. Die Funktion hs_hinzu() ist ein Teil der Funktion spiel() aus einer anderen Spielversion. Sie erkennen daran die leichte Wiederverwendbarkeit von modular aufgebauten Programmen. Der Code lautet:

HTML-Tabelle

```
#!C:\Python33\python.exe
# Module
import cgi, cgitb, time, glob, pickle
# Ausgabe bei Fehler
cgitb.enable()

# Funktion Highscore lesen
def hs_lesen(): [ ..... ]

# Funktion Highscore anzeigen
def hs_anzeigen():
    # Ausgabe Highscore
    print("<table>")
    print("<tr><td>Platz</td><td> Name </td>"
        "<td align='right'>Zeit</td></tr>")
    for i in range(len(hs_liste)):
        print("<tr>")
        print("<td align='right'>" + str(i+1) + "</td>")
        print("<td> " + hs_liste[i][0]
            + " </td>")
        print("<td align='right'>" + "{0:.2f} sec". \
            format(hs_liste[i][1]) + "</td>")
        print("</tr>")
```

```
            if i >= 9:
                break
        print("</table>")

# Funktion Highscore schreiben
def hs_schreiben(): [ ..... ]

# Funktion Highscore hinzu
def hs_hinzu(name, differenz):
    # Mitten in Liste schreiben
    gefunden = False
    for i in range(len(hs_liste)):
        # Einsetzen in Liste
        if differenz < hs_liste[i][1]:
            hs_liste.insert(i, [name, differenz])
            gefunden = True
            break

    # Ans Ende der Liste schreiben
    if not gefunden:
        hs_liste.append([name, differenz])

# Hauptprogramm

# Objekt der Klasse FieldStorage
form = cgi.FieldStorage()

# Zeit berechnen
endzeit = time.time()
differenz = endzeit - float(form["startzeit"].value)

# Header
print("Content-type: text/html")
print()

# HTML-Dokumentbeginn
print("<html>")
print("<body>")
print("<p><b>Kopfrechnen</b></p>")

# Spielername
print("<p>Hallo <b>", form["spielername"].value,
      "</b>, Ihr Ergebnis</p>")
```

```
# Auswertung
richtig = 0
for aufgabe in range(5):
    if "ein" + str(aufgabe) in form:
        if form["ein" + str(aufgabe)].value == \
                form["erg" + str(aufgabe)].value:
            richtig += 1

# Ausgabe
print("<p>{0:d} von 5 in {1:.2f} Sekunden". \
        format(richtig, differenz), end = "")

# Highscore
if richtig == 5:
    print(", Highscore</p>")
    hs_lesen()
    hs_hinzu(form["spielername"].value, differenz)
    hs_schreiben()
    hs_anzeigen()
else:
    print(", leider kein Highscore</p>")

# Hyperlink zum Anfang
print("<p><a href='http://localhost/Python33/"
        "spiel_server.htm'>Zum Start</a></p>")

# HTML-Dokumentende
print("</body>")
print("</html>")
```

Listing 9.23   Datei spiel_server_b.cgi

Zur Erläuterung:

▶ Die Funktion `hs_anzeigen()` enthält eine HTML-Tabelle mit Überschrift und einzelnen Zeilen für die Highscore-Daten. Die Zahlen werden für die Anzeige mit Hilfe der Funktionen `str()` und `format()` in Zeichenketten umgewandelt.

▶ An die Funktion `hs_hinzu()` werden Name und ermittelte Zeit des Spielers übergeben. Diese beiden Werte werden an passender Stelle in die Highscore-Liste eingefügt oder hinten angehängt.

▶ Im Hauptprogramm wird die Endzeit ermittelt. Aus der übermittelten Startzeit und der Endzeit wird die Ergebniszeit errechnet.

▶ Die fünf Lösungen werden mit den fünf Eingaben verglichen, und die Anzahl der gelösten Aufgaben wird berechnet. Wurden alle Aufgaben richtig gelöst, so werden

    ▸ die Highscores aus der Datei eingelesen,

    ▸ der neue Highscore mit Name und Ergebniszeit hinzugefügt,

    ▸ die Highscore-Liste wieder in die Datei geschrieben und

    ▸ die Highscores angezeigt.

▶ Schließlich wird der Hyperlink zum Start des Programms angegeben.

Unterschiede in Python 2

Die Klammern bei der Anweisung `print` entfallen. Es wird das Zeichen \ für den Umbruch von langen Programmzeilen eingesetzt. Die erste Zeile lautet `#!C:\Python27\python.exe`. Das Ziel des HTML-Formulars ist */cgi-bin/Python27/spiel_server_a.cgi*. Zurück zum Start des Spiels gelangen Sie wieder über die Adresse *http://localhost/Python27/spiel_server.htm*.

10 Datenbanken

Eine Datenbank dient zur Speicherung größerer Datenmengen und zur übersichtlichen Darstellung bestimmter Daten aus diesen Datenmengen.

10.1 Aufbau von Datenbanken

Innerhalb einer Datenbank befinden sich verschiedene Tabellen. Im Folgenden sehen Sie eine einfache Beispieltabelle.

Name	Vorname	Personalnummer	Gehalt	Geburtstag
Maier	Hans	6714	3500,00	15.03.62
Schmitz	Peter	81343	3750,00	12.04.58
Mertens	Julia	2297	3621,50	30.12.59

Tabelle 10.1 Beispiel mit Personaldaten

Die Begriffe in der ersten Zeile bezeichnet man als die *Felder* der Tabelle. Es folgen die einzelnen *Datensätze* der Tabelle – in diesem Fall sind es drei.

Feld, Datensatz

Natürlich legt niemand für drei Datensätze eine Datenbank mit einer Tabelle an, aber die vorliegende Struktur könnte auch für mehrere Tausend Datensätze verwendet werden. Die Felder haben jeweils einen bestimmten Datentyp. In diesem Fall gibt es die Datentypen Text, ganze Zahlen, Zahlen mit Nachkommastellen und Datumsangaben.

Struktur, Datentyp

Eine Datenbank wird in den folgenden Schritten erzeugt:

Reihenfolge

► Anlegen der Datenbank

► Anlegen von Tabellen durch Angabe der Struktur

► Eingeben der Datensätze in die Tabellen

Die Struktur einer existierenden Datenbank oder Tabelle kann auch dann noch verändert werden, wenn die Datenbank bereits Daten enthält. Allerdings sollten Sie die Struktur Ihrer Datenbank stets gründlich planen, da es bei einer nachträglichen Veränderung leicht zu Datenverlusten kommt.

Strukturänderung

SQL In diesem Buch arbeiten wir mit einem kleinen Datenbanksystem: SQLite. Dabei handelt es sich um ein SQL-basiertes System. SQL (*Structured Query Language*) ist die meistverwendete Datenbanksprache der Welt. SQL-Anweisungen dienen

- ▸ zur Erzeugung der Struktur von Datenbanken und Tabellen und
- ▸ zum Bearbeiten der Datensätze (Erzeugen, Anzeigen, Ändern, Löschen).

10.2 SQLite

Modul sqlite3 SQLite ist ein einfacher Ersatz für ein komplexes Datenbankmanagement-System. Es wird über das Modul `sqlite3` direkt in Python eingebunden, arbeitet auf der Basis von Textdateien und kann bei kleineren Datenmengen eingesetzt werden. Es erfordert keine zusätzlichen Installationen.

Datentypen SQLite bietet standardmäßig die folgenden Datentypen:

- ▸ `TEXT`, für Zeichenketten
- ▸ `INTEGER`, für ganze Zahlen
- ▸ `FLOAT`, für Zahlen mit Nachkommastellen
- ▸ `BLOB`, für *binary large objects*, also große binäre Datenmengen
- ▸ `NULL`, entspricht `None` in Python

Für die Kontrolle und die richtige Konvertierung anderer Datentypen von SQLite nach Python, zum Beispiel einer SQLite-Zeichenkette in eine Python-Variable für eine Datumsangabe, muss der Entwickler selbst sorgen.

> **Hinweis**
>
> Die oben genannten Datentypen und andere SQL-spezifische Angaben werden in Großbuchstaben geschrieben. Dies ist für SQL nicht notwendig, dient aber zur deutlicheren Darstellung.

10.2.1 Datenbank, Tabelle und Datensätze

Erzeugen Im folgenden Programm wird zunächst eine SQLite-Datenbank erzeugt und eine Tabelle mit einem eindeutigen Index angelegt. Anschließend werden drei Datensätze in der Tabelle angelegt. Als Beispiel dient Tabelle 10.1 am Anfang dieses Kapitels.

Der eindeutige Index dient dazu, Datensätze zu erzeugen, die jeweils ein unverwechselbares Merkmal haben und somit eindeutig identifiziert werden können. In der Personentabelle ist dazu das Feld `personalnummer` geeignet. Das Programm lautet:

Eindeutiger Index

```python
import sqlite3

# Verbindung zur Datenbank erzeugen
connection = sqlite3.connect("firma.db")

# Datensatzcursor erzeugen
cursor = connection.cursor()

# Tabelle erzeugen
sql = "CREATE TABLE personen(" \
      "name TEXT, " \
      "vorname TEXT, " \
      "personalnummer INTEGER PRIMARY KEY, " \
      "gehalt FLOAT, " \
      "geburtstag TEXT)"
cursor.execute(sql)

# Datersatz erzeugen
sql = "INSERT INTO personen VALUES('Maier', " \
      "'Hans', 6714, 3500, '15.03.1962')"
cursor.execute(sql)
connection.commit()

# Datensatz erzeugen
sql = "INSERT INTO personen VALUES('Schmitz', " \
      "'Peter', 81343, 3750, '12.04.1958')"
cursor.execute(sql)
connection.commit()

# Datensatz erzeugen
sql = "INSERT INTO personen VALUES('Mertens', " \
      "'Julia', 2297, 3621.5, '30.12.1959')"
cursor.execute(sql)
connection.commit()

# Verbindung beenden
connection.close()
```

Listing 10.1 Datei sqlite_erzeugen.py

Zur Erläuterung:

connect() ▸ Zunächst wird mit Hilfe der Funktion `connect()` aus dem Modul `sqlite3` eine Verbindung zur Datenbank hergestellt. Falls die Datenbankdatei (hier die Datei *firma.db* im gleichen Verzeichnis) noch nicht existiert, wird sie nun erzeugt.

Connection-Objekt ▸ Der Rückgabewert der Funktion `connect()` ist ein Objekt der Klasse `sqlite3.connection`. Über diese Verbindung kann auf die Datenbank zugegriffen werden.

cursor() ▸ Mit Hilfe der Methode `cursor()` des Connection-Objekts wird ein Datensatz-Cursor erzeugt.

Cursor-Objekt ▸ Der Rückgabewert der Methode `cursor()` ist ein Objekt der Klasse `sqlite3.cursor`. Über diesen Cursor können SQL-Abfragen an die Datenbank gesendet und die Ergebnisse empfangen werden.

execute() ▸ Es wird eine Zeichenkette zusammengesetzt, die einen SQL-Befehl enthält. Dieser SQL-Befehl wird anschließend mit der Methode `execute()` des Cursor-Objekts an die Datenbank gesendet.

CREATE TABLE ▸ Die SQL-Anweisung `CREATE TABLE` erzeugt eine Tabelle in einer Datenbank. Hinter dem Namen der Tabelle (hier: `personen`) werden in Klammern die einzelnen Felder der Tabelle jeweils mit Datentyp angegeben.

Datentypen ▸ Die Felder `name`, `vorname` und `geburtstag` sind vom Typ `TEXT`. Das Feld `gehalt` ist vom Typ `FLOAT`, das Feld `personalnummer` vom Typ `INTEGER`.

Eindeutiger Index ▸ Auf dem Feld `personalnummer` wird mit Hilfe der Anweisung `PRIMARY KEY` ein eindeutiger Index definiert.

INSERT INTO ▸ Mit Hilfe der SQL-Anweisung `INSERT INTO` werden Datensätze angelegt. Es handelt sich um eine sogenannte Aktionsabfrage, die zu einer Änderung in der Tabelle führt.

commit() ▸ Auf eine Aktionsabfrage sollte immer ein Aufruf der Methode `commit()` des Connection-Objekts folgen, damit die Änderungen unmittelbar ausgeführt werden.

Felder, Werte ▸ In der SQL-Anweisung `INSERT INTO` werden nach dem Namen der Tabelle und dem Schlüsselwort `VALUES` die einzelnen Werte des Datensatzes für die Felder der Tabelle in Klammern angegeben. Dabei ist es wichtig, Zeichenketten in einfache Anführungsstriche zu setzen. Außerdem müssen Sie die Reihenfolge der Felder wie bei der Erzeugung der Tabelle einhalten.

▶ Zuletzt wird die Verbindung zur Datenbank mit Hilfe der Methode close() wieder geschlossen.

close()

10.2.2 Daten anzeigen

Es sollen alle Datensätze der Tabelle mit allen Inhalten angezeigt werden. Das Programm:

Alle Datensätze

```
import sqlite3

# Verbindung, Cursor
connection = sqlite3.connect("firma.db")
cursor = connection.cursor()

# SQL-Abfrage
sql = "SELECT * FROM personen"

# Kontrollausgabe der SQL-Abfrage
# print(sql)

# Absenden der SQL-Abfrage
# Empfang des Ergebnisses
cursor.execute(sql)

# Ausgabe des Ergebnisses
for dsatz in cursor:
    print(dsatz[0], dsatz[1], dsatz[2],
        dsatz[3], dsatz[4])

# Verbindung beenden
connection.close()
```

Listing 10.2 Datei sqlite_anzeigen.py

Das Programm erzeugt die Ausgabe:

```
Mertens Julia 2297 3621.5 30.12.1959
Maier Hans 6714 3500.0 15.03.1962
Schmitz Peter 81343 3750.0 12.04.1958
```

Zur Erläuterung:

▶ Nach Erzeugung von Datenbankverbindung und Datensatz-Cursor wird mit Hilfe der Methode execute() eine SQL-Abfrage gesendet.

execute()

▶ Die Abfrage SELECT FROM ist eine sogenannte Auswahlabfrage. Solche Abfragen dienen nur zum Sichten, nicht zum Ändern der Datenbankinhalte.

SELECT FROM

Alle Felder
▶ Die Anweisung `SELECT * FROM personen` liefert alle Felder und alle Datensätze der Tabelle. Der Stern (*) steht für »alle Felder«.

Kontrollausgabe
▶ Die SQL-Anweisung wurde zunächst in einer Zeichenkette gespeichert. Dies ist nicht zwingend notwendig, ermöglicht aber eine Ausgabe der Zeichenkette zur Kontrolle mit `print(sql)`. Dies ist besonders vorteilhaft für die Fehlersuche bei komplexeren SQL-Befehlen.

Ergebnis der Abfrage
▶ Nach Ausführung der Methode `execute()` steht im Cursor-Objekt das Ergebnis der Abfrage zur Verfügung. Dabei handelt es sich um die Datensätze, die zur Abfrage passen. Diese Reihe kann mit Hilfe einer Schleife durchlaufen werden.

Tupel mit Datensatz
▶ Jeder Ergebnis-Datensatz steht in einem Tupel, das aus den Werten für die einzelnen Felder in der gleichen Reihenfolge wie bei der Erzeugung der Tabelle besteht.

▶ Zuletzt wird die Verbindung zur Datenbank wieder beendet.

Unterschiede in Python 2

Die Klammern bei der Anweisung `print` entfallen. Es wird das Zeichen \ für den Umbruch von langen Programmzeilen eingesetzt.

10.2.3 Daten auswählen, Operatoren

SELECT WHERE
Mit Hilfe von `SELECT` in Verbindung mit der `WHERE`-Klausel wählen Sie einzelne oder mehrere Datensätze aus. Einige Beispiele:

```
import sqlite3

# Verbindung, Cursor
connection = sqlite3.connect("firma.db")
cursor = connection.cursor()

# SQL-Abfragen
# Einzelne Felder
sql = "SELECT name, vorname FROM personen"
cursor.execute(sql)
for dsatz in cursor:
    print(dsatz[0], dsatz[1])
print()

# Auswahl mit WHERE-Klausel und Vergleichsoperator
sql = "SELECT * FROM personen " \
      "WHERE gehalt > 3600"
cursor.execute(sql)
```

```
for dsatz in cursor:
    print(dsatz[0], dsatz[3])
print()

# Auswahl mit Zeichenkette
sql = "SELECT * FROM personen " \
      "WHERE name = 'Schmitz'"
cursor.execute(sql)
for dsatz in cursor:
    print(dsatz[0], dsatz[1])
print()

# Auswahl mit logischen Operatoren
sql = "SELECT * FROM personen " \
      "WHERE gehalt >= 3600 AND gehalt <= 3650"
cursor.execute(sql)
for dsatz in cursor:
    print(dsatz[0], dsatz[3])

# Verbindung beenden
connection.close()
```

Listing 10.3 Datei sqlite_auswaehlen.py

Erzeugt wird die Ausgabe:

```
Mertens Julia
Maier Hans
Schmitz Peter

Mertens 3621.5
Schmitz 3750.0

Schmitz Peter

Mertens 3621.5
```

Zur Erläuterung:

▶ Es handelt sich um vier verschiedene SQL-Abfragen, die nacheinander ausgeführt werden.

▶ Wenn Sie nur die Werte einzelner Felder sehen möchten, notieren Sie die Namen dieser Felder zwischen SELECT und FROM. Die Anweisung SELECT name, vorname FROM personen liefert nur die Inhalte der beiden genannten Felder aller Datensätze der Tabelle.

Felder auswählen

Datensätze auswählen

▸ Mit Hilfe von `WHERE` können Sie die Auswahl der Datensätze einschränken, indem Sie eine Bedingung mit Vergleichsoperatoren erstellen (wie bei den Anweisungen `if` oder `while` in Python).

Vergleichsoperatoren

▸ Die Anweisung `SELECT * FROM personen WHERE gehalt > 3600` liefert die Inhalte aller Felder, aber (mit Hilfe eines Vergleichsoperators) nur die Datensätze, bei denen der Wert des Feldes `gehalt` oberhalb der genannten Grenze liegt (siehe auch Tabelle 10.2).

Anführungsstriche

▸ Auch bei Zeichenketten kann ein Vergleich stattfinden. Dabei ist allerdings auf die *einfachen* Anführungsstriche zu achten. Die SQL-Anweisung `SELECT * FROM personen WHERE name = 'Schmitz'` liefert nur die Datensätze, bei denen der Name gleich »Schmitz« ist.

Logische Operatoren

▸ Logische Operatoren ermöglichen, wie in Python, die Verknüpfung mehrerer Bedingungen. Die Anweisung `SELECT * FROM personen WHERE gehalt >= 3600 AND gehalt <= 3650` liefert nur die Datensätze, bei denen der Wert des Feldes `gehalt` innerhalb der genannten Grenzen liegt (siehe auch Tabelle 10.3).

Operator	Erläuterung
=	gleich
<>	ungleich
>	größer als
>=	größer als oder gleich
<	kleiner als
<=	kleiner als oder gleich

Tabelle 10.2 Vergleichsoperatoren in SQL

Operator	Erläuterung
NOT	Logisches NICHT: Der Wahrheitswert einer Bedingung wird umgekehrt.
AND	Logisches UND: Beide Bedingungen müssen zutreffen.
OR	Logisches ODER: Nur eine der Bedingungen muss zutreffen.

Tabelle 10.3 Logische Operatoren in SQL

Unterschiede in Python 2

Die Klammern bei der Anweisung `print` entfallen.

10.2.4 Operator »LIKE«

Der Operator LIKE dient zur Auswahl von Datensätzen über Zeichenketten, in denen Platzhalter vorkommen dürfen. Sie können also Abfragen
bilden wie:

- Suche alle Datensätze, die mit ... beginnen.
- Suche alle Datensätze, die mit ... enden.
- Suche alle Datensätze, die ... enthalten.

Einige Beispiele:

```
import sqlite3

# Verbindung, Cursor
connection = sqlite3.connect("firma.db")
cursor = connection.cursor()

# SQL-Abfragen

# Beliebig viele beliebige Zeichen
sql = "SELECT * FROM personen WHERE name LIKE 'm%'"
cursor.execute(sql)
for dsatz in cursor:
    print(dsatz[0], dsatz[1])
print()

# Beinhaltet ...
sql = "SELECT * FROM personen WHERE name LIKE '%i%'"
cursor.execute(sql)
for dsatz in cursor:
    print(dsatz[0], dsatz[1])
print()

# Einzelne beliebige Zeichen
sql = "SELECT * FROM personen WHERE name LIKE 'M__er'"
cursor.execute(sql)
for dsatz in cursor:
    print(dsatz[0], dsatz[1])

# Verbindung beenden
connection.close()
```

Listing 10.4 Datei sqlite_like.py

Es wird die Ausgabe erzeugt:

```
Mertens Julia
Maier Hans

Maier Hans
Schmitz Peter

Maier Hans
```

Zur Erläuterung:

Platzhalter %

▶ Der Platzhalter % (Prozentzeichen) steht für eine unbestimmte Anzahl beliebiger Zeichen. Die Anweisung `SELECT * FROM personen WHERE name LIKE 'm%'` liefert nur die Datensätze, bei denen der Name mit dem Buchstaben »m« beginnt (unabhängig von Groß- und Kleinschreibung).

▶ Steht das Prozentzeichen vor *und* nach einem bestimmten Zeichen, so werden alle Datensätze gesucht, in denen dieses Zeichen vorkommt. Die Anweisung `SELECT * FROM personen WHERE name LIKE '%i%'` liefert nur die Datensätze, in denen der Buchstabe »i« (oder »I«) vorkommt.

Platzhalter _

▶ Der Platzhalter _ (Unterstrich) steht für ein einzelnes, beliebiges Zeichen. Die Anweisung `SELECT * FROM personen WHERE name LIKE 'M__er'` liefert nur die Datensätze, bei denen der Name mit »M« beginnt und der nach zwei weiteren Zeichen mit »er« endet. Dies trifft zum Beispiel auf »Maier«, »Meier«, »Mayer« oder »Meyer« zu.

Unterschiede in Python 2

Die Klammern bei der Anweisung `print` entfallen.

10.2.5 Sortierung der Ausgabe

ORDER BY

Mit Hilfe von `ORDER BY` werden die Datensätze in sortierter Form geliefert. Es kann nach einem oder mehreren Feldern, aufsteigend oder absteigend sortiert werden. Ein Beispiel:

```
import sqlite3

# Verbindung, Cursor
connection = sqlite3.connect("firma.db")
cursor = connection.cursor()
```

```
# Sortierung fallend
sql = "SELECT * FROM personen ORDER BY gehalt DESC"
cursor.execute(sql)
for dsatz in cursor:
    print(dsatz[0], dsatz[1], dsatz[3])
print()

# Sortierung nach mehreren Feldern
sql = "SELECT * FROM personen ORDER BY name, vorname"
cursor.execute(sql)
for dsatz in cursor:
    print(dsatz[0], dsatz[1])

connection.close()
```

Listing 10.5 Datei sqlite_sortieren.py

Die Ausgabe lautet:

```
Maier Wolfgang 3810.0
Schmitz Peter 3750.0
Mertens Julia 3621.5
Maier Hans 3500.0

Maier Hans
Maier Wolfgang
Mertens Julia
Schmitz Peter
```

Zur Erläuterung:

▶ Zur deutlicheren Darstellung wurde vor Ausführung dieses Programms noch ein weiterer Datensatz hinzugefügt.

▶ Die Anweisung SELECT * FROM personen ORDER BY gehalt DESC liefert   **DESC, ASC**
alle Datensätze, absteigend nach Gehalt sortiert. Der Zusatz DESC steht
für *descending* (absteigend). Für ein aufsteigende Sortierung könnten
Sie den Zusatz ASC (*ascending*, deutsch: aufsteigend) verwenden. Dies
ist allerdings der Standard, daher kann der Zusatz entfallen.

▶ Die Anweisung SELECT * FROM personen ORDER BY name, vorname lie-   **Mehrere Felder**
fert alle Datensätze, aufsteigend nach Name sortiert. Bei gleichem
Namen wird nach Vorname sortiert.

Unterschiede in Python 2

Die Klammern bei der Anweisung print entfallen.

10.2.6 Auswahl nach Eingabe

Der Benutzer kann Datensätze in eingeschränkter Form auch selbst auswählen. Mit dem folgenden Programm werden nur die Datensätze angezeigt,

▶ die dem eingegebenen Namen entsprechen oder

▶ die den eingegebenen Namensteil enthalten.

```python
import sqlite3

# Verbindung, Cursor
connection = sqlite3.connect("firma.db")
cursor = connection.cursor()
# Eingabe Name
eingabe = input("Bitte den gesuchten Namen eingeben: ")
sql = "SELECT * FROM personen WHERE name LIKE '" \
      + eingabe + "'"
print(sql)
cursor.execute(sql)
for dsatz in cursor:
    print(dsatz[0], dsatz[1])
print()

# Eingabe Teil des Namens
eingabe = input("Bitte den gesuchten Namensteil eingeben: ")
sql = "SELECT * FROM personen WHERE name LIKE '%" \
      + eingabe + "%'"
print(sql)
cursor.execute(sql)
for dsatz in cursor:
    print(dsatz[0], dsatz[1])
print()

connection.close()
```

Listing 10.6 Datei sqlite_eingabe.py

Die Ausgabe (mit Eingabe des Benutzers) sieht wie folgt aus:

```
Bitte den gesuchten Namen eingeben: Maier
SELECT * FROM personen WHERE name LIKE 'Maier'
Maier Hans
Maier Wolfgang

Bitte den gesuchten Namensteil eingeben: r
```

```
SELECT * FROM personen WHERE name LIKE '%r%'
Mertens Julia
Maier Hans
Maier Wolfgang
```

Zur Erläuterung:

► Beim ersten Mal hat der Benutzer den Namen »Maier« eingegeben. Es wird ein SQL-Befehl zusammengesetzt, der diese Benutzereingabe enthält. Sodann werden alle Datensätze mit dem Namen »Maier« geliefert.

► Gerade bei zusammengesetzten SQL-Anweisungen lohnt sich eine Ausgabe des SQL-Befehls während der Entwicklungszeit. So können Sie beispielsweise kontrollieren, ob die einfachen Anführungsstriche gesetzt wurden. **Kontrollausgabe**

► Beim zweiten Mal hat der Benutzer nur das Zeichen »r« eingegeben. Diese Eingabe wird in Prozentzeichen (und einfache Anführungsstriche) gesetzt. Es werden alle Datensätze geliefert, deren Name ein »r« enthält.

Unterschiede in Python 2

Die Klammern bei der Anweisung `print` entfallen. Die Funktion zur Eingabe heißt `raw_input()`.

10.2.7 Datensätze ändern

Die Anweisung `UPDATE` dient zur Änderung von Feldinhalten in einem oder mehreren Datensätzen. Sie ähnelt in ihrem Aufbau der Anweisung `SELECT`. Wählen Sie Ihre Auswahlkriterien sorgfältig, um nicht versehentlich andere als die gemeinten Datensätze in die Änderung einzubeziehen. **UPDATE**

```
SQLCommand = "UPDATE personen SET gehalt = 3800"
```

Diese Anweisung würde bei sämtlichen Datensätzen der Tabelle `personen` den Wert für das Feld `gehalt` auf den Wert `3800` setzen – diese Aktion ist sicherlich nicht beabsichtigt.

Nehmen Sie daher eine Einschränkung vor, am besten über das Feld mit dem eindeutigen Index (hier das Feld `personalnummer`). **Eindeutiger Index**

```
SQLCommand = "UPDATE personen SET gehalt = 3780 " \
"WHERE personalnummer = 81343"
```

Das Beispiel mit einer Ausgabe vor der Änderung und einer Ausgabe nach der Änderung sieht wie folgt aus:

```python
import sqlite3

def ausgabe():
    # SQL-Abfrage, senden, Ausgabe
    sql = "SELECT * FROM personen"
    cursor.execute(sql)
    for dsatz in cursor:
        print(dsatz[0], dsatz[1], dsatz[2], dsatz[3])
    print()

# Verbindung, Cursor
connection = sqlite3.connect("firma.db")
cursor = connection.cursor()

# Vorher
ausgabe()

# Datensatz aktualisieren
sql = "UPDATE personen SET gehalt = 3780 " \
      "WHERE personalnummer = 81343"
cursor.execute(sql)
connection.commit()

# Nachher
ausgabe()

connection.close()
```

Listing 10.7 Datei sqlite_aendern.py

Folgende Ausgabe wird erzeugt:

```
Mertens Julia 2297 3621.5
Maier Hans 6714 3500.0
Maier Wolfgang 8339 3810.0
Schmitz Peter 81343 3750.0

Mertens Julia 2297 3621.5
Maier Hans 6714 3500.0
Maier Wolfgang 8339 3810.0
Schmitz Peter 81343 3780.0
```

Zur Erläuterung:

▸ Wie Sie sehen, wurde nur ein Datensatz verändert. Aufbau und Aus-
wirkung des SQL-Befehls wurden bereits erläutert.

Sollen mehrere Feldinhalte eines Datensatzes gleichzeitig geändert werden, könnte dies wie folgt aussehen:

Mehrere Felder ändern

```
sql = 'UPDATE personen SET gehalt = 3780, " \
    'vorname = 'Hans-Peter' " \
    'WHERE personalnummer = 81343"
```

Zu den Änderungen, die nicht durchgeführt werden dürfen, gehört der
Eintrag eines Datensatzes mit einem bereits vorhandenen Wert für das
Feld mit dem eindeutigen Index. In der vorliegenden Tabelle kann also
kein neuer Datensatz eingetragen werden, der im Feld personalnummer
einen Wert hat, der bereits in einem anderen Datensatz vorhanden ist.

Unerlaubte Änderung

Das Gleiche gilt für die entsprechende Änderung eines Datensatzes. Der
Wert für das Feld personalnummer eines Datensatzes darf also nur einmal
vorkommen. So würde die Anweisung ...

```
sql = 'UPDATE personen SET personalnummer = 6714 " \
    'WHERE personalnummer = 81343"
```

... zur folgenden Fehlermeldung führen:

```
sqlite3.IntegrityError: PRIMARY KEY must be unique
```

Dies liegt daran, dass für das Feld personalnummer mit dem Zusatz PRI-
MARY KEY ein eindeutiger Index definiert wurde. Daher ist jede Personalnummer einzigartig (englisch: *unique*). Die Personalnummer 6714
gehört aber bereits zu einem anderen Datensatz.

unique

Unterschiede in Python 2

Die Klammern bei der Anweisung print entfallen.

10.2.8 Datensätze löschen

Mit der SQL-Anweisung DELETE löschen Sie Datensätze. Achten Sie auch
hier darauf, welche Datensätze Sie genau löschen möchten, damit Sie
nicht unbeabsichtigt alle Datensätze auf einmal löschen. Ein Beispiel:

DELETE

```
import sqlite3

def ausgabe():
```

```
# SQL-Abfrage, senden, Ausgabe
sql = "SELECT * FROM personen"
cursor.execute(sql)
for dsatz in cursor:
    print(dsatz[0], dsatz[1], dsatz[2], dsatz[3])
print()

# Verbindung, Cursor
connection = sqlite3.connect("firma.db")
cursor = connection.cursor()

# Vorher
ausgabe()

# Datensatz entfernen
sql = "DELETE FROM personen " \
    "WHERE personalnummer = 8339"
cursor.execute(sql)
connection.commit()

# Nachher
ausgabe()

connection.close()
```

Listing 10.8 Datei sqlite_loeschen.py

Die Ausgabe lautet:

```
Mertens Julia 2297 3621.5
Maier Hans 6714 3500.0
Maier Wolfgang 8339 3810.0
Schmitz Peter 81343 3780.0

Mertens Julia 2297 3621.5
Maier Hans 6714 3500.0
Schmitz Peter 81343 3780.0
```

Zur Erläuterung:

▶ Der Datensatz mit der Personalnummer 8339 wurde gelöscht, wie der Vergleich der Ausgabe vor dem Löschen mit der Ausgabe nach dem Löschen zeigt.

Unterschiede in Python 2

Die Klammern bei der Anweisung print entfallen.

10.3 SQLite auf dem Webserver

Sie können eine SQLite-Datenbank natürlich auch auf einem Webserver zur dauerhaften Speicherung von Daten einsetzen.

In diesem Abschnitt machen wir eine SQLite-Datenbank über ein Python-CGI-Interface zugänglich. Hierzu werden Sie Ihre Kenntnisse aus den Abschnitten 9.2, »Webserver-Programmierung«, und 10.2, »SQLite«, nutzen.

Python-CGI-Skript

Da es sich bei einer SQLite-Datenbank um eine einfache Textdatei handelt, sollte diese in einem eigenen, per Passwort geschützten Verzeichnis liegen. Damit verhindern Sie, dass die Datei einfach komplett heruntergeladen werden kann. Sie soll nur über das bereitgestellte Python-CGI-Interface genutzt werden. Das Programm:

Datenbankdatei schützen

```
#!C:\Python33\python.exe

import sqlite3

# Dokumenttyp
print("Content-type: text/html")
print()

# Dokumentbeginn
print("<html>")
print("<body>")

# Verbindung, Cursor
connection = sqlite3.connect("sqlite/firma.db")
cursor = connection.cursor()

# SQL-Abfrage, Absenden, Ergebnis
sql = "SELECT * FROM personen"
cursor.execute(sql)

# Tabellenausgabe des Ergebnisses
print("<table border='1'>")

# Tabellenkopf
print("<tr><td>Name</td><td>Vorname</td>"
      "<td align='right'>PNr.</td>"
      "<td align='right'>Gehalt</td>"
      "<td>Geburtstag</td></tr>")
```

```
# Tabellenzeile
for dsatz in cursor:
    print("<tr>" \
        + "<td>" + dsatz[0] + "</td>"
        + "<td>" + dsatz[1] + "</td>"
        + "<td align='right'>" + str(dsatz[2]) + "</td>"
        + "<td align='right'>"
        + "{0:.2f}".format(dsatz[3]) + "</td>"
        + "<td>" + dsatz[4] + "</td>"
        + "</tr>")

# Tabellenende
print("</table>")

# Verbindung beenden
connection.close()

# Dokumentende
print("</body>")
print("</html>")
```

Listing 10.9 Datei sqlite_server.cgi

Abbildung 10.1 zeigt die Ausgabe im Browser nach Eingabe der Adresse *http://localhost/cgi-bin/Python33/sqlite_server.cgi*.

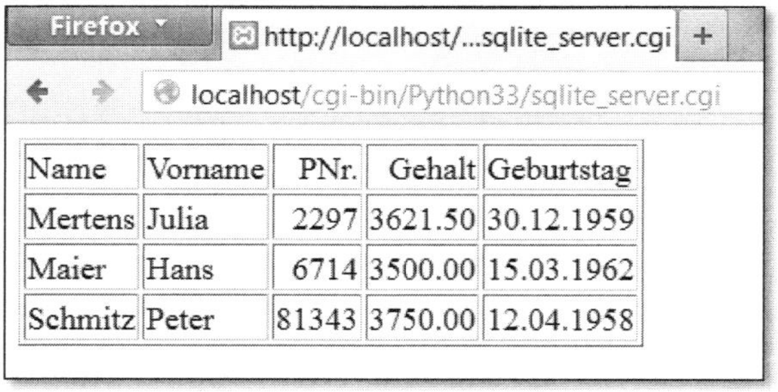

Abbildung 10.1 Datenbankinhalte auf dem Webserver

Zur Erläuterung:

XAMPP ▶ Das Python-Programm *sqlite_server.cgi* befindet sich (bei einer Standardinstallation von XAMPP) im Festplattenverzeichnis *C:\xampp\cgi-bin\Python33*.

▸ Der Inhalt der SQLite-Datenbankdatei *firma.db* ist aus dem vorherigen Abschnitt bekannt. Die Datei liegt im Verzeichnis: *C:\xampp\cgi-bin\Python33\sqlite*. Dieses Verzeichnis sollte geschützt werden. Die Standard-Konfigurationsprogramme für eigene Websites bieten unkomplizierte Möglichkeiten zum Schutz von Verzeichnissen.

Datenbankdatei

▸ Das HTML-Dokument wird begonnen. Es wird Verbindung zur Datenbank aufgenommen. Eine Datenbankabfrage wird abgesendet, das Ergebnis steht über den Datensatz-Cursor zur Verfügung.

HTML-Dokument, Datenbankabfrage

▸ Es wird eine HTML-Tabelle mit Rahmen begonnen.

HTML-Tabelle

▸ Es folgt die erste Tabellenzeile mit der Überschrift. Sie enthält die Bezeichnungen der einzelnen Felder.

▸ Für jeden Datensatz wird eine Tabellenzeile erzeugt. In den einzelnen Zellen der Tabellenzeile stehen die Werte der Datenbankfelder.

Datensatz

▸ Die Personalnummer und das Gehalt werden rechtsbündig in die Zelle geschrieben. Die Personalnummer wird mit Hilfe der Funktion `str()` in eine Zeichenkette umgewandelt. Das Gehalt wird mit Hilfe der Funktion `format()` mit zwei Nachkommastellen formatiert.

Formatierung

▸ Die HTML-Tabelle wird beendet, die Verbindung zur Datenbank geschlossen und das HTML-Dokument beendet.

Unterschiede in Python 2

Die Klammern bei der Anweisung `print` entfallen. Es wird das Zeichen \ für den Umbruch von langen Programmzeilen eingesetzt. Die erste Zeile lautet `#!C:\Python27\python.exe`. Das Python-Programm liegt im Festplattenverzeichnis *C:\xampp\cgi-bin\Python27*, die SQLite-Datenbankdatei im Unterverzeichnis *sqlite*. Die einzugebende Adresse im Browser lautet *http://localhost/cgi-bin/Python27/sqlite_server.cgi*.

10.4   Spiel, Version mit Highscore-Datenbank

Es folgt eine weitere Version des Spiels. Darin werden die Daten des Spielers (Name und Zeit) in einer Datenbank dauerhaft gespeichert, so dass eine Highscore-Liste geführt werden kann.

Der entscheidende Unterschied zur Version mit Higshcore-Datei (siehe Abschnitt 8.9, »Spiel, Version mit Highscore-Datei«) liegt darin, dass keine separate Liste geführt wird, sondern:

Direkter Zugriff

▸ die neuen Werte direkt und »unsortiert« in die Datenbank geschrieben werden,

▸ die vorhandenen Werte direkt und sortiert aus der Datenbank gelesen und auf dem Bildschirm ausgegeben werden.

Vorteile Dies hat einige Vorteile:

▸ Es muss keine eigene Funktion zum Austausch der Daten zwischen Liste und Datei geschrieben werden.

▸ Die Sortierung wird von SQL übernommen und muss nicht innerhalb des Python-Programms erfolgen.

▸ Bei einem vorzeitigen Abbruch des Programms gehen die bisher ermittelten Daten nicht verloren, da sie nach jedem Spiel gespeichert werden.

Es folgt der erste Teil des Programms:

```python
# Module
import random, time, glob, sqlite3

# Funktion Highscore anzeigen
def hs_anzeigen():
    # Highscore-DB nicht vorhanden
    if not glob.glob("highscore.db"):
        print("Keine Highscores vorhanden")
        return

    # Highscores laden
    con = sqlite3.connect("highscore.db")
    cursor = con.cursor()
    sql = "SELECT * FROM daten ORDER BY zeit LIMIT 10"
    cursor.execute(sql)

    # Ausgabe Highscore
    print(" P. Name          Zeit")
    i = 1
    for dsatz in cursor:
        print("{0:2d}. {1:10} {2:5.2f} sec".format
            (i, dsatz[0], dsatz[1]))
        i = i+1

    # Verbindung beenden
    con.close()
```

Listing 10.10 Datei spiel_sqlite.py, Teil 1 von 3

Zur Erläuterung:

▶ In der Funktion `hs_anzeigen()` wird zunächst festgestellt, ob die Datenbank-Datei existiert. Ist dies der Fall, wird eine Verbindung aufgenommen.

▶ Es werden die ersten zehn Datensätze mit Hilfe der Anweisung `SELECT` ausgewählt, aufsteigend sortiert nach der Spieldauer. Der Zusatz `LIMIT` in der SQL-Abfrage begrenzt dabei die Anzahl.

LIMIT

▶ Nach der Ausgabe der Datensätze wird die Verbindung wieder beendet.

Der zweite Teil des Programms:

```
# Funktion Spiel
def spiel():
. . .
    # Highscore-DB nicht vorhanden, erzeugen
    if not glob.glob("highscore.db"):
        con = sqlite3.connect("highscore.db")
        cursor = con.cursor()
        sql = "CREATE TABLE daten(" \
                "name TEXT, " \
                "zeit FLOAT)"
        cursor.execute(sql)
        con.close()

    # Datensatz in DB schreiben
    con = sqlite3.connect("highscore.db")
    cursor = con.cursor()
    sql = "INSERT INTO daten VALUES('" \
            + name + "'," + str(differenz) + ")"
    cursor.execute(sql)
    con.commit()
    con.close()

    # Highscoreliste anzeigen
    hs_anzeigen()
```

Listing 10.11 Datei spiel_sqlite.py, Teil 2 von 3

Zur Erläuterung:

▶ Der Anfang der Funktion `spiel()` unterscheidet sich nicht von der Version mit Higshcore-Datei (siehe Abschnitt 8.9, »Spiel, Version mit Highscore-Datei«). Erst bei der Speicherung zeigen sich die Änderungen.

CREATE TABLE ▶ Es wird zunächst festgestellt, ob die Datenbank-Datei existiert. Ist dies nicht der Fall, wird die Datenbank mit der Tabelle `daten` mit Hilfe der Anweisung `CREATE TABLE` erzeugt.

INSERT ▶ Die neu ermittelten Werte werden mit Hilfe der Anweisung `INSERT` als neuer Datensatz in die Datenbank geschrieben.

▶ Anschließend wird die Highscore-Liste angezeigt.

Das Hauptprogramm:

```python
# Endlosschleife
while True:
    # Hauptmenue, Auswahl
    try:
        menu = int(input("Bitte eingeben "
            "(0: Ende, 1: Highscores, 2: Spielen): "))
    except:
        print("Falsche Eingabe")
        continue

    # Aufruf einer Funktion oder Ende
    if menu == 0:
        break
    elif menu == 1:
        hs_anzeigen()
    elif menu == 2:
        spiel()
    else:
        print("Falsche Eingabe")
```

Listing 10.12 Datei spiel_sqlite.py, Teil 3 von 3

Zur Erläuterung:

▶ Gegenüber der Version mit Higshcore-Datei (siehe Abschnitt 8.9) fehlen die beiden Aufrufe der Funktionen zum Austausch der Daten zwischen Liste und Datei.

▶ Im Hauptprogramm läuft eine Endlosschleife. Der Benutzer kann sich die Highscores anzeigen lassen, spielen oder das Programm beenden.

Unterschiede in Python 2

Die Klammern bei der Anweisung `print` entfallen. Die Funktion zur Eingabe heißt `raw_input()`. Es wird das Zeichen \ für den Umbruch von langen Programmzeilen eingesetzt. Das Weglassen des Zeilenendes wird erreicht, indem die Ausgabe stückweise in einer Variablen zusammengesetzt und erst anschließend vollständig ausgegeben wird.

10.5 Spiel, objektorientierte Version mit Highscore-Datenbank

Diese Version ist auf der objektorientierten Version mit Highscore-Datei aufgebaut. Nur die Klasse `Highscore` wurde verändert, um die in Abschnitt 10.4, »Spiel, Version mit Highscore-Datenbank«, erwähnten Vorteile einer Datenbank gegenüber einer Datei zu nutzen.

Die Klasse `Highscore`:

Klasse
»Highscore«

```python
class Highscore:
    # Highscore in DB speichern
    def speichern(self, name, zeit):
        # Highscore-DB nicht vorhanden, erzeugen
        if not glob.glob("highscore.db"):
            con = sqlite3.connect("highscore.db")
            cursor = con.cursor()
            sql = "CREATE TABLE daten(" \
                    "name TEXT, " \
                    "zeit FLOAT)"
            cursor.execute(sql)
            con.close()

        # Datensatz in DB schreiben
        con = sqlite3.connect("highscore.db")
        cursor = con.cursor()
        sql = "INSERT INTO daten VALUES('" \
                + name + "'," + str(zeit) + ")"
        cursor.execute(sql)
        con.commit()
        con.close()

    # Highscore anzeigen
    def __str__(self):
        # Highscore-DB nicht vorhanden
        if not glob.glob("highscore.db"):
            return "Keine Highscores vorhanden"

        # Highscores laden
        con = sqlite3.connect("highscore.db")
        cursor = con.cursor()
        sql = "SELECT * FROM daten" \
                " ORDER BY zeit LIMIT 10"
        cursor.execute(sql)
```

```
# Ausgabe Highscore
ausgabe = " P. Name              Zeit\n"
i = 1
for dsatz in cursor:
    ausgabe += "{0:2d}. {1:10} {2:5.2f} sec\n". \
        format(i, dsatz[0], dsatz[1])
    i = i+1

# Verbindung beenden
con.close()
return ausgabe
```

Listing 10.13 Datei spiel_sqlite_oop.py

Zur Erläuterung:

▶ In der Klasse `Highscore` gibt es nur noch die beiden Methoden zum Speichern und zum Ausgeben des Highscores.

CREATE, INSERT   ▶ In der Methode `speichern()` wird geprüft, ob es eine Datenbank-Datei gibt. Ist dies nicht der Fall, werden die Datenbank und die Tabelle mit Hilfe von `CREATE TABLE` erzeugt. Falls es die Datenbank bereits gibt, werden die neu ermittelten Daten mit Hilfe der Anweisung `INSERT` hinzugefügt.

SELECT   ▶ In der Ausgabemethode werden die Datensätze mit Hilfe der Anweisung `SELECT` sortiert ausgewählt und anschließend formatiert ausgegeben.

Unterschiede in Python 2

Die Klammern bei der Anweisung `print` entfallen. Die Funktion zur Eingabe heißt `raw_input()`.

---

11   Benutzeroberflächen

Die Erstellung von komfortablen grafischen Benutzeroberflächen für verschiedene Betriebssystemplattformen mit Hilfe des Tk-Interfaces steht im Zentrum dieses Kapitels. Die ereignisorientierte Programmierung rückt dabei in den Vordergrund.

11.1   Einführung

Die bisher dargestellten Programme wurden über Eingaben in der Kommandozeile bedient. Möchten Sie dem Benutzer dagegen eine komfortable Oberfläche zur Bedienung zur Verfügung stellen, so bietet sich bei Python das *Tk-Interface* an.

Bei der Installation von Python unter den verschiedenen Betriebssystemen kann das Tk-Interface leicht eingebunden werden oder steht standardmäßig zur Verfügung. Es bietet eine Reihe von Klassen zur Erzeugung der einzelnen Elemente der Oberfläche.

Tk-Interface

Die Erstellung einer Oberflächen-Anwendung, einer sogenannten *GUI-Anwendung* (GUI = Graphical User Interface), umfasst die folgenden wichtigen Schritte:

GUI

▶ Erzeugung eines Hauptfensters, das alle Elemente der Anwendung enthält

Hauptfenster

▶ Erzeugung und Anordnung von einzelnen Steuerelementen (hier *Widgets* genannt) innerhalb des Hauptfensters zur Bedienung der Anwendung

Widgets

▶ Starten einer *Endlosschleife*, in der die Bedienung der Steuerelemente durch den Benutzer zu Ereignissen und damit zum Ablauf einzelner Programmteile führt

Endlosschleife

In den folgenden Abschnitten werden diese drei Schritte genauer erläutert.

11.1.1 Eine erste GUI-Anwendung

Das folgende einfache Programm enthält bereits alle notwendigen Elemente einer GUI-Anwendung:

```python
import tkinter

# Funktion zu Button Ende
def ende():
    main.destroy()

# Hauptfenster
main = tkinter.Tk()

# Button Ende
b = tkinter.Button(main, text = "Ende", command = ende)
b.pack()

# Endlosschleife
main.mainloop()
```

Listing 11.1   Datei gui_erstes.py

Benutzer-oberfläche

Das Ergebnis sieht abhängig vom verwendeten Betriebssystem unterschiedlich aus. In jedem Fall sieht ein Benutzer eine Oberfläche in gewohntem Design mit den ihm bekannten Bedienungselementen. Das Ergebnis für Windows und Ubuntu Linux zeigen die Abbildungen 11.1 und 11.2.

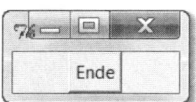

Abbildung 11.1   Erstes Programm unter Windows

Abbildung 11.2   Erstes Programm unter Ubuntu Linux

Zur Erläuterung:

Modul tkinter   ▶   Das Modul `tkinter` mit den Klassen zur Erzeugung der Oberflächenelemente wird importiert.

▸ Die selbst geschriebene Funktion `ende()` wird definiert, die beim Betätigen des gleichnamigen Buttons aufgerufen wird.

▸ Es wird ein Objekt der Klasse `Tk` mit dem Namen `main` erzeugt. Dabei handelt es sich um das Hauptfenster, das alle Elemente der Anwendung enthält.

Klasse Tk

▸ Als Beispiel für ein Steuerelement (ein Widget) wird ein Objekt der Klasse `Button` mit dem Namen `b` erzeugt. Dabei werden drei Parameter angegeben:

Button-Widget

  ▸ Der erste Parameter gibt an, zu welchem Hauptelement das Widget gehört – in diesem Fall zum Hauptfenster.

  ▸ Der zweite, benannte Parameter `text` legt die Aufschrift des Buttons fest.

  ▸ Der dritte, ebenfalls benannte Parameter `command` bestimmt den Namen der Funktion (ohne Klammern), die ausgeführt werden soll, wenn der Button betätigt wird. Eine solche Kommandofunktion wird Callback genannt.

  command

  ▸ Rückgabewert ist eine Referenz auf das Button-Objekt.

▸ Es handelt sich um die Funktion `ende()`. In der Funktion wird die Methode `destroy()` für das Hauptfenster ausgeführt. Diese Methode schließt das Fenster. Da es sich um das einzige Fenster der Anwendung handelt, wird damit auch die Anwendung geschlossen.

destroy()

▸ Es wird die Methode `pack()` auf den Button `b` angewendet. Diese Methode dient als Geometriemanager zur geometrischen Anordnung eines Widgets innerhalb des Hauptfensters. Gleichzeitig dient der Geometriemanager dazu, das Widget sichtbar zu machen. In Abschnitt 11.3, »Geometrische Anordnung von Widgets«, werden noch andere Geometriemanager erläutert.

pack()

▸ Zu guter Letzt wird mit der Funktion `mainloop()` die Endlosschleife für das Hauptfenster aufgerufen, die dafür sorgt, dass alle Benutzerereignisse empfangen und weitergeleitet werden.

mainloop()

Hinweis

Sie können GUI-Anwendungen unter Windows direkt aus IDLE heraus starten. Unter Linux ist dies ein Problem. Zur besseren Fehlerfindung ist es empfehlenswert, eine GUI-Anwendung per Eingabe über die Kommandozeile zu starten, also mit `python gui_erstes.py` oder `python3 gui_erstes.py`, siehe auch die Abschnitte 2.3.2, »Ausführen unter Windows«, und 2.3.3, »Ausführen unter Linux«.

> **Unterschiede in Python 2**
>
> Das Modul heißt Tkinter **statt** tkinter.

11.1.2 Ändern von Eigenschaften

Im ersten Beispiel wurden die Eigenschaften des Button-Widgets unmittelbar bei der Erzeugung festgelegt. Diese Eigenschaften können aber auch später eingestellt oder verändert werden. Ein Beispiel:

```
import tkinter

# Funktion zu drei Buttons
def ende():
    main.destroy()

# Hauptfenster
main = tkinter.Tk()

# Button Ende 1
b1 = tkinter.Button(main, text = "Ende", command = ende)

# Button Ende 2
b2 = tkinter.Button(main)
b2["text"] = "Auch Ende"
b2["command"] = ende

# Button Ende 3
b3 = tkinter.Button(main)
b3.configure(text = "Ebenfalls Ende", command = ende)

# Buttons 1 bis 3 anzeigen
b1.pack()
b2.pack()
b3.pack()

# Buttons Ende 4 und 5
b4 = Tkinter.Button(main,text="4",command=ende).pack()
Tkinter.Button(main,text="5",command=ende).pack()

# Endlosschleife
main.mainloop()
```

Listing 11.2   Datei gui_eigenschaft.py

Bei Ausführung des Programms werden mehrere Buttons angezeigt, die auf unterschiedliche Art und Weise erzeugt wurden, siehe Abbildung 11.3.

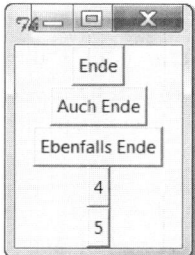

Abbildung 11.3 Mehrere unterschiedlich erzeugte Buttons

Zur Erläuterung:

▶ Der Button b1 wird bei Erzeugung mit allen Eigenschaften versorgt.

▶ Der Button b2 wird zunächst nur erzeugt und dem Hauptfenster zuge-   Widget-
ordnet. Anschließend wird das Widget wie ein Dictionary genutzt.   Dictionary
Die jeweilige Eigenschaft wird als Schlüssel verwendet, dem ein Wert
zugewiesen wird.

▶ Der Button b3 wird ebenfalls zunächst nur erzeugt und dem Haupt-   configure()
fenster zugeordnet. Anschließend wird die Methode configure() mit
benannten Parametern auf das Widget angewendet, um ihm Eigenschaften zuzuweisen.

▶ Beim Button b4 wird die Tatsache ausgenutzt, dass bei Erzeugung des   Rückgabe
Buttons eine Referenz auf den Button zurückgegeben wird. Diese
Referenz wird unmittelbar genutzt, um die Methode pack() auf den
Button anzuwenden.

▶ Der fünfte Button wird erzeugt, ohne eine Referenz auf ihn zu spei-   Referenz nicht
chern. Dies ist nur möglich, falls die Referenz auf das Objekt im wei-   speichern
teren Verlauf des Programms nicht mehr benötigt wird. Natürlich
muss nun die Methode pack() unmittelbar aufgerufen werden.

Unterschiede in Python 2

Das Modul heißt Tkinter statt tkinter.

11.2   Widget-Typen

In diesem Abschnitt stelle ich eine Reihe von Widget-Typen für die verschiedenen Einsatzzwecke vor.

11.2.1   Anzeigefeld, Label

Label-Widget

Ein Label-Widget wird zur Anzeige von Informationen verwendet. Dabei kann es sich um ein Bild oder um einen unveränderlichen Text handeln. Die Texte dienen in GUI-Anwendungen zur Erläuterung der Oberfläche und deren Bedienelemente für den Benutzer.

Allgemeine
Eigenschaften

Anhand von drei Labels sollen im folgenden Programm eine Reihe von allgemeinen Widget-Eigenschaften gezeigt werden, die bei allen Arten von Widgets zur Anwendung kommen können.

Dies sind die Eigenschaften:

- ▶ font (Schrift)
- ▶ height (Höhe)
- ▶ width (Breite)
- ▶ borderwidth (Randbreite)
- ▶ relief (Randart)
- ▶ image (Bild)
- ▶ bg (*Background*, Hintergrundfarbe)
- ▶ fg (*Foreground*, Vordergrundfarbe)
- ▶ anchor (Ausrichtung)

Das Programm sieht folgendermaßen aus:

```
import tkinter

def ende():
    main.destroy()

main = tkinter.Tk()

# Erstes Label, mit Text
lb1 = tkinter.Label(main, text = "groove")
lb1["font"] = "Courier 16 italic"
lb1["height"] = 2
lb1["width"] = 20
lb1["borderwidth"] = 5
lb1["relief"] = "groove"
lb1["bg"] = "#FFFFFF"
lb1["fg"] = "#000000"
lb1["anchor"] = "w"
lb1.pack()
```

```
# Ende-Button
b = tkinter.Button(main, text = "Ende", command = ende)
b.pack()

# Zweites Label, mit Text
lb2 = tkinter.Label(main, text = "ridge")
lb2["font"] = "Arial 11 bold"
lb2["height"] = 2
lb2["width"] = 20
lb2["borderwidth"] = 5
lb2["relief"] = "ridge"
lb2["bg"] = "#FFFFFF"
lb2["fg"] = "#000000"
lb2["anchor"] = "e"
lb2.pack()

# Drittes Label, mit Bild
lb3 = tkinter.Label(main)
im = tkinter.PhotoImage(file="globus.gif")
lb3["image"] = im
lb3.pack()

main.mainloop()
```

Listing 11.3 Datei gui_label.py

Das Ergebnis dieses Programms zeigt Abbildung 11.4.

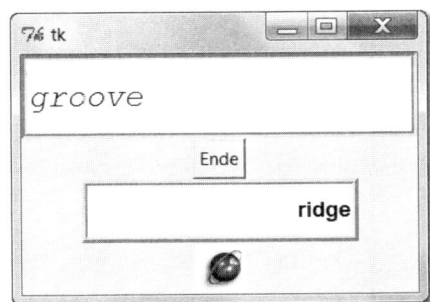

Abbildung 11.4 Label

Es werden insgesamt drei Objekte der Klasse `Label` (lb1, lb2 und lb3) erzeugt und angezeigt. Zur Erläuterung des ersten Labels:

▸ Es zeigt den Text »groove«. Dieser Text ist in der Schriftart Courier,   Schriftart
Größe 16, kursiv (`italic`) dargestellt.

Größe ▶ Die Größe des Labels beträgt 2 mal 20 und ist abhängig von der verwendeten Schriftgröße. Diese Abhängigkeit der Größe von der Schriftgröße gilt für alle Widgets mit Textinhalt. Bei Widgets mit grafischem Inhalt bezieht sich die Größenangabe auf Pixel.

Rand ▶ Die Randbreite beträgt 5, und die Randart ist `groove`. Es gibt außerdem die Randarten `raised` (erhoben), `sunken` (eingesunken), `flat` (flach) und `ridge` (mit einem Grat umrandet, siehe zweites Label).

Ausrichtung ▶ Die Ausrichtung innerhalb des Labels hat den Wert `"w"`, dies steht für den westlichen, also linken Rand des Labels. Erlaubte Werte sind: `w`, `e`, `s`, `n`, `nw`, `ne`, `sw`, `se` und `center`.

Farbe ▶ Die Hintergrundfarbe ist Weiß, die Vordergrundfarbe Schwarz. Die Farben können Sie unter anderem in hexadezimalen Ziffern im Format `#RRGGBB` angeben. Dabei gilt:

  ▶ Die beiden ersten Ziffern stehen für den Rot-Anteil der Farbe.

  ▶ Die folgenden beiden Ziffern stehen für den Grün-Anteil der Farbe.

  ▶ Die beiden letzten Ziffern stehen für den Blau-Anteil der Farbe.

  Hexadezimale Ziffern sind (in aufsteigender Reihenfolge): 0, 1, 2, 3, 4, 5, 6, 7, 8, 9, A (entspricht dem Dezimalwert 10), B (= 11), C (= 12), D (= 13), E (= 14), F (= 15). Siehe hierzu auch Abschnitt 4.1.1, »Ganze Zahlen«.

Zur Erläuterung des zweiten Labels:

▶ Es zeigt den Text »ridge«. Dieser Text ist in der Schriftart Arial, Größe 11, fett (`bold`) dargestellt.

▶ Die Größe des Labels beträgt ebenfalls 2 mal 20. Da die Schriftgröße geringer ist, ist es kleiner als das erste Label.

▶ Die Ausrichtung innerhalb des Labels hat den Wert `"e"`. Dies steht für den östlichen, also rechten Rand des Labels (»e« für »east«).

Zur Erläuterung des dritten Labels:

Bild ▶ Es zeigt das Bild aus der Datei *globus.gif*.

▶ Zunächst wird ein Objekt der Klasse `PhotoImage` erzeugt. Die Eigenschaft `file` erhält als Wert den Dateinamen.

PhotoImage ▶ Der Eigenschaft `image` des Labels wird anschließend als Wert das Objekt der Klasse `PhotoImage` zugeordnet.

Unterschiede in Python 2

Das Modul heißt `Tkinter` statt `tkinter`.

11.2.2 Einzeilige Textbox, Entry

Ein Entry-Widget ist eine einzeilige Textbox und dient im Allgemeinen zur Eingabe von kurzen Texten oder Zahlen. Das folgende Beispiel soll die Verarbeitung von eingegebenen Daten und die Ausgabe von berechneten Werten verdeutlichen.

Entry-Widget

Der Benutzer soll eine Zahl in ein Entry-Widget eintragen. Diese Zahl wird quadriert, und das Ergebnis wird in einem Label-Widget ausgegeben.

```python
import tkinter

def ende():
    main.destroy()

# Funktion zum Quadrieren und Ausgeben
def quad():
    eingabe = e.get()
    try:
        zahl = float(eingabe)
        lb["text"] = "Ergebnis:" + str(zahl * zahl)
    except:
        lb["text"] = "Bitte Zahl eingeben"

main = tkinter.Tk()

# einzeiliges Eingabefeld
e = tkinter.Entry(main)
e.pack()

# Button zur Verarbeitung und Ausgabe
bquad = tkinter.Button(main, text = "Quadrieren",
                       command = quad)
bquad.pack()

# Ausgabelabel
lb = tkinter.Label(main, text = "Ergebnis:")
lb.pack()

bende = tkinter.Button(main, text = "Ende",
                       command = ende)
bende.pack()

main.mainloop()
```

Listing 11.4 Datei gui_entry.py

Zunächst sieht die Anwendung wie in Abbildung 11.5 gezeigt aus.

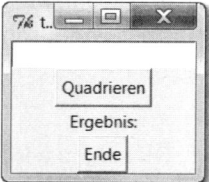

Abbildung 11.5 Entry, Eingabeposition

Nach Eingabe einer Zahl durch den Benutzer (hier »4.5«) und Betätigung des Verarbeitungsbuttons wird das Ergebnis (hier »20.25«) im Label angezeigt, siehe Abbildung 11.6.

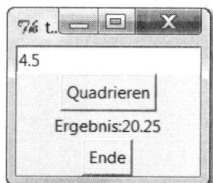

Abbildung 11.6 Entry, Ergebnis

Zur Erläuterung:

- Insgesamt werden zwei Objekte der Klasse `Button` (bquad und bende), ein Objekt der Klasse `Label` (lb) und ein Objekt der Klasse `Entry` (e) erzeugt und angezeigt.

- Bei Betätigung des Buttons QUADRIEREN wird die Funktion quad() aufgerufen.

get() - In der Funktion quad() wird die Methode get() auf das Eingabefeld angewendet. Sie liefert als Rückgabewert eine Zeichenkette, die die Benutzereingabe enthält. Diese Zeichenkette wird in der Variablen eingabe gespeichert.

- Mit Hilfe der Funktion float() wird die Zeichenkette in eine Zahl umgewandelt und in der Variablen zahl gespeichert.

- Die Zahl wird quadriert, das Ergebnis wird mit der Funktion str() in eine Zeichenkette umgewandelt und zusammen mit der Zeichenkette »Ergebnis:« im Label ausgegeben.

Unterschiede in Python 2

Das Modul heißt `Tkinter` **statt** `tkinter`.

11.2.3 Versteckte Eingabe

Ein Entry-Widget kann auch zur Eingabe von versteckten Informationen, zum Beispiel Passwörtern, dienen. Dazu dient die Eigenschaft `show`, in der festgelegt wird, welches Zeichen in einem Entry-Widget angezeigt wird, wenn der Benutzer Eingaben macht.

show

Das folgende Beispiel veranschaulicht diese Nutzung. Die Eingabe in einem Entry-Widget wird untersucht. Gibt der Benutzer das richtige Wort ein, so erhält er die Rückmeldung *Zugang erlaubt*, anderenfalls die Meldung *Zugang verweigert*.

Passworteingabe

```python
import tkinter

def ende():
    main.destroy()

# Untersuchung des Passwortes
def pwtest():
    eingabe = e.get()
    if eingabe == "Bingo":
        lb["text"] = "Zugang erlaubt"
    else:
        lb["text"] = "Zugang verweigert"

main = tkinter.Tk()

# Eingabefeld mit Zeichen * als Darstellung
e = tkinter.Entry(main, show = "*")
e.pack()

# Test der Eingabe
btest = tkinter.Button(main, text = "Login",
                    command = pwtest)
btest.pack()

# Anzeige des Ergebnisses
lb = tkinter.Label(main, text = "Zugang")
lb.pack()

bende = tkinter.Button(main, text = "Ende",
                    command = ende)
bende.pack()

main.mainloop()
```

Listing 11.5 Datei gui_versteckt.py

Das Ergebnis bei richtiger Eingabe (»Bingo«) sehen Sie in Abbildung 11.7.

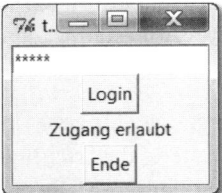

Abbildung 11.7   Richtige Eingabe

Das Ergebnis bei falscher Eingabe zeigt Abbildung 11.8.

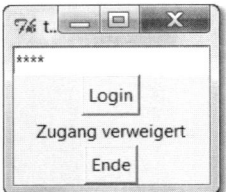

Abbildung 11.8   Falsche Eingabe

Zur Erläuterung:

show = "*"   ▶   Die Eigenschaft show des Entry-Widgets wird auf den Wert * gesetzt. Daher wird für jedes eingegebene Zeichen ein Stern angezeigt, wie bei Passwörtern üblich.

▶   Bei Betätigung des LOGIN-Buttons wird die Funktion pwtest() aufgerufen.

▶   In der Funktion pwtest() wird der Inhalt des Eingabefeldes mit der Funktion get() abgerufen und in der Variablen eingabe gespeichert. Dabei handelt es sich um den tatsächlich eingegebenen Inhalt; der Stern dient nur zur Darstellung auf dem Bildschirm.

▶   In der folgenden Verzweigung wird eine der beiden möglichen Ausgaben im Label erzeugt, abhängig vom Inhalt des Entry-Widgets.

Unterschiede in Python 2

Das Modul heißt Tkinter statt tkinter.

11.2.4 Mehrzeilige Textbox, Text

Ein Text-Widget ist eine mehrzeilige Textbox und dient im Allgemeinen   Text-Widget
zur Eingabe und Darstellung größerer Textmengen. Gegenüber dem
Entry-Widget bietet es nicht nur mehr Platz, sondern auch mehr Möglichkeiten zur Verarbeitung von Daten. Das folgende Codebeispiel stellt
den Inhalt einer Textdatei in einem Text-Widget dar.

```python
import tkinter

def ende():
    main.destroy()

# Anzeigefunktion
def xshow():
    d = open("gui_text.txt")
    z = d.readline()
    while z:
        t.insert("end", z)
        z = d.readline()
    d.close()

main = tkinter.Tk()

# mehrzeiliges Eingabefeld
t = tkinter.Text(main, width=70, height=10)
t.pack()

# Inhalt der Datei anzeigen
bshow = tkinter.Button(main, text = "Anzeigen",
                       command = xshow)
bshow.pack()

bende = tkinter.Button(main, text = "Ende",
                       command = ende)
bende.pack()

main.mainloop()
```

Listing 11.6 Datei gui_text.py

Abbildung 11.9 zeigt die Darstellung nach Aufruf des Programms und
Betätigung des Buttons ANZEIGEN.

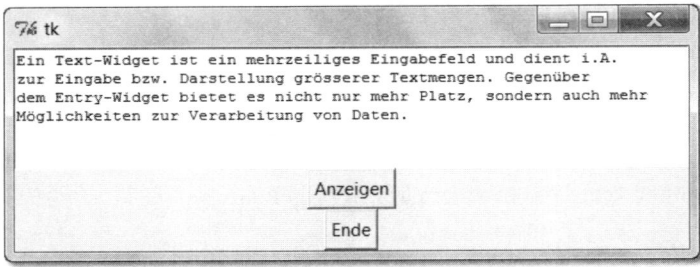

Abbildung 11.9 Text-Widget mit Inhalt

Zur Erläuterung:

▶ Insgesamt werden zwei Objekte der Klasse Button (bshow und bende) und ein Objekt der Klasse Text (t) erzeugt und angezeigt.

▶ Bei Betätigung des Buttons ANZEIGEN wird die Funktion xshow() aufgerufen.

▶ In der Funktion xshow() wird die Datei *gui_text.txt* geöffnet. Alle Zeilen der Datei werden gelesen und mit Hilfe der Methode insert() in der Textbox dargestellt.

insert() ▶ Die Methode insert() benötigt zwei Parameter. Der erste Parameter gibt die Eingabeposition als Zeichenkette an. Der zweite Parameter gibt die einzufügende Zeichenkette an.

end ▶ Im vorliegenden Beispiel wird für die Einfügeposition der festgelegte Begriff end genutzt, der die Position nach dem letzten Zeichen der letzten Zeile der Textbox bezeichnet.

Einfügeposition   Zeichen können Sie aber auch an beliebigen Stellen in die Textbox einfügen. Die Einfügeposition geben Sie dabei in der Form Zeile.Zeichen an. Die Zeilennummerierung beginnt innerhalb der Textbox bei 1, die Zeichennummerierung innerhalb einer Zeile beginnt bei 0. Ein Beispiel:

Die Anweisung t.insert("3.7","hallo") fügt den Text »hallo« in der dritten Zeile nach dem achten Zeichen ein. Dies gilt allerdings nur, falls diese Position existiert, falls also die Textbox bereits mindestens drei Zeilen Text und die dritte Zeile mindestens acht Zeichen enthält.

Unterschiede in Python 2

Das Modul heißt Tkinter statt tkinter.

Unterschiede unter Linux

In Python 2 wird der Anzeige nach jeder Zeile ein weiteres Zeichen angefügt. Daher habe ich das Ende abgeschnitten und einen Zeilenumbruch nachträglich hinzugefügt. Der zweite Parameter der Methode insert() lautet somit: z[0:len(z)-2] + "\n". In beiden Python-Versionen gibt es Probleme in der Darstellung, falls der Dateitext Umlaute enthält.

11.2.5 Scrollende Textbox, ScrolledText

Falls die Breite der Textbox für den darzustellenden Text nicht ausreicht, wird der Text in der nächsten Zeile dargestellt. Wird die Anzahl der Zeilen zu groß, so muss der Cursor zur gewünschten Stelle bewegt werden, damit diese sichtbar wird.

ScrolledText-Widget

In diesem Zusammenhang bringt das ScrolledText-Widget einen Komfortgewinn: Es stellt eine Erweiterung einer mehrzeiligen Textbox dar und ermöglicht zumindest das vertikale Scrollen innerhalb der Textbox. Das Programm:

Vertikales Scrollen

```python
import tkinter, tkinter.scrolledtext

def ende():
    main.destroy()

# Anzeigefunktion
def xshow():
    d = open("gui_text.txt")
    z = d.readline()
    while z:
        t.insert("end",z)
        z = d.readline()
    d.close()

main = tkinter.Tk()

# mehrzeiliges Eingabefeld
t = tkinter.scrolledtext.ScrolledText(main, width=40,
                                      height=3)
t.pack()

# Inhalt der Datei anzeigen
bshow = tkinter.Button(main, text = "Anzeigen",
                       command = xshow)
bshow.pack()
```

```
bende = tkinter.Button(main, text = "Ende",
                       command = ende)
bende.pack()

main.mainloop()
```

Listing 11.7   Datei gui_scrolledtext.py

Die Ausgabe sieht nach Aufruf, Anzeige und Betätigung der Scrollbar beispielsweise wie in Abbildung 11.10 aus.

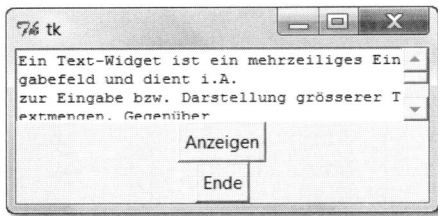

Abbildung 11.10   Scrollende Textbox

Zur Erläuterung:

ScrolledText ▶ Es wird ein Objekt der Klasse `ScrolledText()` aus dem Modul `tkin-`
`ter.scrolledtext` erzeugt und angezeigt.

Unterschiede in Python 2

Das Modul heißt `Tkinter` statt `tkinter`. Das `ScrolledText`-Widget kommt
aus dem Modul `ScrolledText`, nicht aus dem Modul `tkinter.scrolledtext`.

Unterschiede unter Linux

In Python 2 wird der Anzeige nach jeder Zeile ein weiteres Zeichen angefügt.
Daher habe ich das Ende abgeschnitten und einen Zeilenumbruch nachträg-
lich hinzugefügt. Der zweite Parameter der Methode `insert()` lautet somit:
`z[0:len(z)-2] + "\n"`. In beiden Python-Versionen gibt es Probleme in der
Darstellung, falls der Dateitext Umlaute enthält.

11.2.6   Listbox mit einfacher Auswahl

Listbox-Widget   Ein Listbox-Widget (Auswahlmenü) dient zur Aufnahme einer Reihe von
Begriffen, aus denen der Benutzer einen oder mehrere auswählen kann.

Im folgenden Programm wird eine Listbox mit insgesamt vier Elementen
versehen. Wenn der Benutzer ein Element auswählt und den Button

ANZEIGEN betätigt, wird das betreffende Element im Ausgabelabel angezeigt.

```python
import tkinter

def ende():
    main.destroy()

def anzeigen():
    lb["text"] = "Auswahl: " + li.get("active")

main = tkinter.Tk()

# Listbox mit vier Elementen
li = tkinter.Listbox(main, height=0)
li.insert("end","Hamburg")
li.insert("end","Stuttgart")
li.insert("end","Berlin")
li.insert("end","Dortmund")
li.pack()

# Auswahl anzeigen lassen
bshow = tkinter.Button(main, text = "Anzeigen",
                       command = anzeigen)
bshow.pack()

# Anzeigelabel
lb = tkinter.Label(main, text = "Auswahl:")
lb.pack()

bende = tkinter.Button(main, text = "Ende",
                       command = ende)
bende.pack()

main.mainloop()
```

Listing 11.8 Datei gui_listbox.py

Nach Aufruf, Auswahl eines Elements (hier: »Stuttgart«) und Betätigung des Anzeigebuttons ergibt sich die Darstellung in Abbildung 11.11.

Abbildung 11.11 Liste mit einfacher Auswahl

Zur Erläuterung:

▶ Insgesamt werden zwei Objekte der Klasse `Button` (`bshow` und `bende`), ein Objekt der Klasse `Label` (`lb`) und ein Objekt der Klasse `Listbox` (`li`) erzeugt und angezeigt.

▶ Die Listbox erhält bei Erzeugung die Höhe 0. Damit erreichen wir, dass die Höhe immer der Anzahl der Elemente angepasst wird.

insert() ▶ Die Methode `insert()` dient zur Erzeugung von Elementen in der Listbox. Sie benötigt zwei Parameter. Der erste Parameter gibt – ähnlich wie bei der Textbox – die Eingabeposition an. Der zweite Parameter bestimmt das einzufügende Element.

end ▶ Als Einfügeposition wird der festgelegte Begriff `end` genutzt, der die Position am Ende der Liste bezeichnet. Die Elemente werden jeweils am Ende der Liste eingefügt. Sie werden also in der Reihenfolge angezeigt, in der sie im Programm angegeben sind.

get (»active«) ▶ In der Funktion `anzeigen()` wird die Methode `get()` auf das Label angewendet. Diese liefert das Listenelement zur angegebenen Nummer. Der festgelegte Begriff `active` liefert immer die Nummer des vom Benutzer ausgewählten Elements.

▶ Der über `get()` gelieferte Begriff wird im Ausgabelabel angezeigt.

Unterschiede in Python 2

Das Modul heißt `Tkinter` statt `tkinter`.

Hinweise

1. Elemente können Sie auch an beliebigen Stellen in die Listbox einfügen. Die Einfügeposition geben Sie dann als Zahl an. Die Nummerierung beginnt dabei bei 0.

2. Ein Beispiel: Hätten wir bei allen vier Aufrufen der Methode insert() die Nummer 0 anstelle der Zeichenkette end angegeben, so wäre jedes Element jeweils an erster Position eingefügt worden. Die Elemente wären also in umgekehrter Reihenfolge erschienen.

11.2.7 Listbox mit mehrfacher Auswahl

Im folgenden Programm wird das gleiche Listbox-Widget wie im vorherigen Abschnitt angezeigt. Allerdings kann der Benutzer nun mehrere Elemente auswählen. Nach Auswahl und Betätigung des Buttons ANZEIGEN werden alle betreffenden Elemente im Ausgabelabel angezeigt.

Listbox-Widget

```
import tkinter

cef ende():
    main.destroy()

cef anzeigen():
    lb["text"] = "Anzeige: "
    for x in li.curselection():
        lb["text"] = lb["text"] + li.get(x) + " "

main = tkinter.Tk()

# Listbox mit vier Elementen, mehrfache Auswahl
li = tkinter.Listbox(main, height=0,
                     selectmode="multiple")
li.insert("end","Hamburg")
li.insert("end","Stuttgart")
li.insert("end","Berlin")
li.insert("end","Dortmund")
li.pack()

# Auswahl anzeigen lassen
bshow = tkinter.Button(main, text = "Anzeigen",
                       command = anzeigen)
bshow.pack()

# Anzeigelabel
lb = tkinter.Label(main, text = "Auswahl:")
lb.pack()

bende = tkinter.Button(main, text = "Ende",
                       command = ende)
```

```
bende.pack()

main.mainloop()
```

Listing 11.9   Datei gui_listbox_mehrfach.py

Ohne
Sondertasten

Bei der Auswahl von mehreren Elementen ist zu beachten, dass einfach nur ein Element nach dem anderen angeklickt wird, ohne die gewohnte Betätigung der Sondertasten ⌨Strg⌨ oder ⌨⇧⌨. Ein erneuter Klick auf ein ausgewähltes Element macht dessen Auswahl wieder rückgängig. Die Darstellung nach Aufruf, Auswahl von zwei Elementen (hier: »Hamburg« und »Dortmund«) und Betätigung des Anzeigebuttons zeigt Abbildung 11.12.

Abbildung 11.12   Liste mit Mehrfachauswahl

Zur Erläuterung:

selectmode

▶ Die Listbox wird zusätzlich mit der Eigenschaft `selectmode` und dem Eigenschaftswert `multiple` versehen. Bei `selectmode` ist der Wert `single` standardmäßig eingestellt und musste deshalb beim vorherigen Beispiel (Listbox mit einfacher Auswahl) nicht angegeben werden.

curselection()

▶ Die Nummern der vom Benutzer ausgewählten Elemente stehen in einem Tupel zur Verfügung, das von der Methode `curselection()` zurückgeliefert wird.

▶ In der Funktion `anzeigen()` werden die einzelnen Elemente dieses Tupels ermittelt. Die zugehörigen Elemente aus der Listbox werden nacheinander im Ausgabelabel angezeigt.

Unterschiede in Python 2

Das Modul heißt `Tkinter` statt `tkinter`.

11.2.8 Scrollbar, scrollende Widgets

Einige Widgets können mit einer Scrollbar angezeigt werden. Dazu ist es notwendig, das betreffende Widget sowie eine Scrollbar zu erzeugen und miteinander zu verbinden.

Im folgenden Programm wird eine Listbox mit der Höhe 4 mit einer Scrollbar verbunden, so dass alle sieben Elemente der Listbox sichtbar gemacht werden können.

Widget und Scrollbar verbinden

```
import tkinter

def ende():
    main.destroy()

main = tkinter.Tk()

button = tkinter.Button(main, text="Ende",
                        command=ende)
button.pack()

# Erzeugen der Scrollbar
scb = tkinter.Scrollbar(main, orient="vertical")

# Erzeugen der Listbox, Verbindung mit der Scrollbar
li = tkinter.Listbox(main, height=4,
                     yscrollcommand=scb.set)
scb["command"] = li.yview

# Sieben Elemente
stadt = ["Hamburg", "Stuttgart", "Berlin", "Dortmund",
         "Duisburg", "Potsdam", "Halle"]
for s in stadt:
    li.insert("end", s)

# Anzeigen von Listbox und Scrollbar
li.pack(side="left")
scb.pack(side="left", fill="y")

main.mainloop()
```

Listing 11.10 Datei gui_scrollbar.py

Abbildung 11.13 und Abbildung 11.14 zeigen die Darstellung mit zwei verschiedenen Stellungen der Scrollbar.

Abbildung 11.13 Scrollendes Widget, Startzustand

Abbildung 11.14 Scrollendes Widget, nach Scrollvorgang

Zur Erläuterung:

Scrollbar ▶ Zunächst wird ein Objekt der Klasse `Scrollbar` erzeugt (`scb`). Die Scrollbar ist vertikal ausgerichtet.

▶ Eine Listbox (`li`) mit der Anzeigehöhe 4 wird erzeugt.

Zweiseitige Zuweisung ▶ Wenn die Scrollbar bewegt wird, soll die Listbox entsprechend nach oben oder unten scrollen. Dies erreichen Sie durch zwei Maßnahmen:

    ▶ Zuweisung der Methode `set()` der Scrollbar zur Eigenschaft `yscrollcommand` der Listbox

    ▶ Zuweisung der Methode `yview()` der Listbox zur Eigenschaft `command` der Scrollbar

▶ Die Listbox wird mit insgesamt sieben Elementen gefüllt.

pack() ▶ Mit Hilfe des Geometrie-Managers `pack()` werden Listbox und Scrollbar nebeneinander angezeigt, beide nach links ausgerichtet. Die Scrollbar füllt den Platz in y-Richtung neben der Listbox aus, wird also genauso hoch wie die Listbox. Weitere Angaben zu den Möglichkeiten von `pack()` erhalten Sie später in Abschnitt 11.3, »Geometrische Anordnung von Widgets«.

Unterschiede in Python 2

Das Modul heißt `Tkinter` statt `tkinter`.

11.2.9 Radiobuttons zur Auswahl, Widget-Variablen

Radiobuttons (Optionsfelder) ermöglichen wie die einfache Listbox eine Auswahl durch den Benutzer. Sie werden allerdings als einzelne Widgets angezeigt und müssen vom Programmierer zu einer Gruppe zusammengefügt werden, damit sie gemeinsam reagieren können. Dazu ist die Verbindung zu einer sogenannten Widget-Variablen zwingend notwendig.

Radiobutton-Widget

> **Hinweis**
>
> Sie können mehrere Arten von Widgets, nicht nur Radiobuttons, mit Widget-Variablen verbinden. Eine Änderung des Widget-Zustands führt dann zu einer Änderung des Werts der Widget-Variablen und umgekehrt.

Widget-Variablen

Im folgenden Beispiel wird eine Gruppe von drei Radiobuttons erzeugt und angezeigt, mit deren Hilfe der Benutzer eine Farbe auswählen kann. Betätigt er den Anzeigebutton, so wird die gewählte Farbe angezeigt.

```
import tkinter

def ende():
    main.destroy()

def anzeigen():
    lb["text"] = "Auswahl: " + farbe.get()

main = tkinter.Tk()

# Widget-Variable
farbe = tkinter.StringVar()
farbe.set("rct")

# Gruppe von Radiobuttons
rb1 = tkinter.Radiobutton(main, text="rot",
                          variable=farbe, value="rot")
rb1.pack()
rb2 = tkinter.Radiobutton(main, text="gelb",
                          variable=farbe, value="gelb")
rb2.pack()
rb3 = tkinter.Radiobutton(main, text="blau",
                          variable=farbe, value="blau")
rb3.pack()

# Auswahl anzeigen lassen
bshow = tkinter.Button(main, text = "Anzeigen",
                       command = anzeigen)
bshow.pack()
```

```
# Anzeigelabel
lb = tkinter.Label(main, text = "Auswahl:")
lb.pack()

bende = tkinter.Button(main, text = "Ende",
                            command = ende)
bende.pack()

main.mainloop()
```

Listing 11.11 Datei gui_radio_auswahl.py

Die Anzeige sieht zunächst aus wie in Abbildung 11.15.

Abbildung 11.15 Radiobuttons, Startzustand

Wenn der Benutzer BLAU auswählt und den Anzeigebutton betätigt, sieht die Darstellung aus wie in Abbildung 11.16.

Abbildung 11.16 Radiobuttons, Zustand nach Auswahl und Anzeige

Zur Erläuterung:

Objekttypen
▶ Widget-Variablen müssen Objekte aus einer der folgenden Klassen sein:

   ▶ `StringVar` (für Zeichenketten)

   ▶ `IntVar` (für ganze Zahlen)

   ▶ `DoubleVar` (für Zahlen mit Nachkommastellen)

▶ Im vorliegenden Beispiel wird die Widget-Variable `farbe` als Objekt der Klasse `StringVar` erzeugt. Mit Hilfe der Methode `set()` wird der Widget-Variablen der Wert »rot« zugewiesen.

StringVar

▶ Es werden drei Radiobuttons erzeugt. Der gemeinsame Wert der Eigenschaft `variable` ist der Name der Widget-Variablen (`farbe`). Dadurch ist die Verbindung zwischen den drei Radiobuttons hergestellt. Die Buttons repräsentieren nun diese Widget-Variable und umgekehrt.

Gemeinsame
Widget-Variable

▶ Jeder der drei Radiobuttons erhält individuelle Werte für die Eigenschaften `text` und `value`. Der Text erscheint sichtbar neben dem Radiobutton. Der Wert der Eigenschaft `value` entspricht (unsichtbar) dem Wert der zugehörigen Widget-Variablen.

text, value

▶ Wählt der Benutzer einen der drei Radiobuttons aus, so wird der Widget-Variable der zugehörige Wert der Eigenschaft `value` zugewiesen und umgekehrt.

Auswahl =
Zuweisung

▶ Da zu Beginn für die Widget-Variable `farbe` der Wert »rot« eingestellt wurde, ist der zugehörige Radiobutton beim Start des Programms bereits ausgewählt. Eine solche Vorbelegung gehört zum guten Programmierstil und verhindert, dass der Benutzer gar keine Auswahl trifft.

Vorbelegung

▶ In der Funktion `anzeigen()`, die über den Button aufgerufen wird, wird mit Hilfe der Methode `get()` der Wert der Widget-Variablen und damit die vom Benutzer getroffene Auswahl ermittelt. Dieser Wert wird im Label angezeigt.

Unterschiede in Python 2

Das Modul heißt `Tkinter` statt `tkinter`.

11.2.10 Radiobuttons zur Auswahl und Ausführung

Die Betätigung eines Radiobuttons kann auch unmittelbar zur Ausführung einer Funktion führen, da Radiobutton-Widgets wie die Standardbuttons über die Eigenschaft `command` verfügen.

Das oben aufgeführte Programm wurde in dieser Hinsicht verändert. Der Anzeigebutton entfällt. Stattdessen wurde die Eigenschaft `command` jedem der drei Radiobuttons hinzugefügt. Als Resultat wird die ausgewählte Farbe unmittelbar nach der Betätigung des Radiobuttons angezeigt. Das veränderte Programm sieht wie folgt aus:

command

```
import tkinter

def ende():
    main.destroy()

def anzeigen():
    lb["text"] = "Auswahl: " + farbe.get()

main = tkinter.Tk()

# Widget-Variable
farbe = tkinter.StringVar()
farbe.set("rot")

# Gruppe von Radiobuttons
rb1 = tkinter.Radiobutton(main, text="rot", variable=farbe,
                          value="rot", command=anzeigen)
rb1.pack()
rb2 = tkinter.Radiobutton(main, text="gelb", variable=farbe,
                          value="gelb", command=anzeigen)
rb2.pack()
rb3 = tkinter.Radiobutton(main, text="blau", variable=farbe,
                          value="blau", command=anzeigen)
rb3.pack()

# Anzeigelabel
lb = tkinter.Label(main, text = "Auswahl:")
lb.pack()

bende = tkinter.Button(main, text = "Ende",
                       command = ende)
bende.pack()

main.mainloop()
```

Listing 11.12 Datei gui_radio_ausfuehrung.py

Die Darstellung nach Auswahl von BLAU sehen Sie in Abbildung 11.17.

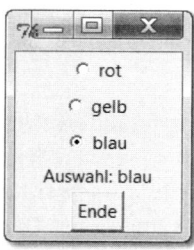

Abbildung 11.17 Radiobuttons, nach Auswahl

Unterschiede in Python 2

Das Modul heißt Tkinter statt tkinter.

11.2.11 Checkbuttons zur mehrfachen Auswahl

Checkbuttons (auch *Checkboxen* oder *Kontrollkästchen* genannt) bieten ebenso wie eine Listbox mit mehrfacher Auswahl dem Benutzer mehrere Entscheidungsmöglichkeiten. Checkbuttons werden als einzelne Widgets angezeigt und können mit einer Widget-Variablen verbunden werden. Dabei gibt es abhängig vom Zustand des Checkbuttons unterschiedliche Werte für die Variable.

Checkbutton-Widget

Ihnen stehen wie beim Radiobutton zwei Möglichkeiten zur Verfügung:

Bedienungs-varianten

▶ Sie lassen den Benutzer die Auswahl treffen und starten anschließend über einen Standardbutton eine Anzeige- oder Auswertungsfunktion.

▶ Sie verbinden die Betätigung eines Checkbuttons unmittelbar mit einer Aktion.

Im folgenden Programm wird eine Reservierung für ein Hotelzimmer durchgeführt. Mit Hilfe von zwei Checkbuttons kann der Benutzer entscheiden, ob er ein Zimmer mit oder ohne Dusche sowie mit oder ohne Minibar möchte. Jede Auswahl führt unmittelbar zur Anzeige.

```
import tkinter

def ende():
    main.destroy()

def anzeigen():
    lb["text"] = "Zimmer " + du.get() + " " + mb.get()

main = tkinter.Tk()

# Anzeigelabel
lb = tkinter.Label(main, text = "Zimmer ", width=40)
lb.pack()

# Widget-Variablen
du = tkinter.StringVar()
du.set("ohne Dusche")
mb = tkinter.StringVar()
mb.set("ohne Minibar")
```

```
# Zwei Checkbuttons
cb1 = tkinter.Checkbutton(main, text="Dusche",
        variable=du, onvalue="mit Dusche",
        offvalue="ohne Dusche", command=anzeigen)
cb1.pack()
cb2 = tkinter.Checkbutton(main, text="Minibar",
        variable=mb, onvalue="mit Minibar",
        offvalue="ohne Minibar", command=anzeigen)
cb2.pack()

bende = tkinter.Button(main, text = "Ende",
                    command = ende)
bende.pack()

main.mainloop()
```

Listing 11.13   Datei gui_check.py

Abbildung 11.18 zeigt den Startzustand des Formulars.

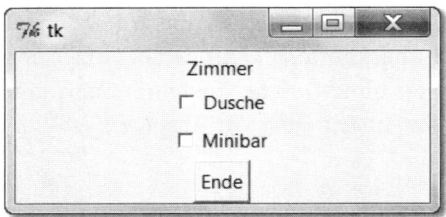

Abbildung 11.18   Checkbuttons, Startzustand

Nach Markierung beider Checkbuttons sieht das Formular aus wie in Abbildung 11.19.

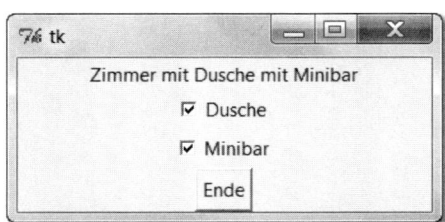

Abbildung 11.19   Checkbuttons, nach Markierung

Zur Erläuterung:

▶ Es werden zwei Widget-Variablen erzeugt (du und mb). Diese werden jeweils mit einem Wert vorbelegt, der dem nicht markierten Zustand (d.h. ohne Dusche bzw. Minibar) entspricht. **Vorbelegung**

▶ Es werden zwei Checkbuttons mit den folgenden Eigenschaften erzeugt:

    ▶ text (zur Anzeige)

    ▶ variable (zur Verbindung mit der Widget-Variablen)

    ▶ onvalue (als Wert der Widget-Variablen für den markierten Zustand) **onvalue / offvalue**

    ▶ offvalue (als Wert der Widget-Variablen für den nicht markierten Zustand)

    ▶ command (für die Funktion, die bei Betätigung des Checkbuttons aufgerufen wird)

▶ In der Funktion anzeigen() wird jeweils mit Hilfe der Methode get() der Wert der beiden Widget-Variablen und damit die vom Benutzer getroffene Auswahl ermittelt. Diese Werte werden im Label angezeigt. **get()**

Unterschiede in Python 2

Das Modul heißt Tkinter **statt** tkinter.

11.2.12 Schieberegler, Scale

Ein Scale-Widget entspricht einem Schieberegler, also der visuellen Anzeige eines Wertes, der mit Hilfe der Maus verändert werden kann. **Scale-Widget**

Im folgenden Beispiel wird ein Geschwindigkeitsmesser simuliert. Es können Geschwindigkeiten zwischen 0 und 200 km/h in Schritten von 5 km/h angezeigt und eingestellt werden. Der eingestellte Wert wird zusätzlich in einem Label angezeigt. **Visuelle Anzeige**

```
import tkinter

def ende():
    main.destroy()

def anzeigen(self):
    lb["text"] = "Geschwindigkeit: " \
        + str(scvwert.get()) + " km/h"
```

```
main = tkinter.Tk()

# Anzeigelabel
lb = tkinter.Label(main,
        text = "Geschwindigkeit: 0 km/h", width=25)
lb.pack()

# Widget-Variablen
scvwert = tkinter.IntVar()
scvwert.set(0)

# Scale Widget
scv = tkinter.Scale(main, width=20, length=200,
    orient="vertical", from_=0, to=200,
    resolution=5, tickinterval=20, label="km/h",
    command=anzeigen, variable=scvwert)
scv.pack()

bende = tkinter.Button(main, text = "Ende",
                        command = ende)
bende.pack()

main.mainloop()
```

Listing 11.14   Datei gui_scale.py

Die Darstellung zu Beginn sehen Sie in Abbildung 11.20.

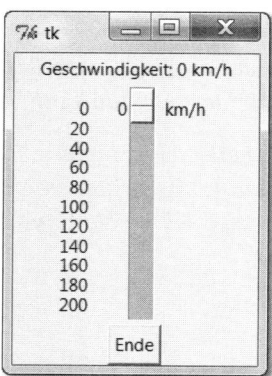

Abbildung 11.20   Scale, Startzustand

Abbildung 11.21 zeigt den Geschwindigkeitsmesser nach einer Beschleunigungsphase.

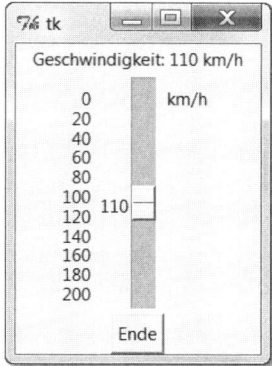

Abbildung 11.21 Scale, nach Veränderung

Zur Erläuterung:

▶ Es wird eine Widget-Variable erzeugt (scv). Diese wird mit dem Wert 0 vorbelegt.

▶ Es wird ein Scale-Widget mit den folgenden Eigenschaften und Werten erzeugt:

Eigenschaft	Wert	Erklärung
width	20	Breite in Pixeln
length	200	Länge oder Höhe in Pixeln
orient	"vertical"	Orientierung, Ausrichtung
from_	0	Minimalwert; der Unterstrich dient dazu, Verwechslungen mit dem Schlüsselwort from zu vermeiden
to	200	Maximalwert
resolution	5	Auflösung; Abstand der Werte bei Bewegung des Schiebereglers
tickinterval	20	Anzeige der Werte im eingestellten Abstand
label	"km/h"	zusätzliche Anzeige neben dem Schieberegler
command	"anzeigen"	Funktion, die bei Betätigung des Schiebereglers aufgerufen wird
variable	scvwert	Name der zugeordneten Widget-Variablen

Tabelle 11.1 Eigenschaften des Scale-Widgets

▶ In der Funktion anzeigen() wird jeweils mit Hilfe der Methode get() get() der Wert der Widget-Variablen und damit der vom Benutzer eingestellte Wert ermittelt. Dieser Wert wird im Label angezeigt.

11.2.13 Mausereignisse

command Die Widgets, die in den bisherigen Programmen zu Aktionen geführt haben, enthalten die Eigenschaft `command`. Über diese Eigenschaft wird das Widget mit einer Funktion verbunden, die bei dem entsprechenden Ereignis – also beim Anklicken des Buttons, Radiobuttons oder Checkbuttons – aufgerufen wird.

Event Widgets können Sie mit vielen Events, also Mausereignissen oder Tastaturereignissen (siehe nächster Abschnitt), verbinden. Zu den Mausereignissen gehören:

▶ Anklicken des Widgets mit der linken oder rechten Maustaste (Ereignis `<Button1>` beziehungsweise `<Button3>`)

▶ doppeltes oder dreifaches Anklicken mit einer Maustaste (`<Double-Button>` und `<Triple-Button>`)

▶ gleichzeitige Betätigung einer oder mehrerer der Sondertasten Strg, Alt oder ⇧ (die Ereignisse `<Control-Button>`, `<Alt-Button>`, `<Shift-Button>`)

▶ Loslassen der Maustaste in einem Widget (Ereignis `<ButtonRelease>`)

▶ Betreten eines Widgets, also Bewegung der Maus in ein Widget hinein (Ereignis `<Enter>`)

▶ Verlassen eines Widgets, also Bewegung der Maus aus einem Widget heraus (Ereignis `<Leave>`)

▶ Bewegung der Maus innerhalb eines Widgets (Ereignis `<Motion>`)

In dem folgenden Programm werden die genannten Möglichkeiten vorgeführt:

```
import tkinter

def ende():
    main.destroy()

def mlinks(e):
    lbanz["text"] = "Linke Maustaste"

def mrechts(e):
    lbanz["text"] = "Rechte Maustaste"
```

```
def mstrglinks(e):
    lbanz["text"] = "Strg-Taste und linke Maustaste"

def maltlinks(e):
    lbanz["text"] = "Alt-Taste und linke Maustaste"

def mshiftlinks(e):
    lbanz["text"] = "Shift-Taste und linke Maustaste"

def mlinkslos(e):
    lbanz["text"] = "Linke Maustaste losgelassen"

def mbetreten(e):
    lbanz["text"] = "Button betreten"

def mverlassen(e):
    lbanz["text"] = "Button verlassen"

def mbewegt(e):
    lbanz["text"] = \
    "Koordinaten: x=" + str(e.x) + ", y=" + str(e.y)

main = tkinter.Tk()

# Label mit Events
im = tkinter.PhotoImage(file="figur.gif")
lbm = tkinter.Label(main, image=im)
lbm.bind("<Button 1>", mlinks)
lbm.bind("<Button 3>", mrechts)
lbm.bind("<Control-Button 1>", mstrglinks)
lbm.bind("<Alt-Button 1>", maltlinks)
lbm.bind("<Shift-Button 1>", mshiftlinks)
lbm.bind("<ButtonRelease 1>", mlinkslos)
lbm.bind("<Motion>", mbewegt)
lbm.pack()

# Anzeigelabel
lbanz = tkinter.Label(main, width=35)
lbanz.pack()

# Ende-Button, mit Events
bende = tkinter.Button(main, text = "Ende",
                       command = ende)
bende.bind("<Enter>", mbetreten)
bende.bind("<Leave>", mverlassen)
```

```
bende.pack()

main.mainloop()
```

Listing 11.15 Datei gui_maus.py

In Abbildung 11.22 befindet sich die Maus in der Nähe der linken oberen Bildecke.

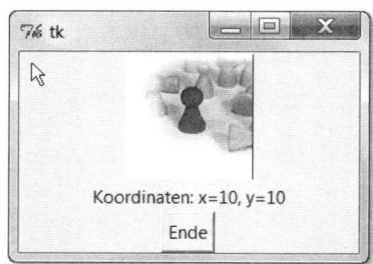

Abbildung 11.22 Mausereignis, Maus über Widget bewegt

Rechte Maustaste Hält der Benutzer die rechte Maustaste über dem Bild gedrückt, so ergibt sich die Darstellung in Abbildung 11.23.

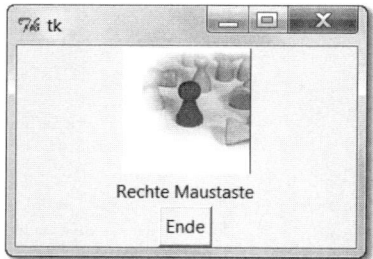

Abbildung 11.23 Mausereignis, rechte Maustaste über Widget betätigt

Zur Erläuterung:

▶ Es wurden insgesamt neun Funktionen definiert, die mit bestimmten Ereignissen verbunden sind. In einem zusätzlichen Label wird das jeweilige Ereignis für den Benutzer angezeigt.

bind() ▶ Zur Verbindung zwischen einem bestimmten Ereignis und einem Widget müssen Sie die Methode bind() für das betreffende Widget aufrufen.

  ▸ Der erste Parameter der Methode ist eine Zeichenkette, in der das Ereignis bezeichnet wird.

▷ Der zweite Parameter ist der Name der Funktion, die aufgerufen wird, wenn das Ereignis eintritt.

▷ Die beiden Ereignisse *Betreten* und *Verlassen* eines Widgets wurden mit dem ENDE-Button verbunden. Die übrigen sieben Ereignisse wurden mit einem Label verbunden, in dem ein Bild dargestellt wird.

Ereignisse verbinden

▷ Jede Ereignisfunktion übermittelt Informationen über das Ereignis mit Hilfe eines Event-Objekts (hier: e). Bei einem Mausereignis sind dabei die Objekteigenschaften x und y interessant, also die Koordinaten des Mauszeigers innerhalb des Widgets. Diese werden beim Ereignis *Bewegen* zusätzlich angezeigt (siehe Abbildung 11.22).

Event-Objekt

Unterschiede in Python 2

Das Modul heißt Tkinter statt tkinter.

Unterschiede unter Linux

Die [Alt]-Taste wird bereits vom Betriebssystem abgefangen, sie dient in diesem Fall zum Verschieben des GUI-Programms. Im Python-Programm kommt das Ereignis »Alt-Taste betätigt« daher nicht mehr an.

11.2.14 Tastaturereignisse

Die Verbindung zu Tastaturereignissen bauen Sie ähnlich wie die Verbindung zu Mausereignissen auf. Ein Beispiel:

```
import tkinter

def ende():
    main.destroy()

def kev(e):
    lbanz["text"] = "Zeichen:" + e.char \
        + ", Beschreibung: " + e.keysym \
        + ", Codezahl: " + str(e.keycode)

main = tkinter.Tk()

# Key-Events
e = tkinter.Entry(main)
e.bind("<p>",kev)
e.bind("<+>",kev)
e.bind("<%>",kev)
```

```
e.bind("<,>",kev)
e.pack()

# Hilfelabel
lbhlp = tkinter.Label(main,
        text = "Taste: p oder + oder % oder ,",
        width=40)
lbhlp.pack()

# Anzeigelabel
lbanz = tkinter.Label(main)
lbanz.pack()

# Ende-Button
bende = tkinter.Button(main, text = "Ende",
                        command = ende)
bende.pack()

main.mainloop()
```

Listing 11.16   Datei gui_tastatur.py

Abbildung 11.24 zeigt die Darstellung nach Eingabe eines Prozentzeichens.

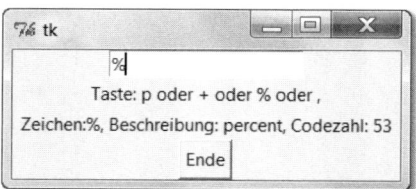

Abbildung 11.24   Tastaturereignis

Zur Erläuterung:

bind() ▶ Das Entry-Widget wird mit Hilfe der Methode bind() mit insgesamt vier Tastaturereignissen verbunden:

  ▶ Betätigen der Taste ⌶P⌶ (Buchstabe »p«)

  ▶ Betätigen der Taste ⌶+⌶ (Pluszeichen)

  ▶ Betätigen der Taste ⌶%⌶ (Prozentzeichen)

  ▶ Betätigen der Taste ⌶,⌶ (Kommazeichen)

▶ Die Ereignisse werden jeweils mit der Funktion `kev()` verbunden.

▶ Jede Ereignisfunktion übermittelt Informationen über das Ereignis mit Hilfe eines Event-Objekts (hier: `e`). Bei einem Tastaturereignis sind die folgenden Objekteigenschaften relevant:

  ▶ `char` (Zeichen)

  ▶ `keysym` (Beschreibung des Zeichens)

  ▶ `keycode` (Code des Zeichens)

▶ Diese Objekteigenschaften werden zusätzlich angezeigt (siehe Abbildung 11.24).

Unterschiede in Python 2

Das Modul heißt `Tkinter` statt `tkinter`.

Unterschiede unter Linux

Nur das Betätigen der Buchstabentasten führt zu einem korrekt erkannten Tastaturereignis. Das Betätigen der Zahlentasten wird ignoriert. Das Betätigen der Umlaut- und Sonderzeichentasten führt zu Fehlern. Dagegen erzeugt bereits ein Mausklick im Eingabefeld eine Anzeige.

11.3   Geometrische Anordnung von Widgets

In den bisherigen Programmen wurde die Methode `pack()` als einfacher Geometriemanager zur Anordnung und Anzeige der Widgets innerhalb des Fensters genutzt. Geometriemanager bestimmen das Layout einer GUI-Anwendung, sie werden daher auch Layoutmanager genannt. Im Folgenden gehe ich auf die Möglichkeiten zur Anordnung von Widgets ein:

▶ `pack()`
▶ `place()`
▶ `grid()`

Außerdem beschreibe ich das Frame-Widget, mit dessen Hilfe Sie ein Fenster in Teile zerlegen. Innerhalb dieser Teile können Sie wiederum Widgets passend anordnen. Dies ermöglicht auch den Einsatz von verschiedenen Geometriemanagern innerhalb eines Programms.

Hinweise

1. Die Widgets in den nachfolgend aufgeführten Programmen führen nicht immer zu Aktionen. Sie werden an einigen Stellen nur dargestellt, um die verschiedenen Methoden zu verdeutlichen.

2. In den Beispielen werden nur die Widget-Typen *Button* und *Label* verwendet. Natürlich können Sie alle Typen von Widgets auf die vorgestellte Art und Weise anordnen.

11.3.1 Frame-Widget, Methode »pack()«

Elternelement
Bisher wurden alle Widgets innerhalb des Hauptfensters angeordnet. Das unmittelbare *Elternelement*, also das übergeordnete Element, ist in diesem Fall das Hauptfenster.

Gruppierung
Frame-Widgets werden allerdings häufig auch als Elternelemente für andere Widgets eingesetzt. Dies ermöglicht die Gruppierung von Widgets und vielfältigere Möglichkeiten der Anordnung.

Das folgende Beispiel enthält drei Frames sowie mehrere Button-Widgets, die teilweise innerhalb, teilweise außerhalb der Frames angeordnet wurden. Dabei werden verschiedene Parameter der Methode pack() angewendet.

```
import tkinter

def ende():
    main.destroy()

main = tkinter.Tk()

# Frame 1 mit Button 1a und 1b
fr1 = tkinter.Frame(main, width=200, height=100,
                    relief="sunken", bd=1)
fr1.pack(side="left")
b1a = tkinter.Button(fr1, text="Button 1a")
b1a.pack(padx=5, pady=5)
b1b = tkinter.Button(fr1, text="Button 1b")
b1b.pack(padx=5, pady=5)

# Frame 2 mit Button 2a und 2b
fr2 = tkinter.Frame(main, width=200, height=100,
                    relief="sunken", bd=1)
fr2.pack(side="right")
b2a = tkinter.Button(fr2, text="Button 2a")
b2a.pack(ipadx=25, ipady=25)
b2b = tkinter.Button(fr2, text="Button 2b")
b2b.pack(fill="x")
```

```
# Frame 3
fr3 = tkinter.Frame(main, width=200, height=100,
                    relief="sunken", bd=1)
fr3.pack(side="bottom", expand=1, fill="both")

bende = tkinter.Button(main, text = "Ende",
                       command = ende)
bende.pack()

main.mainloop()
```

Listing 11.17 Datei gui_pack.py

Die Darstellung sehen Sie in Abbildung 11.25.

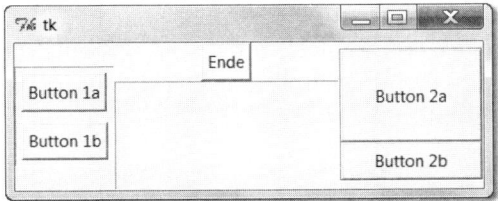

Abbildung 11.25 Geometriemanager pack

Zur Erläuterung:

▶ Das Fenster ist zunächst in drei Frames eingeteilt: fr1, fr2 und fr3. Für alle drei Frames wurden die Randart sunken und die Randbreite 1 gewählt, damit sie optisch erkennbar sind. Als Startgröße wurden jeweils eine Breite von 200 Pixeln und eine Höhe von 100 Pixeln vergeben. Allerdings werden diese Größen von den eingelagerten Widgets beeinflusst.

▶ Der erste Frame (fr1) wurde an der linken Seite des Hauptfensters angeordnet. Dies wird mit dem Parameter side und dem Wert left bei der Methode pack() erreicht. Der zweite Frame (fr2) und der dritte Frame (fr3) wurden an der rechten und an der unteren Seite des Hauptfensters angeordnet (side="right" und side="bottom"). **side**

▶ Beim dritten Frame wurden außerdem die Parameter expand (Wert 1) und fill (Wert both) eingestellt. Dies führt dazu, dass dieser Frame den restlichen verfügbaren Platz im Hauptfenster nutzt, auch bei einer Größenveränderung des Hauptfensters. **expand, fill**

▶ Der ENDE-Button wurde gar nicht angeordnet. Alle nicht angeordneten Elemente werden, wie bei den bisherigen Programmen, innerhalb ihrer jeweiligen Umgebung (Frame oder Hauptfenster) der Reihe nach von oben nach unten dargestellt.

Elternelement

▶ Bei den beiden Buttons `b1a` und `b1b` wurde als Elternelement nicht das Hauptfenster, sondern der erste Frame (`fr1`) angegeben. Daher werden diese Buttons innerhalb dieses Frames angeordnet.

padx, pady

▶ Die Parameter `padx` und `pady` führen dazu, dass ein Abstand (hier jeweils 5 Pixel in x-Richtung und in y-Richtung) zum Nachbar-Widget beziehungsweise zum Rand des Elternelements eingehalten wird.

▶ Die beiden Buttons `b2a` und `b2b` werden innerhalb des Frames `fr2` angeordnet.

ipadx, ipady

▶ Die Parameter `ipadx` und `ipady` beim Button `b2a` führen dazu, dass dieses Widget vergrößert wird (hier jeweils 5 Pixel in x-Richtung und in y-Richtung).

fill

▶ Der Parameter `fill` mit dem Wert x beim Button `b2b` führt dazu, dass dieses Widget den restlichen verfügbaren Platz in x-Richtung innerhalb des Elternelements ausfüllt.

Unterschiede in Python 2

Das Modul heißt `Tkinter` statt `tkinter`.

Maßeinheiten

Hinweise

1. Notieren Sie die Angaben für die Abstände zum Nachbar-Widget (`padx` und `pady`) und für die erweiterte Ausdehnung eines Widgets (`ipadx` und `ipady`) als einfache Zahlen, so handelt es sich automatisch um die Einheit Pixel.

2. Notieren Sie die Angaben als Zeichenkette, und versehen Sie sie mit einem Suffix, so sind auch andere Einheiten möglich. Als Suffixe erlaubt sind c (für Zentimeter), i (für Inches), m (für Millimeter) und p (für Punkte; ein Punkt entspricht circa 1/72 Inch).

11.3.2 Ein einfacher Taschenrechner

Als Anwendung für eine Anordnung mit mehreren Frames stelle ich im Folgenden einen einfachen Taschenrechner vor. Die Darstellung des Taschenrechners zeigt Abbildung 11.26.

Der Benutzer kann durch Betätigung der Zifferntasten 0 bis 9 und der Taste für den Dezimalpunkt beliebige Zahlen zusammenstellen, die anschließend in der Anzeige erscheinen.

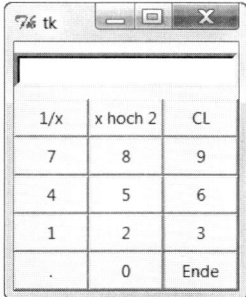

Abbildung 11.26 Taschenrechner

Außerdem gibt es die folgenden Tasten: Tasten

▶ Taste 1/x: Berechnung und Anzeige des Kehrwerts der Zahl

▶ Taste X HOCH 2: Berechnung und Anzeige des Quadrats der Zahl

▶ Taste CL: Löschen der Anzeige

▶ Taste ENDE: Beenden des Programms

Das Programm:

```
import tkinter

def ende():
    main.destroy()

# Kehrwert
def kw():
    if not lb["text"]:
        return
    z = float(lb["text"])
    z = 1/z
    lb["text"] = str(z)

# Quadrat
def qu():
    if not lb["text"]:
        return
    z = float(lb["text"])
    z = z*z
    lb["text"] = str(z)

# Anzeige leeren
def cl():
    lb["text"] = ""
```

Kehrwert

Quadrat

Zifferntasten

```
# Ziffern 0 bis 9
def anz0():
    lb["text"] += "0"

def anz1():
    lb["text"] += "1"

def anz2():
    lb["text"] += "2"

def anz3():
    lb["text"] += "3"

def anz4():
    lb["text"] += "4"

def anz5():
    lb["text"] += "5"

def anz6():
    lb["text"] += "6"

def anz7():
    lb["text"] += "7"

def anz8():
    lb["text"] += "8"

def anz9():
    lb["text"] += "9"
```

Dezimalpunkt

```
# Punkt, falls noch nicht vorhanden
def anzp():
    if lb["text"].find(".") == -1:
        lb["text"] += "."
```

Hauptprogramm

```
main = tkinter.Tk()
```

Anordnung

```
# Frame A mit Anzeigelabel
fra = tkinter.Frame(main)
fra.pack(expand=1, fill="x")
lb = tkinter.Label(fra, bg="#FFFFFF", bd=5,
                   relief="sunken", anchor="e")
lb.pack(expand=1, fill="x", pady=10)
```

```
# Frame B mit Kehrwert, Quadrat und Leeren
frb = tkinter.Frame(main)
frb.pack()
tkinter.Button(frb, text="1/x", width=7,
    command=kw).pack(side="left")
tkinter.Button(frb, text="x hoch 2", width=7,
    command=qu).pack(side="left")
tkinter.Button(frb, text="CL", width=7,
    command=cl).pack(side="left")

# Frame C mit Ziffern 7, 8, 9
frc = tkinter.Frame(main)
frc.pack()
for i in 7, 8, 9:
    tkinter.Button(frc, text=str(i), width=7,
        command=eval("anz"+str(i))).pack(side="left")

# Frame D mit Ziffern 4, 5, 6
frd = tkinter.Frame(main)
frd.pack()
for i in 4, 5, 6:
    tkinter.Button(frd, text=str(i), width=7,
        command=eval("anz"+str(i))).pack(side="left")

# Frame E mit Ziffern 1, 2, 3
fre = tkinter.Frame(main)
fre.pack()
for i in 1, 2, 3:
    tkinter.Button(fre, text=str(i), width=7,
        command=eval("anz"+str(i))).pack(side="left")

# Frame F mit Dezimalpunkt, Ziffer 0 und Ende
frf = tkinter.Frame(main)
frf.pack()
tkinter.Button(frf, text=".", width=7,
    command=anzp).pack(side="left")
tkinter.Button(frf, text="0", width=7,
    command=anz0).pack(side="left")
tkinter.Button(frf, text="Ende", width=7,
    command=ende).pack(side="left")

main.mainloop()
```

Listing 11.18 Datei gui_rechner_pack.py

Funktionen Erläuterung der Funktionen:

▶ In den Funktionen `kw()` und `qu()` zur Berechnung von Kehrwert und Quadrat der angezeigten Zahl wird zunächst überprüft, ob überhaupt eine Zahl zur Berechnung in der Anzeige steht. Ist dies der Fall, so wird die entsprechende Berechnung durchgeführt, und das Ergebnis wird angezeigt.

▶ Die Funktion `cl()` zum Löschen setzt den Anzeigetext auf eine leere Zeichenkette.

▶ Die Funktionen `anz0()` bis `anz9()` fügen die jeweilige Ziffer zur Anzeige hinzu. Die Funktion `anzp()` fügt einen Dezimalpunkt hinzu, falls bisher noch kein Dezimalpunkt vorhanden ist. Durch diese Funktionen können beliebige Zahlen, auch mit Nachkommastellen, zusammengesetzt werden.

> **Hinweis**
>
> Das Hinzufügen von Ziffern ist natürlich nur dann sinnvoll, wenn nicht unmittelbar zuvor ein Kehrwert oder ein Quadrat berechnet wurde. In diesem Fall sollte vor der Eingabe einer neuen Ziffer zunächst die Anzeige gelöscht werden.

Geometrische Erläuterung der geometrischen Anordnung:
Anordnung

▶ Das Fenster ist in sechs Frames (Frame A bis F) unterteilt, die jeweils eine waagrechte Reihe bilden.

▶ Innerhalb des obersten Frames (Frame A) steht das Label-Widget für die Zahlenanzeige. Das Label-Widget nimmt die gesamte Breite des Fensters ein und ist optisch vom Rest des Fensters abgesetzt. Die Inhalte des Labels werden rechtsbündig angezeigt (`anchor="e"`), wie üblich bei Zahlen.

▶ Die restlichen Frames (Frame B bis F) enthalten je drei Buttons, die immer an der linken Seite des Frames beziehungsweise des Nachbar-Widgets angesetzt werden (`side="left"`). Diese insgesamt 15 Buttons führen jeweils zu einer der 15 oben genannten Funktionen.

▶ Da es sich um eine regelmäßige Anordnung handelt, können wir die Zahlenbuttons in Schleifen erzeugen. Der Text auf dem Button ist der aktuelle Wert der Schleifenvariablen, mit der Funktion `str()` in Text konvertiert.

eval() ▶ Der Name der Funktion, die durch Betätigung eines der Zahlenbuttons ausgelöst wird, setzt sich zusammen aus den Buchstaben »anz« und wiederum dem aktuellen Wert der Schleifenvariablen. Dies müssen wir mit Hilfe der Funktion `eval()` evaluieren (= auswerten), damit wir es für `command` nutzen können.

11.3.3 Methode »grid()«

Die Methode `grid()` dient als Geometriemanager zur Erzeugung von besonders regelmäßigen Anordnungen, die sich in einem Raster darstellen lassen. Ähnlich wie in einer Tabelle, die von einem Textverarbeitungsprogramm oder in einem HTML-Dokument erzeugt wird, werden die Widgets in Tabellenzellen angeordnet. | Raster

Jede Tabellenzelle ist durch die Nummer der Zeile und die Nummer der Spalte gekennzeichnet. Jedem Widget werden bei Aufruf der Methode `grid()` die betreffenden Nummern (für die Eigenschaften `row` beziehungsweise `column`) mitgegeben, jeweils beginnend bei 0. | Zeile, Spalte

Es ist auch möglich, ein Widget über mehrere Tabellenzellen waagrecht und/oder senkrecht auszudehnen. Dazu geben Sie die Spannweite (für die Eigenschaften `rowspan` und `columnspan`) an. | Zellen verbinden

Das Taschenrechnerprogramm aus dem vorherigen Abschnitt wurde im Folgenden verändert. Die geometrische Anordnung der Buttons und des Labels erfolgen durch die Methode `grid()`.

Im Folgenden wird nur der Teil des Programms aufgeführt, in dem die Widgets erzeugt werden. Die Funktionen bleiben unverändert, ebenso die Darstellung. | Programm-ausschnitt

```
. . . . . .
# Row 0
lb = tkinter.Label(main, bg="#FFFFFF", bd=5,
                   relief="sunken", anchor="e")
lb.grid(row=0, column=0, columnspan=3, sticky="we")

# Row 1
tkinter.Button(main, text="1/x", width=7,
    command=kw).grid(row=1, column=0)
tkinter.Button(main, text="x hoch 2", width=7,
    command=qu).grid(row=1, column=1)
tkinter.Button(main, text="CL", width=7,
    command=cl).grid(row=1, column=2)
```

```
# Row 2
for i in 7, 8, 9:
    tkinter.Button(main, text=str(i), width=7,
        command=eval("anz"+str(i))).grid(row=2, column=i-7)

# Row 3
for i in 4, 5, 6:
    tkinter.Button(main, text=str(i), width=7,
        command=eval("anz"+str(i))).grid(row=3, column=i-4)

# Row 4
for i in 1, 2, 3:
    tkinter.Button(main, text=str(i), width=7,
        command=eval("anz"+str(i))).grid(row=4, column=i-1)

# Row 5
tkinter.Button(main, text=".", width=7,
    command=anzp).grid(row=5, column=0)
tkinter.Button(main, text="0", width=7,
    command=anz0).grid(row=5, column=1)
tkinter.Button(main, text="Ende", width=7,
    command=ende).grid(row=5, column=2)
. . . . . .
```

Listing 11.19 Datei gui_rechner_grid.py, Ausschnitt

Zur Erläuterung:

Tabellenzeilen
▶ Es sind keine Frames mehr notwendig. Ihre Aufgabe wurde von den einzelnen Zeilen (rows) der Tabelle übernommen.

▶ In der ersten Zeile steht nur das Label mit den folgenden Eigenschaften:

  ▶ row = 0, das Widget beginnt in Zeile 0 des Hauptfensters.

  ▶ column = 0, das Widget beginnt in Spalte 0 des Hauptfensters.

  ▶ columnspan = 3, das Widget erstreckt sich über drei Spalten.

  ▶ sticky = "we", das Widget wird zum westlichen (linken) und zum östlichen (rechten) Rand des Elternelements ausgedehnt. Mögliche Werte für sticky sind: w (westlich, links), e (östlich, rechts), n (nördlich, oben) und s (südlich, unten). Geben Sie diese Eigenschaft nicht an, so wird das Widget in der Mitte der Tabellenzelle(n) dargestellt.

▶ Für die insgesamt 15 Buttons sind jeweils die Nummer der Zeile (`row=1` bis `row=5`) und die Nummer der Spalte (`column=0` bis `column=2`) angegeben. Mehr ist zur Anordnung nicht notwendig.

▶ Da es sich um eine regelmäßige Anordnung handelt, können wir die Zahlenbuttons in Schleifen erzeugen. Wiederum (siehe *gui_rechner_pack.py*) können wir sowohl für den Text auf dem Button als auch für den Funktionsnamen den aktuellen Wert der Schleifenvariablen nutzen. Auch die Spaltennummer ergibt sich daraus.

Unterschiede in Python 2

Das Modul heißt `Tkinter` statt `tkinter`.

Hinweis

Bei der Methode `grid()` können Sie wie bei der Methode `pack()` zusätzlich die Eigenschaften `padx`, `pady`, `ipadx` und `ipady`, angeben.

11.3.4 Methode »place()«, absolute Koordinaten

Die Methode `place()` ermöglicht die Positionierung von Widgets an absoluten oder an relativen Koordinaten.

Absolute Koordinaten bleiben konstant.

Absolute Koordinaten haben den Nachteil, dass sie bei einer Größenänderung des Fensters konstant bleiben. Eine Anordnung mit absoluten Koordinaten zeigt das folgende Beispiel:

```
import tkinter

def ende():
    main.destroy()

main = tkinter.Tk()

b1 = tkinter.Button(main, text="b1",
                    command=ende)
b1.place(x=50, y=50, anchor="se")

b2 = tkinter.Button(main, text="b2",
                    command=ende)
b2.place(x=50, y=50, anchor="sw")

b3 = tkinter.Button(main, text="b3",
                    command=ende)
b3.place(x=50, y=50, anchor="ne")
```

```
b4 = tkinter.Button(main, text="b4",
                        command=ende)
b4.place(x=50, y=50, anchor="nw")

main.mainloop()
```

Listing 11.20   Datei gui_koord_absolut.py

Das Fenster sieht aus wie in Abbildung 11.27.

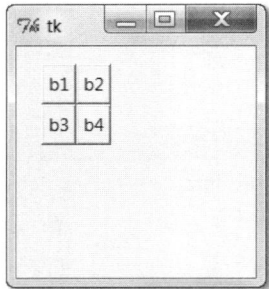

Abbildung 11.27   Geometriemanager »place«, absolute Koordinaten

Die Koordinatenangabe setzt sich aus drei Bestandteilen zusammen:

x,y ▶ x-Koordinate: Wird in Pixel oder anderen Einheiten angegeben (c für Zentimeter, i für Inches, m für Millimeter und p für Punkte), gemessen vom linken Rand des Elternelements.

▶ y-Koordinate: Wird in Pixel angegeben (oder anderen Einheiten, siehe x-Koordinate), gemessen vom oberen Rand des Elternelements.

anchor ▶ Ankerpunkt (anchor): Diese Stelle des Widgets liegt an den angegebenen Koordinaten des Elternelements. Mögliche Angaben sind:

  ▷ se (Süd-Ost, rechte untere Ecke)
  ▷ sw (Süd-West, linke untere Ecke)
  ▷ ne (Nord-Ost, rechte obere Ecke)
  ▷ nw (Nord-West, linke obere Ecke)
  ▷ s (Süd, Mitte der unteren Seite)
  ▷ n (Nord, Mitte der oberen Seite)
  ▷ w (West, Mitte der linken Seite)
  ▷ e (Ost, Mitte der rechten Seite)

▶ Alle vier Buttons sind an den gleichen Koordinaten (x=50, y=50) angeordnet. Allerdings beziehen sich die Koordinaten auf jeweils andere Ecken des Widgets, daher überlappen sich die vier Buttons nicht.

  ▶ Die rechte untere Ecke des Buttons b1 liegt bei x=50, y=50.

  ▶ Die linke untere Ecke des Buttons b2 liegt bei x=50, y=50.

  ▶ Die rechte obere Ecke des Buttons b3 liegt bei x=50, y=50.

  ▶ Die linke obere Ecke des Buttons b4 liegt bei x=50, y=50.

Unterschiede in Python 2

Das Modul heißt Tkinter statt tkinter.

11.3.5 Methode »place()«, relative Koordinaten

Relative Koordinaten beziehen sich auf Anteile der Breite oder Höhe des Elternelements. Im folgenden Beispiel befinden sich fünf Buttons – relativ zum Elternelement – immer an der gleichen Stelle.

Relative Koordinaten ändern sich mit Elternelement.

```
import tkinter

def ende():
    main.destroy()

main = tkinter.Tk()

b1 = tkinter.Button(main, text="b1", command=ende)
b1.place(relx=0.5, rely=0, anchor="n")

b2 = tkinter.Button(main, text="b2", command=ende)
b2.place(relx=0, rely=0.25, anchor="w")

b3 = tkinter.Button(main, text="b3", command=ende)
b3.place(relx=0, rely=0.5, anchor="w")

b4 = tkinter.Button(main, text="b4", command=ende)
b4.place(relx=0, rely=0.75, anchor="w")

b5 = tkinter.Button(main, text="b5", command=ende)
b5.place(relx=0.5, rely=1, anchor="s")

main.mainloop()
```

Listing 11.21 Datei gui_koord_relativ.py

Das Fenster sieht aus wie in Abbildung 11.28.

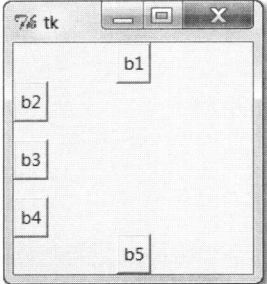

Abbildung 11.28   Geometriemanager »place«, relative Koordinaten

Zur Erläuterung:

► Die Koordinatenangabe setzt sich auch hier aus drei Bestandteilen zusammen:

  ► Werte von 0 bis 1

relx, rely ► Relative x-Koordinate (relx): ein Wert zwischen 0 und 1. Der Wert 0 steht für den linken Rand des Elternelements, der Wert 1 für den rechten Rand.

  ► Relative y-Koordinate (rely): ebenfalls ein Wert zwischen 0 und 1. Der Wert 0 steht für den oberen Rand des Elternelements, der Wert 1 für den unteren Rand.

anchor ► Ankerpunkt (anchor): wie bei den absoluten Koordinaten

► Im vorliegenden Beispiel sind die fünf Buttons wie folgt angeordnet:

  ► Die Mitte der oberen Seite (anchor="n") von Button b1 liegt auf der Mitte der oberen Seite (relx=0.5, rely=0) des Elternelements.

  ► Die Mitte der linken Seite (anchor="w") der Buttons b2, b3 und b4 liegt am linken Rand (relx=0) des Elternelements. Die Höhe ist jeweils unterschiedlich: Button b2 liegt auf 25 % der Höhe des Elternelements (rely=0.25), Button b3 liegt auf 50 % der Höhe des Elternelements (rely=0.5), Button b4 liegt auf 75 % der Höhe des Elternelements (rely=0.75).

  ► Die Mitte der unteren Seite (anchor="s") von Button b5 liegt auf der Mitte der unteren Seite (relx=0.5, rely=1) des Elternelements.

11.3.6 Absolute Veränderung von Koordinaten

Sie können die verschiedenen Geometriemanager auch mehrmals auf die Widgets anwenden. Dies ermöglicht die Programmierung von dynamisch veränderlichen Anordnungen, also von beweglichen Widgets.

Bewegliche Widgets

Das folgende Beispiel soll dies anhand eines Labels verdeutlichen, das mit Hilfe von zwei Buttons an zwei verschiedene Positionen bewegt werden kann.

```python
import tkinter

def ende():
    main.destroy()

# bewegt nach ganz links
def movetoleft():
    lb.place(relx=0, rely=0, anchor="nw")

# bewegt nach ganz rechts
def movetoright():
    lb.place(relx=1, rely=0, anchor="ne")

main = tkinter.Tk()

# Bewegtes Label
lb = tkinter.Label(main, text="Test",
                   relief="sunken", bd=1)
lb.place(relx=0, rely=0, anchor="nw")

# bewegt nach ganz links
bleft = tkinter.Button(main, text="ganz links",
                       command=movetoleft)
bleft.place(relx=0, rely=1, anchor="sw")

# bewegt nach ganz rechts
bright = tkinter.Button(main, text="ganz rechts",
                        command=movetoright)
bright.place(relx=1, rely=1, anchor="se")
```

```
bende = tkinter.Button(main, text="Ende", command=ende)
bende.place(relx=0.5, rely=1, anchor="s")

main.mainloop()
```

Listing 11.22   Datei gui_aendern_absolut.py

Das Fenster sieht nach dem Start aus wie in Abbildung 11.29 dargestellt.

Abbildung 11.29   Absolute Koordinatenveränderung, Startzustand

Nach der Betätigung des Buttons GANZ RECHTS sieht das Fenster aus wie in Abbildung 11.30.

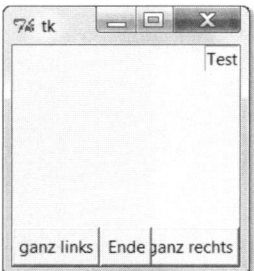

Abbildung 11.30   Absolute Koordinatenveränderung, nach Aktion

Zur Erläuterung:

▶ Das Label wird insgesamt dreimal platziert:

    ▶ nach dem Start des Programms, in die obere linke Ecke des Elternelements

    ▶ nach Betätigung des Buttons GANZ RECHTS, in die obere rechte Ecke des Elternelements, in der Funktion movetoright()

    ▶ nach Betätigung des Buttons GANZ LINKS, in die obere linke Ecke des Elternelements, in der Funktion movetoleft()

11.3.7 Relative Veränderung von Koordinaten

Im vorhergehenden Beispiel haben wir zwar mit relativen Widget-Koordinaten gearbeitet, es handelt sich aber um eine absolute Koordinatenveränderung. Das Label bewegt sich nur zwischen zwei bestimmten Punkten hin und her.

Sie können ein Widget kann aber auch relativ bewegen, also ausgehend von den aktuellen Koordinaten um einen bestimmten Wert in eine ausgewählte Richtung. Im folgenden Beispiel kann ein Label mit Hilfe von vier Buttons in vier verschiedene Richtungen bewegt werden.

```python
import tkinter

def ende():
    main.destroy()

# Aktuelle Position
posx = 0
posy = 0

# bewegt nach links
def moveleft():
    global posx, posy
    posx -= 20
    lb.place(x=posx, y=posy, anchor="nw")

# bewegt nach rechts
def moveright():
    global posx, posy
    posx += 20
    lb.place(x=posx, y=posy, anchor="nw")

# bewegt nach oben
def moveup():
    global posx, posy
    posy -= 20
    lb.place(x=posx, y=posy, anchor="nw")

# bewegt nach unten
def movedown():
    global posx, posy
```

```
        posy += 20
        lb.place(x=posx, y=posy, anchor="nw")

# bewegt nach unten
def movestart():
    global posx, posy
    posx = 0
    posy = 0
    lb.place(x=posx, y=posy, anchor="nw")

main = tkinter.Tk()

# Frame mit bewegtem Label
fr1 = tkinter.Frame(main, width=200, height=150,
                    relief="sunken", bd=1)
fr1.pack(side="top")

# Frame mit Buttons zur Bewegung
fr2 = tkinter.Frame(main, height=80)
fr2.pack(side="left")

# Frame mit Ende-Button
fr3 = tkinter.Frame(main, width=50, height=80)
fr3.pack(side="left")

# Bewegtes Label
lb = tkinter.Label(fr1, text="Test", relief="sunken", bd=1)
lb.place(x=0, y=0, anchor="nw")

# bewegt nach links
bleft = tkinter.Button(fr2, text="nach links",
                       command=moveleft)
bleft.grid(row=1, column=0)

# bewegt nach rechts
bright = tkinter.Button(fr2, text="nach rechts",
                        command=moveright)
bright.grid(row=1, column=2)

# bewegt nach oben
bup = tkinter.Button(fr2, text="nach oben", command=moveup)
bup.grid(row=0, column=1)

# bewegt nach unten
bdown = tkinter.Button(fr2, text="nach unten",
                       command=movedown)
bdown.grid(row=2, column=1)
```

```
# Startposition
bstart = tkinter.Button(fr2, text="Start",
                        command=movestart)
bstart.grid(row=1, column=1)

# Ende-Button
bende = tkinter.Button(fr3, text="Ende",
                       command=ende)
bende.place(relx=1, rely=1, anchor="se")

main.mainloop()
```

Listing 11.23   Datei gui_aendern_relativ.py

Das Fenster stellt sich nach dem Start dar wie in Abbildung 11.31.

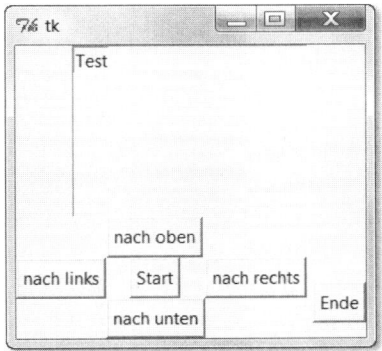

Abbildung 11.31   Relative Koordinatenveränderung, Startzustand

Nach mehrfacher Betätigung der Buttons NACH RECHTS und NACH UNTEN sieht das Fenster wie in Abbildung 11.32 gezeigt aus.

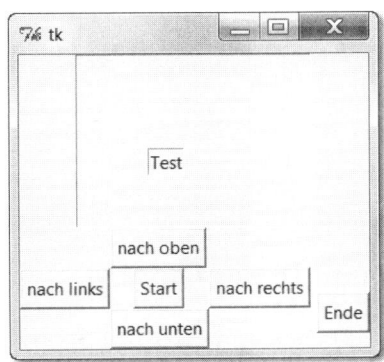

Abbildung 11.32   Relative Koordinatenveränderung, nach mehrfacher Aktion

Erläuterung der Funktionen:

▶ Zunächst wird das Label an der absoluten Position x=0, y=0 platziert. Diese Position wird gleichzeitig den beiden Variablen posx und posy zugewiesen.

Globale Variablen ▶ In den vier Funktionen moveleft(), moveright(), moveup() und movedown() werden jeweils zunächst die Variablen posx und posy als globale Variablen bekannt gemacht. Dies bedeutet, dass es sich sowohl außerhalb als auch innerhalb dieser vier Funktionen um dieselben Variablen handelt.

Relative Platzierung ▶ Die Werte von posx und posy werden anschließend in den vier Funktionen jeweils passend verändert und dazu genutzt, eine neue Platzierung mit der Methode place() durchzuführen. In den beiden Funktionen moveleft() und moveright() wird die x-Koordinate um 20 Pixel verändert. In den beiden Funktionen moveup() und movedown() wird die y-Koordinate um 20 Pixel verändert.

▶ Es gibt insgesamt drei Frames:

  ▸ Der erste Frame ist am oberen Fensterrand angesetzt und enthält das Label. Das Label soll sich relativ zum ersten Frame bewegen.

  ▸ Der zweite Frame ist am linken Fensterrand angesetzt. Er beherbergt die vier Buttons zum Bewegen des Labels. Sie sind mit Hilfe der Methode grid() in einem Raster angeordnet, um die möglichen Bewegungsrichtungen zu verdeutlichen.

  ▸ Der dritte Frame ist ebenfalls nach links orientiert und erscheint daher neben dem zweiten Frame. Er enthält nur den ENDE-Button.

Unterschiede in Python 2

Das Modul heißt Tkinter statt tkinter.

Hinweis

Es ist möglich, das Label über den Fensterrand hinaus zu bewegen. Durch zusätzlichen Programmieraufwand könnten Sie dies verhindern – um das Programm überschaubar zu halten, habe ich hier darauf verzichtet.

11.4 Menüs, Messageboxen und Dialogfelder

Viele Benutzeroberflächen verfügen zur Bedienung neben den Steuerelementen innerhalb des Dialogfelds (= Fenster) zusätzlich über

▶ eine Menüleiste am oberen Rand des Fensters, die permanent sichtbar ist, sowie

Menü

▶ Kontextmenüs, die einzelnen Steuerelementen zugeordnet sind und nur bei Bedarf eingeblendet werden.

Kontextmenü

In Python stehen zu diesem Zweck Menu-Widgets zur Verfügung. Nachfolgend stelle ich die beiden genannten Menüarten vor. Außerdem behandele ich in diesem Abschnitt vorgefertigte Dialogfelder (Messageboxen) und eigene Dialogfelder.

Menu-Widget

11.4.1 Menüleisten

Die Erzeugung einer Menüleiste mit einzelnen Menüs und darin enthaltenen Menübefehlen erfordert grundsätzlich die folgenden Schritte:

▶ Erzeugung eines Objekts der Klasse Menu als Menüleiste

Reihenfolge der Erstellung

▶ Erzeugung von weiteren Objekten der Klasse Menu als einzelne Menüs innerhalb der Menüleiste

▶ Erzeugung von einzelnen Menüpunkten verschiedenen Typs innerhalb eines Menüs

▶ Hinzufügen der Menüs zur Menüleiste und Bezeichnen der Menüs

▶ Hinzufügen der Menüleiste zum Fenster

Das folgende Programm enthält eine Menüleiste mit zwei Menüs. Die beiden Menüs verfügen über vier beziehungsweise über fünf Menüpunkte verschiedenen Typs:

```
import tkinter

def ende():
    main.destroy()

def farbwechsel():
    fr["bg"] = farbe.get()

def randwechsel():
    if rand.get():
        fr["relief"] = "ridge"
    else:
        fr["relief"] = "flat"

main = tkinter.Tk()
```

```
# Zielobjekt der Menuebefehle
fr = tkinter.Frame(main, height=100, width=300,
                   bg="#FFFFFF", bd=10)
fr.pack()

# erzeugt gesamte Menueleiste
mBar = tkinter.Menu(main)

# erzeugt erstes Menueobjekt der Menueleiste
mFile = tkinter.Menu(mBar)

# erzeugt Elemente in erstem Menue
mFile.add_command(label="Neu")
mFile.add_command(label="Laden")
mFile.add_command(label="Speichern")
mFile.add_separator()
mFile.add_command(label="Beenden", command=ende)

# Widget-Variablen der Radiobutton-Menuepunkte
# bzw. Checkbutton-Menuepunkte
farbe = tkinter.StringVar()
farbe.set("#FFFFFF")
rand = tkinter.IntVar()
rand.set(0)

# erzeugt zweites Menueobjekt der Menueleiste
mView = tkinter.Menu(mBar)
mView["tearoff"] = 0     # Menue nicht abtrennbar

# erzeugt Elemente in zweitem Menue
mView.add_radiobutton(label="Rot", variable=farbe,
    value="#FF0000", underline=0, command=farbwechsel)
mView.add_radiobutton(label="Gelb", variable=farbe,
    value="#FFFF00", underline=0, command=farbwechsel)
mView.add_radiobutton(label="Blau", variable=farbe,
    value="#0000FF", underline=0, command=farbwechsel)
mView.add_radiobutton(label="Magenta", variable=farbe,
    value="#FF00FF", underline=0, command=farbwechsel)
mView.add_separator()
mView.add_checkbutton(label="Rand sichtbar",
    variable=rand, onvalue=1, offvalue=0, underline=5,
    command=randwechsel)
```

```
# erstes und zweites Menue zur Menueleiste hinzu
mBar.add_cascade(label="Datei", menu=mFile)
mBar.add_cascade(label="Ansicht", menu=mView)

# gesamte Menueleiste zu Fenster hinzu
main["menu"] = mBar

main.mainloop()
```

Listing 11.24   Datei gui_menu.py

Nach dem Start sind nur die beiden Einträge in der Menüleiste sichtbar sowie der weiße Frame ohne Rand, wie in Abbildung 11.33. **Startzustand**

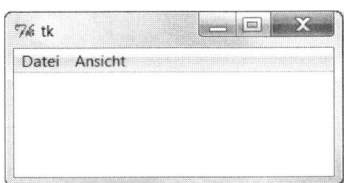

Abbildung 11.33   Hauptfenster mit Menü

Nach der Anwahl des Menüs DATEI klappt dieses mit seinen Menüpunkten auf, wie in Abbildung 11.34. **Menü »Datei«**

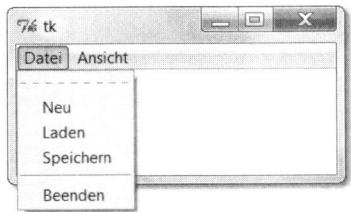

Abbildung 11.34   Menü »Datei«

Nur der Menüpunkt BEENDEN ist mit einer Funktion belegt (Beenden des Programms), die anderen Menüpunkte dienen ausschließlich der Darstellung. Nach der Anwahl des Menüs ANSICHT klappt dieses mit seinen Menüpunkten auf, wie in Abbildung 11.35.

Alle Menüpunkte sind mit einer Funktion belegt. Die Bedienung eines der ersten vier Menüpunkte sorgt dafür, dass die Farbe des dargestellten Frames wechselt. Gleichzeitig wird der betreffende Menüpunkt markiert und somit die aktuelle Farbe gekennzeichnet. Der letzte Menüpunkt dient zur Darstellung des Frames mit oder ohne Rand. **Einstellung der Farbe**

Abbildung 11.35 Menü »Ansicht«, Startzustand

Nach Bedienung

Nach Anwählen von BLAU und des Menüpunkts RAND SICHTBAR sieht die Oberfläche inklusive Menü aus wie in Abbildung 11.36 dargestellt.

Abbildung 11.36 Hauptfenster und Menü »Ansicht«, nach Änderung

Tear-off

Oberhalb jedes Menüs wird normalerweise eine gestrichelte Linie angezeigt. Ein Klick auf diese Linie bewirkt die Auslagerung (*Tear-off*) des betreffenden Menüs als eigenständiges Fenster. Dies ist eine Standardeigenschaft von Python-GUI-Anwendungen und muss nicht gesondert programmiert werden. Beim zweiten Menü (in Abbildung 11.35) wurde diese Möglichkeit unterdrückt. Zur Erläuterung des Programms:

▶ Es wird ein Frame der Höhe 100 Pixel und der Breite 300 Pixel erzeugt. Er dient als Zielobjekt für die Einstellung von Farbe und Rand. Zu Beginn werden die Farbe Weiß und die Randbreite 10 eingestellt. Da keine Randart gewählt wird, ist der Rand noch nicht sichtbar.

Menu-Objekt

▶ Es wird ein Objekt der Klasse `Menu` (`mBar`) als gesamte Menüleiste für das Fenster erzeugt.

▶ Es wird das Menü DATEI (`mFile`) innerhalb der Menüleiste erzeugt.

add_command()

▶ Die Methode `add_command()` erzeugt einen einzelnen *normalen* Menüpunkt, der zur Ausführung eines Befehls führt. Der Wert der Eigenschaft `label` dient der sichtbaren Darstellung des Menüpunkts.

Im Menü DATEI ist nur der Menüpunkt BEENDEN mit einer Funktion verbunden.

▶ Die Methode `add_separator()` erzeugt eine optische Trennlinie zwischen verschiedenen, logisch zu trennenden Menüpunkten innerhalb eines Menüs.

                                                                         `add_separator()`

▶ Zwei Widget-Variablen werden erzeugt, die später mit den zugehörigen Menüpunkten verbunden werden: Widget-Variablen

    ▸ zur Farbauswahl die Variable `farbe` vom Typ `StringVar`, mit dem Startwert weiß

    ▸ zur Auswahl der Sichtbarkeit des Rands die Variable `rand` vom Typ `IntVar`, mit dem Startwert `0` (= kein Rand)

▶ Es wird das zweite Menü (`mView`) innerhalb der Menüleiste erzeugt.

▶ Die Eigenschaft `tearoff` wird mit `0` (= `false`) belegt. Diese Belegung bewirkt, dass das Menü nicht abgetrennt werden kann.   tearoff

▶ Mit Hilfe der Methode `add_radiobutton()` werden vier Menüpunkte als zusammengehörige Gruppe erzeugt, deren Auswahl zur Einstellung der Frame-Farbe führt. Die Verbindung wird über die gemeinsame Widget-Variable hergestellt (Eigenschaft `variable`), wie bei einem Radiobutton-Widget. Jeder Menüpunkt hat einen eigenen Wert für die Eigenschaft `value`. Dieser Wert wird der zugehörigen Widget-Variablen `farbe` zugewiesen. Bei Ausführung der Funktion `farbwechsel()` wird dieser Wert dem Frame zugewiesen.   add_radiobutton()

▶ Die Eigenschaft `underline` legt die Nummer des Buchstabens des sichtbaren Eintrages fest, der unterstrichen wird. Falls das Menü angewählt wurde, genügt die Eingabe des betreffenden Buchstabens zur Auswahl des Menüpunktes.   underline

▶ Mit Hilfe der Methode `add_checkbutton()` wird ein Menüpunkt als einzelner Ein-Aus-Schalter erzeugt, dessen Auswahl zur Einstellung des Randes führt. Die Verbindung wird über die Widget-Variable hergestellt (Eigenschaft `variable`), wie bei einem Checkbutton-Widget. Der Wert der Eigenschaften `onvalue` und `offvalue` wird im Fall der Markierung oder Entmarkierung der zugehörigen Widget-Variablen `rand` übergeben. Bei Ausführung der Funktion `randwechsel()` wird dieser Wert dem Frame zugewiesen.   add_check-button()

▶ Die Methode `add_cascade()` fügt der Menüleiste die beiden vorher erzeugten Menüs (`mFile` und `mView`) hinzu.   add_cascade()

▶ Dem Hauptfenster wird über die Eigenschaft `menu` die Menüleiste (`mBar`) hinzugefügt.   Eigenschaft »menu«

- In der Funktion `farbwechsel()` wird der Wert der Widget-Variablen `farbe` mit der Methode `get()` ermittelt und der Frame-Eigenschaft `bg` (= `background`) zugewiesen.

get()
- In der Funktion `randwechsel()` wird der Wert der Widget-Variablen `rand` mit der Methode `get()` ermittelt und der Frame-Eigenschaft `relief` zugewiesen.

Unterschiede in Python 2

Das Modul heißt `Tkinter` **statt** `tkinter`.

11.4.2 Kontextmenüs

Ein Kontextmenü erzeugen Sie auf ähnliche Weise wie eine Menüleiste. Folgende Schritte sind erforderlich:

Reihenfolge der Erstellung
- Erzeugung eines Objekts der Klasse `Menu` als Kontextmenü
- Erzeugung von einzelnen Menüpunkten verschiedenen Typs innerhalb des Kontextmenüs
- Verbindung eines Ereignisses mit einem bestimmten Widget
- Aufruf des Kontextmenüs als Folge dieses Ereignisses in der Nähe des betreffenden Widgets

Das besondere Problem bei einem Python-Kontextmenü besteht darin, dass es an absoluten Bildschirmkoordinaten eingeblendet wird. Vor dem Einblenden müssen Sie also zunächst ermitteln, an welcher Stelle des Bildschirms sich das Hauptfenster befindet.

Widget-Position ermitteln
Außerdem müssen Sie die Position des zugehörigen Widgets innerhalb des Hauptfensters berücksichtigen. Sie müssen das Widget mit `place()` absolut positionieren, da sich sonst seine Koordinaten verändern können.

Das folgende Programm enthält ein Label mit einem Bild. Über ein Kontextmenü soll die Hintergrund- oder Rahmenfarbe des Labels geändert werden. Wird die rechte Maustaste innerhalb des Labels betätigt, so wird das Kontextmenü an der aktuellen Mausposition eingeblendet.

```
import tkinter

def ende():
    main.destroy()
```

```
def lbpop(e):
    global lbx, lby

    # ermittelt geometrischen Ort des Hauptfensters
    # Form: "width*height+x+y"
    gm = main.geometry()
    teil = gm.split("+")
    mainx = int(teil[1])
    mainy = int(teil[2])

    # Ermittlung der Position des Popup-Menues:
    # Fensterposition plus Labelposition plus Position
    # innerhalb des Labels plus Versatz
    mpop.tk_popup(mainx + lbx + e.x + 5,
                  mainy + lby + e.y + 30)

def farbwechsel():
    lb["bg"] = farbe.get()
main = tkinter.Tk()

# Frame zur Erzeugung der Fenstermasse
fr = tkinter.Frame(main, height=200, width=300)
fr.pack()

# Label mit Bild, Rahmen und Farbe
# Koordinaten des Labels in Variablen
im = tkinter.PhotoImage(file="figur.gif")
lb = tkinter.Label(main, image=im, relief="ridge",
                   bd=5, bg="#000000")
lb.bind("<Button 3>",lbpop)
lbx = 60
lby = 30
lb.place(x=lbx, y=lby, anchor="nw")

# Widget-Variable der Farbe
farbe = tkinter.StringVar()
farbe.set("#000000")

# Menue zur Farbeinstellung
mpop = tkinter.Menu(main)
mpop["tearoff"] = 0
mpop.add_radiobutton(label="rot", variable=farbe,
    value="#FF0000", command=farbwechsel)
mpop.add_radiobutton(label="gelb", variable=farbe,
    value="#FFFF00", command=farbwechsel)
```

```
mpop.add_radiobutton(label="schwarz", variable=farbe,
    value="#000000", command=farbwechsel)

# Ende
bende = tkinter.Button(main, text="Ende",
                        command=ende)
bende.place(relx=1, rely=0, anchor="ne")

main.mainloop()
```

Listing 11.25   Datei gui_kontextmenu.py

Startzustand   Nach dem Start ist das Label inklusive Bild mit schwarzem Rahmen sichtbar (siehe Abbildung 11.37).

Abbildung 11.37   Label mit Kontextmenü, Startzustand

Nach Bedienung   Nach der Betätigung der rechten Maustaste innerhalb des Labels wird das Kontextmenü an der aktuellen Mausposition eingeblendet (siehe Abbildung 11.38).

Abbildung 11.38   Kontextmenü innerhalb des Labels

Zur Erläuterung des Menü-Widgets:

▶ Das Menü (`mpop`) wird als Menü des Hauptfensters erzeugt.   Klasse »Menu«

▶ Die Eigenschaft `tearoff` wird auf `0` (= `false`) gestellt, da das Abtrennen eines Kontextmenüs nicht sinnvoll ist.   tearoff

▶ Es werden drei Radiobuttons als Menüpunkte erzeugt. Diese werden über die Widget-Variable `farbe` miteinander verbunden und ermöglichen den Wechsel zwischen den Farben Rot, Gelb und Schwarz. Startwert für die Widget-Variable ist Schwarz.   Menüpunkt

Zur Erläuterung des Kontextmenü-Aufrufs:

▶ Beim Label `lb` wird das Ereignis *rechte Maustaste betätigt* mit der Funktion `lbpop()` verbunden.   Ereignis

▶ Innerhalb der Funktion `lbpop()` wird zum Hauptfenster die Methode `geometry()` aufgerufen. Diese Methode liefert eine Zeichenkette mit den Maßen und den Koordinaten des Fensters. Befindet sich das Fenster beispielsweise aktuell an der Position `x=589`, `y=201`, so sieht die Zeichenkette wie folgt aus: `300x200+589+201`. Die ersten beiden Zahlen bezeichnen die Maße des Labels, hinter den beiden Pluszeichen stehen die aktuellen `x`- und `y`-Koordinaten.   geometry()

▶ Mit Hilfe der Methode `find()` aus dem Modul `string` wird die Position der beiden Pluszeichen ermittelt. Die jeweils folgenden Teilstrings werden extrahiert.

▶ Aus diesen Werten und den Koordinaten des Labels, der aktuellen Mausposition und einem kleinen Versatz werden die gewünschten Koordinaten des Kontextmenüs berechnet.   Position des Kontextmenüs

▶ Die Methode `tk_popup()` wird aufgerufen, um das Kontextmenü an diesen Koordinaten erscheinen zu lassen.   tk_popup()

Unterschiede in Python 2

Das Modul heißt `Tkinter` statt `tkinter`.

Unterschiede unter Linux

Das Kontextmenü öffnen Sie wie unter Windows mit der rechten Maustaste. Allerdings müssen Sie dann den Menüpunkt ebenfalls mit der rechten Maustaste auswählen, denn bei Betätigung der linken Maustaste schließt sich das Kontextmenü sofort wieder.

11.4.3 Messageboxen

Dialogfelder Es gibt eine Reihe von vorgefertigten Dialogfeldern, die die Informationsübermittlung zwischen Benutzer und Programm vereinfachen. Diese sogenannten Messageboxen rufen Sie mit Hilfe von Funktionen des Moduls `tkinter.messagebox` auf. Tabelle 11.2 gibt eine Übersicht über diese Dialogfelder.

Funktionsname	Buttons	Funktion
showinfo()	OK	Information an den Benutzer übermitteln, bestätigen lassen
showwarning()	OK	Benutzer warnen, bestätigen lassen
showerror()	OK	Fehler an den Benutzer melden, bestätigen lassen
askyesno()	JA, NEIN	Antwort JA oder NEIN vom Benutzer erfragen
askokcancel()	OK, ABBRECHEN	Antwort OK oder ABBRECHEN vom Benutzer erfragen
askretrycancel()	WIEDERHOLEN, ABBRECHEN	Antwort WIEDERHOLEN oder ABBRECHEN vom Benutzer erfragen
show()	eigene Auswahl von Buttons	Antwort vom Benutzer erfragen, allgemein

Tabelle 11.2 Funktionen des Moduls tkinter.messagebox

Alle sieben Funktionen Im folgenden Programm werden alle sieben Funktionen, jeweils über einen eigenen Button, aufgerufen. Ergibt die Bedienung der Dialogbox eine Antwort, so wird diese Antwort in einem Label dargestellt.

```
import tkinter, tkinter.messagebox

def ende():
    main.destroy()
```

Info
```
def msginfo():
    tkinter.messagebox.showinfo \
        ("Info","Eine Info-Box")
```

Warnung
```
def msgwarning():
    tkinter.messagebox.showwarning \
        ("Warnung","Eine Warnungs-Box")
```

Fehler
```
def msgerror():
    tkinter.messagebox.showerror \
        ("Fehler","Eine Fehler-Box")
```

```
def msgyesno():                                              Ja, Nein
    antwort = tkinter.messagebox.askyesno \
        ("Ja/Nein", "Eine Ja/Nein-Box")
    if antwort == 1:
        lbanz["text"] = "Ja"
    else:
        lbanz["text"] = "Nein"

def msgokcancel():                                           OK/Abbrechen
    antwort = tkinter.messagebox.askokcancel \
        ("Ok/Abbrechen", "Eine Ok/Abbrechen-Box")
    if antwort == 1:
        lbanz["text"] = "Ok"
    else:
        lbanz["text"] = "Abbrechen"

def msgretrycancel():                                        Wiederholen/
    antwort = tkinter.messagebox.askretrycancel \            Abbrechen
        ("Wiederholen/Abbrechen",
         "Eine Wiederholen/Abbrechen-Box")
    if antwort == 1:
        lbanz["text"] = "Wiederholen"
    else:
        lbanz["text"] = "Abbrechen"

def msgfrage():                                              Allgemeines
    # hier einmal in allgemeiner Technik, ohne Komfort       Dialogfeld
    msgbox = tkinter.messagebox.Message(main,
        type=tkinter.messagebox.ABORTRETRYIGNORE,
        icon=tkinter.messagebox.QUESTION,
        title="Beenden/Wiederholen/Ignorieren",
        message="Beenden, Wiederholen oder Ignorieren")

    antwort = msgbox.show()

    if antwort == "abort":
        lbanz["text"] = "Beenden"
    elif antwort == "retry":
        lbanz["text"] = "Wiederholen"
    else:
        lbanz["text"] = "Ignorieren"

main = tkinter.Tk()

# Button: Message Info
binfo = tkinter.Button(main,
```

```
    text = "Info", command=msginfo)
binfo.pack()

# Button: Message Box Warning
bwarning = tkinter.Button(main,
    text = "Warnung", command=msgwarning)
bwarning.pack()

# Button: Message Box Error
berror = tkinter.Button(main,
    text = "Fehler", command=msgerror)
berror.pack()

# Button: Message Box Ja/Nein
byesno = tkinter.Button(main,
    text = "Ja/Nein", command=msgyesno)
byesno.pack()

# Button: Message Box OK/Cancel
bokcancel = tkinter.Button(main,
    text = "Ok/Abbrechen", command=msgokcancel)
bokcancel.pack()
# Button: Message Box Retry/Cancel
bretrycancel = tkinter.Button(main,
    text = "Wiederholen/Abbrechen",
    command=msgretrycancel)
bretrycancel.pack()

# Button: Message Box Frage
bfrage = tkinter.Button(main,
    text = "Allgemeine Frage", command=msgfrage)
bfrage.pack()

# Ende-Button
bende = tkinter.Button(main,
    text = "Ende", command=ende)
bende.pack()

# Anzeigelabel
lbanz = tkinter.Label(main)
lbanz.pack()

main.mainloop()
```

Listing 11.26 Datei gui_message.py

Die Abbildungen 11.39 bis 11.45 geben jeweils die Darstellung der verschiedenen Dialogboxen unter Windows wieder.

Abbildung 11.39   Info-Box

Abbildung 11.40   Warnungs-Box

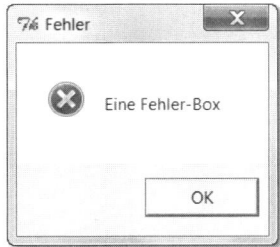

Abbildung 11.41   Fehler-Box

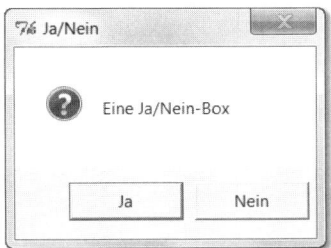

Abbildung 11.42   Ja/Nein-Box

Abbildung 11.43   OK/Abbrechen-Box

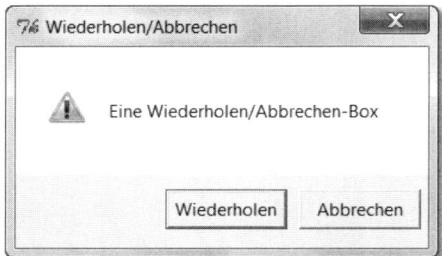

Abbildung 11.44   Wiederholen/Abbrechen-Box

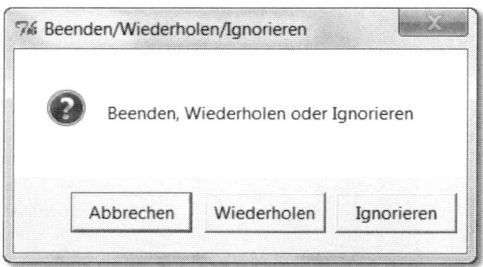

Abbildung 11.45   Allgemeine Frage-Box

Zur Erläuterung:

▸ Die verschiedenen Funktionen haben jeweils zwei Parameter:

  ▸ Der erste Parameter enthält den Text für den Titel der Box.

  ▸ Der zweite Parameter enthält den Informationstext für den Benutzer beziehungsweise die Frage neben den Buttons.

▸ Zusätzlich werden passende Symbole (Icons) dargestellt.

▶ Die drei `ask`-Funktionen, die eine Frage an den Benutzer beinhalten, liefern als Rückgabewert 1 oder 0.

ask

  ▸ Der Wert 1 bedeutet, dass der erste Button gedrückt wurde, also eine positive Antwort gegeben wurde (JA oder OK oder WIEDER-HOLEN).

  ▸ Der Wert 0 bedeutet, dass der zweite Button gedrückt wurde, also eine negative Antwort gegeben wurde (NEIN oder ABBRECHEN).

▶ Die allgemeine Funktion `show()` ist nicht so komfortabel zu benutzen wie die anderen Funktionen, bietet aber mehr Möglichkeiten bei der Gestaltung:

show()

  ▸ Es wird zunächst ein Objekt der Klasse `Message` erzeugt (hier: `msg-box`), dem verschiedene Eigenschaften gegeben werden: `type` (welche Buttons), `icon` (dargestelltes Symbol), `title` (Titel) und `message` (Informationstext neben den Buttons).

  ▸ Die Methode `show()` wird auf dieses Objekt angewendet.

  ▸ Rückgabewert ist eine Zeichenkette, die die Bezeichnung des gedrückten Buttons enthält (hier: `abort`, `retry` oder `ignore`).

Unterschiede in Python 2

Das Modul heißt `Tkinter` statt `tkinter`. Das Modul für die Messageboxen heißt `tkMessageBox` statt `tkinter.messagebox`.

11.4.4 Eigene Dialogfelder

Sie haben auch die Möglichkeit, eigene Dialogfelder (= Fenster) zu erzeugen. Damit können Sie die einzelnen Bestandteile einer Anwendung für den Benutzer übersichtlicher gestalten. Allerdings sollten Sie darauf achten, dass der Benutzer nur die gewünschten Fenster und Elemente bedienen kann.

Zur Erzeugung eines eigenen Dialogfelds dient das `Toplevel`-Widget (siehe auch Abb. 11.46).

Toplevel

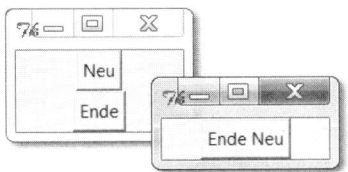

Abbildung 11.46 Eigenes Dialogfeld

Ein erstes Beispiel:

```
import tkinter

# Erzeugt neues Fenster mit Ende-Button
def fenster():
    global neu
    neu = tkinter.Toplevel(main)
    tkinter.Button(neu, text="Ende Neu",
        command=endeneu).pack()

# Ende neues Fenster
def endeneu():
    neu.destroy()

# Ende Hauptfenster
def ende():
    main.destroy()

# Hauptfenster
main = tkinter.Tk()
tkinter.Button(main, text="Neu", command=fenster).pack()
tkinter.Button(main, text="Ende", command=ende).pack()
main.mainloop()
```

Listing 11.27 Datei gui_fenster.py

Zur Erläuterung:

▶ Im Hauptfenster (main) gibt es zwei Buttons. Sie rufen die Funktionen fenster() und ende() auf.

▶ In der Funktion ende() wird wie gewohnt mit der Methode destroy() das Hauptfenster geschlossen.

Toplevel() ▶ In der Funktion fenster() wird mit der Methode Toplevel() ein neues Fenster erzeugt. Dieses Toplevel-Widget gehört, wie die bereits erwähnten Button-Widgets, zum Hauptfenster. In der globalen Variablen neu wird die Referenz auf das neue Fenster gespeichert, damit der Zugriff auf das neue Fenster auch außerhalb der Funktion möglich ist.

destroy() ▶ Als Letztes wird in der Funktion fenster() ein Button-Widget in dem neuen Fenster erzeugt. Bei Betätigung des Buttons wird die Funktion endeneu() aufgerufen. Darin wird mit der Methode destroy() das neue Fenster geschlossen. Nach dem Schließen des neuen Fensters gibt es wiederum nur noch das Hauptfenster.

Beim Testen des Programms werden Sie feststellen, dass es noch einen Fehler
»Schönheitsfehler« hat. Man kann das Hauptfenster auch bedienen,
wenn das neue Fenster angezeigt wird. Damit ist es möglich, weitere
neue Fenster zu erzeugen. Diese Art der Bedienbarkeit eines Programms
ist meist nicht erwünscht. Im nächsten Abschnitt biete ich eine Alternative.

Unterschiede in Python 2

Das Modul heißt `Tkinter` statt `tkinter`.

11.4.5 Ausführung verhindern

In dem folgenden Programm wird darauf geachtet, dass nur die Ereignis- Statusvariable
funktionen des aktuell aktiven Fensters zu Aktionen führen. Dies wird
über eine Statusvariable geregelt. Das Programm:

```
import tkinter

# Erzeugt neues Fenster mit Ende-Button
def fenster():
    global status, neu
    if status != "main":
        return
    status = "neu"
    neu = tkinter.Toplevel(main)
    tkinter.Button(neu, text="Ende Neu",
        command=endeneu).pack()

# Ende neues Fenster
def endeneu():
    global status
    neu.destroy()
    status = "main"

# Ende Hauptfenster
def ende():
    if status == "main":
        main.destroy()

# Hauptfenster
main = tkinter.Tk()
status = "main"
tkinter.Button(main, text="Neu", command=fenster).pack()
```

411

```
tkinter.Button(main, text="Ende", command=ende).pack()
main.mainloop()
```

Listing 11.28   Datei gui_fenster_sperren.py

Zur Erläuterung:

▸ Die Statusvariable mit dem Namen status bekommt zunächst den Wert main. Nur wenn die Variable diesen Wert hat, kann das Hauptfenster geschlossen oder ein neues Fenster geöffnet werden.

▸ Sobald ein neues Fenster geöffnet wurde, bekommt die Statusvariable den Wert neu. Dann kann im Hauptfenster keine Aktion mehr ausgeführt werden.

▸ Erst nach dem Schließen des neuen Fensters bekommt die Statusvariable wieder den Wert main.

modal   Natürlich ist das neue Fenster noch kein echtes modales Dialogfeld, wie es aus anderen Anwendungen bekannt ist. Dies ist auch nur mit größerem Programmieraufwand möglich. Damit würde der Rahmen dieses Einsteigerbuchs überschritten. Die Verhaltensweise können Sie damit jedoch zumindest nachempfinden.

> **Unterschiede in Python 2**
>
> Das Modul heißt Tkinter statt tkinter.

11.5   Spiel, GUI-Version

Das bekannte Spiel setzen wir in diesem Abschnitt innerhalb einer Benutzeroberfläche um.

Eingabe Name   Nach dem Start des Programms öffnet sich aus dem Hauptfenster heraus automatisch ein zweites Dialogfeld zur Eingabe des Spielernamens (siehe Abbildung 11.47). Zu diesem Zeitpunkt kann das Spiel nicht über das Hauptfenster beendet werden. Durch Betätigung des Buttons START wird das zweite Dialogfeld geschlossen, und das Spiel beginnt.

Eingabe, Auswertung   Innerhalb des Hauptfensters stehen fünf Aufgaben (Abbildung 11.48). Die Betätigung des Buttons FERTIG beendet das Spiel und führt zur Auswertung. Je nach Ergebnis wird eine Highscore-Liste angezeigt (Abbildung 11.49). Die Daten werden in einer SQLite-Datenbank gespeichert.

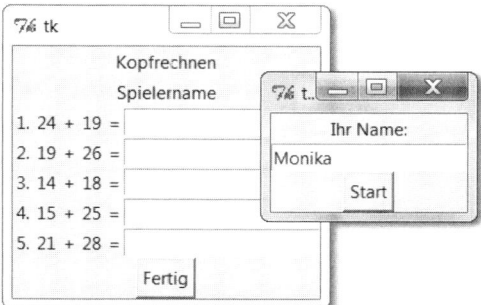

Abbildung 11.47   Spiel, GUI-Version, Eingabe des Namens

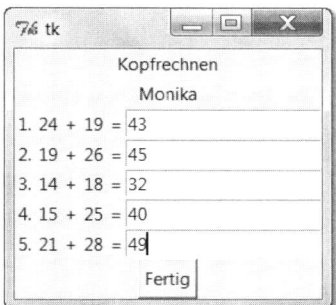

Abbildung 11.48   Spiel, GUI-Version, Aufgaben

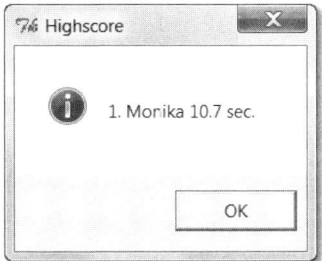

Abbildung 11.49   Spiel, GUI-Version, Highscore

Der Programmcode:

```
import time, random, glob, sqlite3, \
    tkinter, tkinter.messagebox

def auswertung():
    if status != "main":
        return
```

```
# Zeit berechnen
endzeit = time.time()
differenz = endzeit - startzeit

# Auswertung
richtig = 0
for i in range(5):
    try:
        # Falsche Eingabe abfangen
        if int(enliste[i].get()) == ergliste[i]:
            richtig = richtig + 1
    except:
        pass

# Kein Highscore
if richtig < 5:
    tkinter.messagebox.showinfo("Kein Highscore",
        "Leider kein Highscore")
    main.destroy()
    return

# Highscore-DB nicht vorhanden, erzeugen
if not glob.glob("gui_highscore.db"):
    con = sqlite3.connect("gui_highscore.db")
    cursor = con.cursor()
    sql = "CREATE TABLE daten(name TEXT, zeit FLOAT)"
    cursor.execute(sql)
    con.close()

# Datensatz in DB schreiben
con = sqlite3.connect("gui_highscore.db")
cursor = con.cursor()
sql = "INSERT INTO daten VALUES('" \
    + lbname["text"] + "'," + str(differenz) + ")"
cursor.execute(sql)
con.commit()
con.close()

# Highscores sortiert laden
con = sqlite3.connect("gui_highscore.db")
cursor = con.cursor()
sql = "SELECT * FROM daten ORDER BY zeit LIMIT 10"
cursor.execute(sql)
```

```
# Ausgabe Highscore
ausgabe = ""
i = 1
for dsatz in cursor:
    ausgabe += str(i) + ". " + dsatz[0] + " " \
        + str(round(dsatz[1],2)) + " sec.\n"
    i = i+1
tkinter.messagebox.showinfo("Highscore", ausgabe)
con.close()
main.destroy()
```

Listing 11.29 Datei spiel_gui.py, Teil 1 von 2

Zur Erläuterung:

▶ Die Funktion zur Auswertung wird durch Betätigung des Buttons FER- TIG im Hauptfenster aufgerufen. Sie hat den größten Umfang inner- halb des Programms.

▶ Falls das Hauptfenster nicht aktiv ist, wird die Funktion abgebrochen, ähnlich wie im vorherigen Programm. Ansonsten wird als Nächstes die Spieldauer berechnet.

▶ Es gibt eine Liste mit fünf Referenzen auf die Entry-Widgets, in denen **Zwei Listen** der Benutzer seine Eingaben gemacht hat. Außerdem gibt es eine Liste mit den fünf richtigen Ergebnissen. Bei der Auswertung werden die jeweiligen Listenelemente miteinander verglichen.

▶ Falls nicht alle Eingaben richtig waren, erscheint eine Messagebox mit dem entsprechenden Hinweis. Das Hauptfenster wird geschlossen. Außerdem wird die Funktion abgebrochen, denn sie liefe auch ohne Hauptfenster weiter.

▶ Falls alle Eingaben richtig waren, werden die neu ermittelten Werte **SQLite** in die SQLite-Datenbank geschrieben. Gegebenenfalls muss vorher zunächst die Datenbank mit Tabelle angelegt werden. Anschließend werden die Highscore-Daten sortiert aus der Datenbank geladen und in einer Messagebox ausgegeben. Das Hauptfenster wird geschlossen.

Der zweite Teil des Programms:

```
def endeneu():
    global startzeit, status
    lbname["text"] = enname.get()
    startzeit = time.time()
    status = "main"
    neu.destroy()
```

```python
# Hauptprogramm
main = tkinter.Tk()

# Titel
lbtitel = tkinter.Label(main, text="Kopfrechnen")
lbtitel.grid(row=0, column=0, columnspan=6)

# Name
lbname = tkinter.Label(main, text="Spielername")
lbname.grid(row=1, column=0, columnspan=6)

# Aufgaben
enliste = []      # Liste der Entrys
ergliste = []     # Liste der richtigen Ergebnisse
for i in range(5):
    # Aufgabe mit Ergebnis
    a = random.randint(10,30)
    b = random.randint(10,30)
    ergliste.append(a + b)

    # Aufgabenstellung
    tkinter.Label(main, text=str(i+1)+"."). \
        grid(row=i+2, column=0)
    tkinter.Label(main, text=a).grid(row=i+2, column=1)
    tkinter.Label(main, text="+").grid(row=i+2, column=2)
    tkinter.Label(main, text=b).grid(row=i+2, column=3)
    tkinter.Label(main, text="=").grid(row=i+2, column=4)

    # Eingabefeld
    en = tkinter.Entry(main)
    en.grid(row=i+2, column=5)
    enliste.append(en)

# Ergebnis
b = tkinter.Button(main, text="Fertig", command=auswertung)
b.grid(row=7, column=0, columnspan=6)

# Fenster zur Namenseingabe
neu = tkinter.Toplevel(main)
tkinter.Label(neu, text="Ihr Name:").pack()
enname = tkinter.Entry(neu)
enname.pack()
tkinter.Button(neu, text="Start", command=endeneu).pack()
status="neu"

main.mainloop()
```

Listing 11.30 Datei spiel_gui.py, Teil 2 von 2

Zur Erläuterung:

▶ In der Funktion `endeneu()` wird das zweite Dialogfeld, das zur Namenseingabe dient, geschlossen. Vorher wird der Spielername aus dem Eingabefeld des zweiten Dialogfelds in das Label des Hauptfensters übernommen.

▶ Außerdem wird die Startzeit festgehalten und die Bedienung des Hauptfensters mit Hilfe der Statusvariablen wieder freigegeben. Sowohl `startzeit` als auch `status` müssen als globale Variable bekannt gemacht werden.

           Startzeit

▶ Im Hauptprogramm werden die Elemente des Hauptfensters erzeugt. Zunächst sind dies die Label für Titel und Spielername. Es folgen zwei leere Listen: für die Referenzen auf die Eingabefelder (= Entry-Widgets) und für die richtigen Ergebnisse.

           Leere Listen

▶ Die Elemente für die fünf Aufgaben werden mit Hilfe einer Schleife erschaffen. Bei jedem Schleifendurchlauf wird eine zufällige Aufgabe erzeugt und das richtige Ergebnis der oben genannten Liste hinzugefügt.

           Ergebnisliste füllen

▶ Außerdem wird jede Aufgabenstellung in mehreren Labels und einem Eingabefeld dargestellt. Dies geschieht in tabellarisch übersichtlicher Form. Die Referenz auf das Eingabefeld wird der oben genannten Liste hinzugefügt.

           Eingabeliste füllen

▶ Nach der Schleife folgt der Button FERTIG zur Auswertung.

▶ Anschließend wird das zweite Dialogfeld zur Namenseingabe erzeugt. Dies geschieht unmittelbar nach Programmstart, ohne ein weiteres Ereignis. Der Benutzer muss also als Erstes seinen Namen eingeben, bevor er weitere Aktionen auslösen kann.

Unterschiede in Python 2

Das Modul heißt `Tkinter` statt `tkinter`. Das Modul für die Messageboxen heißt `tkMessageBox` statt `tkinter.messagebox`.

12   Neues in Python 3

In diesem Kapitel beschreibe ich einen Teil der vielen Änderungen, die Python mit der Version 3 erfahren hat. Anschließend erläutere ich eine der Umstiegshilfen von Version 2 auf Version 3, das Tool *2to3*.

12.1   Neue und geänderte Eigenschaften

Alle Beispiele dieses Buchs wurden sowohl für Python 3 als auch für Python 2 entwickelt. Meist ist der Unterschied nicht sehr groß. In diesem Abschnitt beschreibe ich noch einmal viele Änderungen gesondert, die sich in Python 3 gegenüber Python 2 ergeben haben. Es sind Verweise auf die Stellen im Buch eingefügt, an denen die jeweiligen Eigenschaften genauer beschrieben sind.

Alles für Python 3

Python 3 ist die erste Python-Version, die nicht mehr zu 100 % abwärtskompatibel ist. Es gibt mehr und wichtigere Änderungen als bei früheren Versionswechseln. Viele bekannte Störungen und Fehler wurden beseitigt. Für umfassende Informationen über die Änderungen verweise ich auf die Python-Dokumentation.

Nicht 100 % abwärtskompatibel

Das verbreitete Webframework Django gibt es zum Zeitpunkt der Drucklegung dieses Buchs (März 2011) noch in keiner Version für Python 3. Ebenso verhält es sich mit der Schnittstelle zu MySQL-Datenbanken.

12.1.1   Auffällige Änderungen

Die Anweisung `print` zur Ausgabe auf dem Bildschirm wurde ersetzt durch die Funktion `print()` (siehe Abschnitt 5.2.1). Es gibt eine Reihe von Funktionen, die *Iteratoren* (siehe Abschnitt 5.4, »Iterierbare Objekte«) oder *Views* liefern (siehe Abschnitt 4.5.3).

print()

Die Funktion `raw_input()` zur Eingabe von Zeichenketten wurde ersetzt durch die Funktion `input()` (siehe Abschnitt 3.2.2, »Eingabe einer Zeichenkette«).

input()

Objektvergleiche Es können nur noch sinnvolle Vergleiche zwischen Objekten stattfinden. Andernfalls wird eine Ausnahme erzeugt, zum Beispiel beim Vergleich 1 < "abc". Statt der besonderen Objektmethode __cmp__() müssen Sie jetzt eine der Vergleichsmethoden nutzen, wie zum Beispiel __lt__() (siehe Abschnitt 6.5, »Operatormethoden«).

int, long Den Datentyp long gibt es nicht mehr, also auch keine Integer-Literale mit einem großen *L* oder einem kleinen *l* am Ende. Alle ganzen Zahlen laufen jetzt unter dem Datentyp int. Dieser Datentyp hat keine Obergrenze mehr. Oktalzahlen schreibt man nicht mehr mit 0 (Null) am Anfang, sondern mit 0o (Null und Buchstabe o).

Operatoren Der Operator / liefert immer eine mathematisch korrekte Division, eine Ganzzahldivision erreichen Sie mit // (siehe Abschnitt 2.1.3, »Division, Ganzzahldivision und Modulo«). Anstelle des Operators <> (für ungleich) wird nun nur noch der Operator != genutzt.

str, bytes Zeichenketten werden mit Unicode-Zeichen aufgebaut und sind vom Datentyp str (siehe Abschnitt 4.2, »Zeichenketten«). Unicode-Literale dürfen nicht mehr mit u"..." oder U"..." gebildet werden. Binärdaten werden im Datentyp bytes gespeichert (siehe Abschnitt 4.2.7, »Datentyp bytes«). Sie können mit Byte-Literalen (b"...") gebildet werden.

12.1.2 Weitere Änderungen

Bei Definition und Aufruf einer Funktion können Sie eine variable Anzahl von Parametern zusammen mit benannten Parametern einsetzen.

Tupel entpacken Tupel können auch entpackt werden, wenn nicht genügend Variablen zum Empfang bereitstehen – sofern einer der Variablen ein * (Stern) voransteht. Diese Variable stellt eine Liste der verbleibenden Tupel-Elemente dar, die nicht untergebracht werden konnten (siehe Abschnitt 4.4.3, »Tupel entpacken«).

Sets Sets (Mengen) können mit Set-Literalen gebildet werden. Ein Beispiel: a={3,5,7} ergibt das Set a mit drei Elementen.

Ausnahmen Die Anweisung raise zur Erzeugung von Ausnahmen und die Anweisung except zur Spezifizierung einer Ausnahmebehandlung haben eine geänderte Syntax (siehe Abschnitt 5.6.6, »Unterscheidung von Ausnahmen«).

Die Syntax bei List Comprehensions wurde geändert (siehe Abschnitt 5.5, »List Comprehension«).

`True`, `False` (siehe Abschnitt 4.7.1, »Wahrheitswerte True und False«) und `None` (siehe Abschnitt 4.7.2, »Nichts, None«) gehören zu den reservierten Wörtern.

True, False, None

Die Funktion `exec()` ersetzt die Anweisung `exec` (siehe Abschnitt 5.1.5, »Funktionen eval() und exec()«).

Zum Import von Modulen wird ohnehin die Schreibweise `import Modul-name` empfohlen (siehe Abschnitt 5.9, »Eigene Module«). Die alternative Schreibweise `from Modulname import ...` darf nicht mehr in Funktionen, sondern nur noch auf Modulebene genutzt werden.

import

Zur Formatierung von Zahlen und Zeichenketten sollten Sie nicht mehr den Operator `%` einsetzen, er wird in Kürze nicht mehr unterstützt. Stattdessen wird die Funktion `format()` empfohlen (siehe Abschnitt 5.2.2, »Formatierte Ausgabe«).

format()

Die Funktion `has_key()` zur Prüfung der Existenz eines Dictionary-Elements gibt es nicht mehr. Stattdessen müssen Sie den Operator `in` nutzen (siehe Abschnitt 4.5.2, »Funktionen«).

Operator in

12.2 Konvertierung von Python 2 zu Python 3

Sie können Programme mit dem Kommandozeilentool *2to3* und anderen Hilfen von Python 2-Code in Python 3-Code überführen. Bei einfachen Programmen genügt häufig schon das Tool *2to3* allein. Es findet sich als Datei *2to3.py* im Unterverzeichnis *Tools/Scripts* der Python-Versionen 2 und 3. Der Vorgang soll an einem Beispiel gezeigt werden:

Tool 2to3

```
n = raw_input("Ihr Name: ")
print "Hallo", n
```

Listing 12.1 Datei konvertierung.py

Folgende Elemente werden im Beispiel genutzt:

▶ die Funktion `raw_input()` zur Eingabe einer Zeichenkette, die es in Python 3 nicht mehr gibt

▶ die Anweisung `print`, die in Python 3 eine Funktion ist und keine Anweisung

Dieses Programm läuft einwandfrei unter Python 2, aber nicht unter Python 3. In Abschnitt 2.3.2, »Ausführen unter Windows«, wurde

Python 2-Programm

beschrieben, wie Sie zur Kommandozeile und in das Python-Verzeichnis gelangen. Das Tool rufen Sie dort wie folgt auf:

```
python Tools/Scripts/2to3.py konvertierung.py
```

Als Ausgabe folgt eine Beschreibung der Vorgänge, die bei der Konvertierung auftreten. Am Ende der Ausgabe steht:

```
Files that need to be modified: konvertierung.py.
```

Die Datei ist noch unverändert. Die Datei wird erst verändert, wenn Sie das Tool wie nachfolgend mit der Option -w aufrufen:

```
python Tools/Scripts/2to3.py -w konvertierung.py
```

Python 3-Programm Am Ende der Ausgabe steht nun:

```
Files that were modified: konvertierung.py.
```

Die Datei wurde konvertiert, wie Sie sehen:

```
n = input("Ihr Name: ")
print("Hallo", n)
```

Listing 12.2 Datei konvertierung.py (konvertiert)

Die alte Version steht noch in der Datei *konvertierung.py.bak* zur Verfügung.

Unterschiede unter Linux

Das Tool *2to3* können Sie aus jedem Verzeichnis heraus aufrufen. Der Aufruf lautet einfach 2to3 konvertierung.py.

13   Lösungen

Sollten Sie die Übungsaufgaben nicht vollständig gelöst haben, geben Ihnen die folgenden Lösungen eine Hilfestellung. Wenn Sie selbst eine lauffähige Lösung gefunden haben, sollten Sie diese mit der hier vorgestellten Lösung vergleichen.

13.1   Lösungen zu Kapitel 2

Übung u_grundrechenarten:

```
>>> 13 - 5 * 2 + 12 / 6
5.0
>>> 7 / 2 - 5 / 4
2.25
>>> (12 - 5 * 2) / 4
0.5
>>> (1 / 2 - 1 / 4 + (4 + 3) / 8) * 2
2.25
```

Unterschiede in Python 2

Der Operator / ergibt in Python 2 bereits eine Ganzzahldivision. Zur Vermeidung des Verlusts der Nachkommastellen können Sie z. B. die folgenden Änderungen durchführen (auch wenn es im ersten Fall mathematisch nicht notwendig ist):

```
>>> 13 - 5 * 2 + 12.0 / 6
5.0
>>> 7.0 / 2 - 5.0 / 4
2.25
>>> (12 - 5 * 2) / 4.0
0.5
>>> (1.0 / 2 - 1.0 / 4 + (4 + 3) / 8.0) * 2
2.25
```

Übung u_inch:

```
>>> inch = 2.54
>>> 5 * inch
12.7
```

```
>>> 20 * inch
50.8
>>> 92.7 * inch
235.458
```

13.2 Lösungen zu Kapitel 3

Übung u_eingabe_inch:

```
# Umrechnungsfaktor
inch = 2.54

# Eingabe des Inch-Wertes
print("Bitte geben Sie den Inch-Wert ein:")
xi = float(input())

# Umrechnung
xcm = xi * inch

# Ausgabe
print(xi, "inch sind", xcm, "cm")
```

Unterschiede in Python 2

Die Klammern bei der Anweisung print entfallen. Die Funktion zur Eingabe heißt raw_input().

Übung u_eingabe_gehalt:

```
# Eingabe
print("Geben Sie Ihr Bruttogehalt in Euro ein:")
bruttobetrag = float(input())

# Umrechnung
steuerbetrag = bruttobetrag * 0.18

# Ausgabe
print("Es ergibt sich ein Steuerbetrag von",
      steuerbetrag, "Euro")
```

Unterschiede in Python 2

Die Klammern bei der Anweisung print entfallen. Die Funktion zur Eingabe heißt raw_input(). Es wird das Zeichen \ für den Umbruch von langen Programmzeilen eingesetzt.

Übung u_verzweigung_einfach:

```
# Eingabe
print("Geben Sie Ihr Bruttogehalt in Euro ein:")
bruttobetrag = float(input())

# Umrechnung
if bruttobetrag > 2500:
    steuerbetrag = bruttobetrag * 0.22
else:
    steuerbetrag = bruttobetrag * 0.18

# Ausgabe
print("Es ergibt sich ein Steuerbetrag von",
      steuerbetrag, "Euro")
```

Unterschiede in Python 2

Die Klammern bei der Anweisung print entfallen. Die Funktion zur Eingabe heißt raw_input(). Es wird das Zeichen \ für den Umbruch von langen Programmzeilen eingesetzt.

Übung u_verzweigung_mehrfach:

```
# Eingabe
print("Geben Sie Ihr Bruttogehalt in Euro ein:")
bruttobetrag = float(input())

# Umrechnung
if bruttobetrag > 4000:
    steuerbetrag = bruttobetrag * 0.26
elif bruttobetrag < 2500:
    steuerbetrag = bruttobetrag * 0.18
else:
    steuerbetrag = bruttobetrag * 0.22

# Ausgabe
print("Es ergibt sich ein Steuerbetrag von",
      steuerbetrag, "Euro")
```

Unterschiede in Python 2

Die Klammern bei der Anweisung print entfallen. Die Funktion zur Eingabe heißt raw_input(). Es wird das Zeichen \ für den Umbruch von langen Programmzeilen eingesetzt.

Übung u_operator:

```
# Eingabe
print("Geben Sie Ihr Bruttogehalt in Euro ein:")
gehalt = float(input())
print("Geben Sie Ihren Familienstand ein"
      + " (1=ledig, 2=verheiratet):")
fs = int(input())

# Umrechnung
if gehalt > 4000 and fs == 1:
    sb = gehalt * 0.26
elif gehalt <= 4000 and fs == 2:
    sb = gehalt * 0.18
else:
    sb = gehalt * 0.22

# Ausgabe
print("Es ergibt sich ein Steuerbetrag von", sb, "Euro")
```

Unterschiede in Python 2

Die Klammern bei der Anweisung print entfallen. Die Funktion zur Eingabe heißt raw_input(). Es wird das Zeichen \ für den Umbruch von langen Programmzeilen eingesetzt.

Übung u_range:

```
Schleife 1
2
3
6.5
-7
Schleife 2
3
6
9
Schleife 3
-3
1
5
9
13
Schleife 4
3
0
```

```
-3
-6
-9
```

Übung u_range_inch:

```
# Umrechnungsfaktor
inch = 2.54

# Schleife
for xi in range (15, 41, 5):
    xcm = xi * inch
    print(xi, "inch =", xcm, "cm")
```

Unterschiede in Python 2

Die Klammern bei der Anweisung print entfallen.

Übung u_while:

```
# Umrechnungsfaktor
inch = 2.54

# Erste Eingabe
print("Bitte geben Sie den Inch-Wert ein:")
xi = float(input())

# while-Schleife
while xi != 0:
    # Umrechnung, Ausgabe
    xcm = xi * inch
    print(xi, "inch sind", xcm, "cm")

    # Weitere Eingabe
    print("Bitte geben Sie den Inch-Wert ein:")
    xi = float(input())
```

Unterschiede in Python 2

Die Klammern bei der Anweisung print entfallen. Die Funktion zur Eingabe heißt raw_input().

Übung u_fehler:

```
# Umrechnungsfaktor
inch = 2.54
```

```
# Initialisierung der while-Schleife
fehler = 1

# Schleife bei falscher Eingabe
while fehler == 1:
    # Eingabe
    print("Bitte geben Sie den inch-Wert ein")
    xi = input()

    # Versuch der Umwandlung
    try:
        xi = float(xi)
        fehler = 0
    # Fehler bei Umwandlung
    except:
        print("Falsche Eingabe")

# Umrechnung, Ausgabe
xcm = xi * inch
print(xi, "inch sind", xcm, "cm")
```

Unterschiede in Python 2

Die Klammern bei der Anweisung print entfallen. Die Funktion zur Eingabe heißt raw_input().

Übung u_parameter:

```
# Funktion
def steuer(bb):
    # Umrechnung
    if bb > 2500:
        sb = bb * 0.22
    else:
        sb = bb * 0.18

    # Ausgabe
    print("Bruttobetrag:", bb,
        "Euro, Steuerbetrag:", sb, "Euro")

# Verschiedene Werte
steuer(1800)
steuer(2200)
steuer(2500)
steuer(2900)
```

Übung u_rueckgabewert:

```python
# Funktion
def steuer(bb):
    # Umrechnung
    if bb > 2500:
        sb = bb * 0.22
    else:
        sb = bb * 0.18

    # Ergebnis senden
    return sb

# Verschiedene Werte
print("Bruttobetrag: 1800 Euro, Steuerbetrag:",
      steuer(1800), "Euro")
print("Bruttobetrag: 2200 Euro, Steuerbetrag:",
      steuer(2200), "Euro")
print("Bruttobetrag: 2500 Euro, Steuerbetrag:",
      steuer(2500), "Euro")
print("Bruttobetrag: 2900 Euro, Steuerbetrag:",
      steuer(2900), "Euro")
```

13.3   Lösungen zu Kapitel 5

Übung u_tabelle:

```python
# Umrechnungsfaktor
inch = 2.54

# Tabellenkopf
print("{0:>7}{1:>7}".format("inch","cm"))

# Schleife
for xi in range (15, 41, 5):
```

```
xcm = xi * inch
print("{0:7.1f}{1:7.1f}".format(xi,xcm))
```

Übung u_modul

Datei *u_modul_finanz.py*:

```
# Funktion
def steuer(bb):
    # Umrechnung
    if bb > 2500:
        sb = bb * 0.22
    else:
        sb = bb * 0.18

    # Ergebnis senden
    return sb
```

Datei *u_modul.py*:

```
# Import
import u_modul_finanz

# Verschiedene Werte
print("Bruttobetrag: 1800 Euro, Steuerbetrag:",
      u_modul_finanz.steuer(1800), "Euro")
print("Bruttobetrag: 2200 Euro, Steuerbetrag:",
      u_modul_finanz.steuer(2200), "Euro")
print("Bruttobetrag: 2500 Euro, Steuerbetrag:",
      u_modul_finanz.steuer(2500), "Euro")
print("Bruttobetrag: 2900 Euro, Steuerbetrag:",
      u_modul_finanz.steuer(2900), "Euro")
```

Index

■ Schritt für Schritt zu eigenen
Apps und Spielen

■ Inkl. Crashkurs zu Java und
objektorientierter Programmierung

■ Animationen, Sounds, Zeichnen,
Kamera, Highscores u. v. m.

Uwe Post

Android-Apps entwickeln für Einsteiger

Eine Spiele-App von A bis Z

Ihr Einstieg in die Apps-Programmierung! Grundkenntnisse in der
Programmierung werden vorausgesetzt, und es kann losgehen: Hier lernen Sie
auf besonders einfache und unterhaltsame Weise, wie Sie Apps für Android
entwickeln. Schritt für Schritt programmieren Sie ein eigenes Spiel, das sich
sehen lassen kann!

409 S., 3. Auflage 2013, mit DVD, 24,90 Euro
ISBN 978-3-8362-2629-5
www.galileocomputing.de/3470

»Empfehlung der Redaktion!« [Netzwerk Total]